Tagungen der Gesellschaft für Umweltrecht e. V.
Band 55

Gesellschaft für Umweltrecht

**Dokumentation zur
46. Wissenschaftlichen Fachtagung
der Gesellschaft für Umweltrechte e. V.
Leipzig 2023**

ERICH SCHMIDT VERLAG

Gesellschaft für Umweltrecht e. V.

Geschäftsstelle:	RiVG Dr. James Bews VRiVG Jürgen P. Reclam Am Kirschfeld 8 14532 Kleinmachnow Tel.: (030) 90 14 85 48 E-Mail: mail@gesellschaft-fuer-umweltrecht.de
Vorsitzender:	RA Prof. Dr. Wolfgang Ewer, Kiel
Stellv. Vorsitz.:	Prof. Dr. Sabine Schlacke, Greifswald
Schatzmeister:	MinDirig'in Dr. Susan Krohn, Berlin
Schriftführerin:	RAin Dr. Franziska Heß, Leipzig
Beisitzer:	VRi'inBVerwG Prof. Dr. Ulrike Bick, Leipzig RA Dr. Frank Fellenberg, LL.M, Berlin RA (Syndikusrechtsanwalt) Dr. Alexander Kenyeressy, Köln Prof. Dr. Martin Kment, LL.M, Augsburg Beigeordnete Simone Raskob, Essen AD'in Dr. Christel Wies, Münster
Redaktion:	RiVG Dr. James Bews VRiVG Jürgen P. Reclam

Bibliografische Information der Deutschen Nationalbibliothek
Die Deutsche Nationalbibliothek verzeichnet diese Publikation
in der Deutschen Nationalbibliografie;
detaillierte bibliografische Daten sind im Internet über
http://dnb.d-nb.de abrufbar.

Weitere Informationen zu diesem Titel finden Sie im
Internet unter
ESV.info/978-3-503-23864-4

ISBN: 978-3-503-23864-4

Alle Rechte vorbehalten
© Erich Schmidt Verlag GmbH & Co. KG, Berlin 2024
www.ESV.info

Satz: Arnold & Domnick, Leipzig
Druck und Bindung: Beltz Grafische Betriebe, Bad Langensalza

Inhaltsverzeichnis

**Rechtsprechungsübersicht zum Umweltrecht –
46. Umweltrechtliche Fachtagung 2023**
PräsBVerwG Prof. Dr. *Andreas Korbmacher* 7

Herausforderung Wasserstoffmarkthochlauf
Christian Maaß, Mathis Weller, Dr. Xenia Zwanziger 24

**Genehmigung von Wasserstoffleitungen –
Die Sicht einer Planfeststellungsbehörde**
Christiane Rövekamp 38

**Beschleunigungsansätze im Zulassungsrecht
für Elektrolyseure**
Prof. Dr. *Thorsten Müller* 53

Gesundheitliche Lärmwirkungen in Deutschland
Prof. Dr. med. *Claudia Hornberg* 103

**Rechtliche Bewertung gesundheitsgefährdenden Lärms
de lege lata und de lege ferenda**
Dr. *Franziska Heß* 111

Arbeitskreis A
**Diskussionszusammenfassung: Regulierung der Produktion
und Verteilung von Wasserstoff**
Dr. *Susan Krohn* 138

Arbeitskreis B
Diskussionszusammenfassung: Lärmschutz – Stand und Perspektiven
Prof. Dr. *Peter Wysk*.. 144

Die Doppelte Rechtskraft im verwaltungsgerichtlichen Verfahren
Dr. *Nicole Krellmann*.. 148

Naturschutzrechtliche Konflikte bei genehmigten Vorhaben – wie weit reicht der Bestandsschutz?
Christian Uffelmann 167

Bericht über das Forum der 46. Tagung der GfU
Prof. Dr. *Sabine Schlacke*................................... 186

Programm... 189

Rechtsprechungsübersicht zum Umweltrecht – 46. Umweltrechtliche Fachtagung 2023

Präsident des Bundesverwaltungsgerichts
Prof. Dr. *Andreas Korbmacher*

I. Vorbemerkung

Lassen Sie mich zu Beginn des traditionellen Überblicks über die Rechtsprechung des Bundesverwaltungsgerichts einen Hinweis in eigener Sache geben. Seit dem 01.11.2023, also seit genau 10 Tagen, verfügt das Bundesverwaltungsgericht wieder über einen 11. Senat. Die Älteren unter Ihnen werden sich vielleicht noch erinnern, dass es einen solchen 11. Senat bereits einmal gegeben hat, und zwar von 1992 bis 2000.

Der damalige 11. Senat verdankte seine Existenz vor allem der Wiedervereinigung und der Notwendigkeit, nach 1990 die vielfach gekappten Verkehrsverbindungen zwischen dem Osten Deutschlands und dem Westen möglichst schnell wiederherzustellen und zu modernisieren oder überhaupt erstmals zu bauen. Aber auch die erst im Aufbau befindliche Verwaltungsgerichtsbarkeit in den neuen Bundesländern war der Grund, dem Bundesverwaltungsgericht die erst- (und letzt-)instanzliche Zuständigkeit für praktisch alle Verkehrswege in den neuen Bundesländern und für die Fernverkehrswege zwischen diesen Ländern und dem Fernverkehrsnetz des übrigen Bundesgebietes zu übertragen.

Der Anlass, erneut einen 11. Senat beim Bundesverwaltungsgericht einzurichten, ist ein ähnlich dringlicher wie damals. Es ist diesmal die Energiewende, die den Grund für die Errichtung eines sog. „Energiesenates" darstellt. Dieser soll die Streitigkeiten bearbeiten, die Energieleitungen betreffen und für die bisher der 4. Senat verantwortlich zeichnete. So passt es auch ausgezeichnet, dass der neue Vorsitzende des 11. Senats aus dem 4. Senat kommt. Es handelt sich um Herrn Prof. Külpmann, den ich in diesem Kreis wahrlich nicht vorstellen muss.

4 Eine weitere personelle Änderung ist zu erwähnen. Mit der Ernennung von Frau Dr. Rublack zur Vizepräsidentin Anfang des Jahres hat Frau Rublack den Vorsitz im 10. Senat übernommen und diesem sind vom 7. Senat wichtige Teile des Umweltrechts, wie das Abfallrecht, das Wasserrecht, das Bodenschutzrecht und das sonstige Umweltrecht, übertragen worden. Aber auch der 7. Senat wird weiter Gelegenheit behalten, sich auf dem Gebiet des Umweltrechts zu betätigen. Er bleibt für das Immissionsschutzrecht und damit auch für die Windenergieanlagen sowie für die Eisenbahn- und Wasserstraßenplanung und das LNG-Beschleunigungsgesetz zuständig.

II. Beschleunigungsgesetzgebung – VwGO

5 Die Beschleunigung der verwaltungsgerichtlichen Verfahren im Infrastrukturbereich hat sich auch das im Berichtszeitraum mit seinem wesentlichen Inhalt in Kraft getretene gleichnamige Gesetz vom 14.03.2023[1] auf die Fahnen geschrieben. Der amtlichen Begründung zufolge ist Ziel des Gesetzes, die Dauer verwaltungsgerichtlicher Verfahren über besonders bedeutsame Infrastrukturvorhaben mit einer hohen wirtschaftlichen und infrastrukturellen Bedeutung zu reduzieren, ohne hierbei die Effektivität des Rechtsschutzes zu beeinträchtigen. Dabei sieht die Gesetzesbegründung nicht nur die Beschleunigung des Ausbaus der Stromnetze, sondern auch die erforderliche Erneuerung der verkehrlichen Infrastruktur als dringlich an. Der Gesetzentwurf ist auf heftige und übereinstimmende Kritik aus der Anwaltschaft, den Verbänden, Wissenschaft und der Verwaltungsgerichtsbarkeit gestoßen. Die Anhörung der Sachverständigen im Rechtsausschuss hat ebenfalls ein nur selten zu findendes einmütig ablehnendes Meinungsbild ergeben.

---

[1] Gesetz zur Beschleunigung von verwaltungsgerichtlichen Verfahren im Infrastrukturbereich vom 14.03.2023, BGBl. 2023 I Nr. 71. Art. 1 Nr. 9, 12 und Art. 5 treten erst am 1. Januar 2024 in Kraft. Es handelt sich dabei um die Regelungen zur Vorlage digitaler Akten, zur Bildung von speziellen Planungsspruchkörpern und zur Änderung des TKG. Die Änderung des UmwRG, des EnWG und des NABEG gelten nur für Verfahren, die nach dem Inkrafttreten anhängig werden, vgl. *Bier/Bick*, NVwZ 2023, 457 (461).

Immerhin hat die unisono geäußerte Kritik wenigstens im Rechtsausschuss Wirkung gezeigt und der Entwurf wurde – gewissermaßen in letzter Minute – in vielen Passagen noch geändert und damit den begründeten Einwendungen doch noch Rechnung getragen.

Aus der Sicht des Bundesverwaltungsgerichts sind natürlich besonders die Regelungen von Interesse, die erneut seine erstinstanzlichen Zuständigkeiten ausweiten. Neu hinzugekommen sind die Zuständigkeiten für Streitigkeiten über Vorhaben zur Errichtung und Anbindung von Wasserstoffterminals und Vorhaben nach dem LNG-Beschleunigungsgesetz. Zugewiesen sind insoweit – abweichend von der sonstigen Regelungstechnik im Rahmen des § 50 Abs. 1 Nr. 6 VwGO – sämtliche Streitigkeiten und damit nicht nur diejenigen, die die genehmigungsrechtliche Bewältigung des Vorhabens betreffen, sondern auch solche Streitigkeiten, die erst bei der Umsetzung und Vollziehung auftreten.[2]

Wie bereits ausgeführt hat der Rechtsausschuss einer Reihe von Kritikpunkten am Entwurf Rechnung getragen. So ist insbesondere die ursprünglich vorgesehene Pflicht, in erstinstanzlichen Verfahren nach § 50 Abs. 1 Nr. 6 VwGO zwei Monate nach Eingang der Klageerwiderung einen sogenannten „frühen ersten Termin" vor dem Berichterstatter oder Vorsitzenden zwingend anzusetzen[3], in eine nicht fristgebundene Soll-Bestimmung für geeignete Fälle geändert und damit wesentlich entschärft worden. Eine weitere die gerichtliche Verfahrensgestaltung unmittelbar betreffende Regelung findet sich in der Priorisierungsvorschrift des § 87c Abs. 1 VwGO, der ein sektorales Vorrang- und Beschleunigungsgebot für die dort genannten Verfahren eingeführt hat.

Angesichts der Vielzahl der zu beschleunigenden und nach der Neuregelung in § 188b VwGO in Spezialspruchkörpern zusammenzufassenden Verfahren ist zu Recht darauf hingewiesen worden, dass Vorrang für alles letztendlich Vorrang für nichts bedeutet. Ob hinter den Regelungen die Absicht steckt, die „aus politischer Sicht ‚lästige' Verwaltungsgerichtsbarkeit" auszumanövrieren, wie es *Rüdiger Breuer* in einer Analyse der Beschleuni-

---

[2] *Bier/Bick*, NVwZ 2023, 457 (458).
[3] BT-Drs. 20/5165, 8.

gungsgesetzgebung konstatiert[4], möchte ich dahinstehen lassen. Die bisherigen Erfahrungen mit allen Arten von Beschleunigungsgesetzgebungen und Änderungen der Verwaltungsgerichtsordnung haben gezeigt, dass sich die Verwaltungsgerichtsbarkeit ihres Auftrages, unabhängige Kontrollinstanz der Verwaltung zu sein, sehr bewusst ist und sie diesen Auftrag zu erfüllen weiß, auch wenn dies dem einen oder anderen lästig sein mag.

10   Eine erste Kostprobe dieses Bewusstseins hat der 4. Senat in seinem Beschluss vom 26.04.2023[5] gegeben. Er hat darin den Prognosemaßstab des neuen § 80c Abs. 2 VwGO, wonach das Gericht einen Mangel außer Acht lassen kann, wenn offensichtlich ist, dass dieser in absehbarer Zeit behoben werden kann, teleologisch über den Wortlaut hinaus erweitert. Die Prognose müsse neben der Fehlerbehebung durch Durchführung eines fehlerfreien Abwägungsvorgangs zusätzlich die Erwartung einschließen, die Behörde werde im Ergebnis an der Entscheidung festhalten.

11   Dass dies der Fall sein werde, konnte der Senat nicht erkennen und gab dem einstweiligen Rechtsschutzantrag statt. Konkret ging es um den Standort eines Höchstspannungsmastes, der mit seinen 80 m Höhe und drei Traversen in nur 47 m Entfernung vom Wohnhaus des Klägers errichtet werden sollte. Der Senat ließ offen, ob dem Antragsgegner sogar ein Abwägungsausfall vorzuwerfen sei, weil ihm eine mögliche Verschiebung des Maststandortes bei unverändertem Trassenverlauf nicht vor Augen gestanden hätten. Jedenfalls einen erheblichen, weil ergebnisrelevanten Abwägungsfehlgebrauch stellte der Senat fest. Die Mehrkosten einer Verschiebung des Mastes und die immissionsschutzrechtlichen Vorteile des gewählten Maststandortes seien erkennbar nicht von einem solchen Gewicht, dass sie die bedrängende Wirkung des Mastes aufzuwiegen in der Lage seien.

12   Dieser Beschluss darf durchaus als Fingerzeig an Vorhabenträger und Planfeststellungsbehörden verstanden werden, dass auch der gebotene rasche Ausbau von Höchstspannungsleitungen nicht alle Mittel heiligt. Dass der Senat die Abwägungsentscheidung bei der Errichtung von Höchstspannungsleitungen im vorläufigen Rechtsschutzverfahren u.U. eingehend überprüft, ist

---

[4] *Breuer*, NVwZ 2023, 1273.
[5] BVerwG, Beschl. v. 26.04.2023 – 4 VR 6.22 – juris Rn. 42.

auch in einem Beschluss vom 22.03.2023[6] erkennbar. Darin hat der Senat das Argument, es trete ein in der Abwägung zu berücksichtigender „Gewöhnungseffekt" hinsichtlich der Auswirkungen von Höchstspannungsmasten ein, mit dem einleuchtenden Argument zurückgewiesen, die Annahme eines solchen Effekts reduziere in unzulässiger Weise die eigentliche Beeinträchtigung. Mit dieser Begründung ließe sich jeder beliebig schwere Eingriff letztlich als geringfügig auffassen. Der Gedanke dürfte jedoch über den Bereich optischer Beeinträchtigungen hinaus Geltung beanspruchen können.

III. Das Sonderprozessrecht in Umweltsachen – UmwRG

Vielleicht ist die Gelassenheit gegenüber den Änderungen der Verwaltungsgerichtsordnung auch deswegen so groß, weil wir ganz andere und ausreichende Probleme im Bereich des Umweltprozessrechts haben. Damit habe ich das Umweltrechtsbehelfsgesetz angesprochen, ein steter Quell neuer Rechtsfragen, der – so hört man es aus dem zuständigen Ministerium – durch eine mutige Novelle mit dem Ziel einer Generalklausel etwas zum Versiegen gebracht werden soll. Wir werden sehen, was es im nächsten Jahr hierzu zu berichten gibt.

So lange der § 1 UmwRG noch eine enumerative Aufzählung der Entscheidungen enthält, auf die das Gesetz Anwendung findet, wird sich die Rechtsprechung noch mit den sich daraus ergebenden Schwierigkeiten insbesondere mit Blick auf die Rechtsschutzverbürgungen der Aarhus-Konvention und der dazu ergangenen Rechtsprechung des Europäischen Gerichtshofs (EuGH) auseinandersetzen müssen.

So hat der 7. Senat entschieden[7], dass mit der Zulassung eines bergrechtlichen Hauptbetriebsplans ein Vorhaben im Sinne des § 1 Abs. 1 Satz 1 Nr. 5 UmwG zugelassen wird. Er zieht hierfür die schon bekannte eigene Rechtsprechung heran, wonach von dieser Auffangnorm auch Entscheidungen erfasst werden, die nur Elemente einer Zulassungsentscheidung enthalten. Eine isoliert erteilte naturschutzrechtliche Befreiung nach § 67 BNatSchG hat

---

[6] BVerwG, Beschl. v. 22.03.2023 – 4 VR 4.22 – juris Rn. 59.
[7] BVerwG Buchholz 406.254 UmwRG Nr. 44 Rn. 12.

der 7. Senat ebenfalls als eine zumindest einzelne Aspekte der Zulässigkeit des Vorhabens verbindlich regelnde Vorschrift angesehen[8]. Das Gleiche gilt für eine Verbindlichkeitserklärung eines bodenschutzrechtlichen Sanierungsplans für eine Altlastenfläche[9]. Schließlich hat der 7. Senat den Auffangtatbestand des § 1 Abs. 1 Satz 1 Nr. 5 UmwRG in den Verfahren um LNG[10]-Leitungen herangezogen, um eine Verbandsklagebefugnis trotz des durch dieses Gesetz zum Zwecke der Beschleunigung angeordneten Wegfalls der UVP-Pflicht zu begründen.[11]

16 Die wohl weitreichendste Entscheidung in Rahmen des § 1 UmwRG ist aber nicht zu dessen Satz 1 Nr. 5, sondern zur Nummer 4 ergangen. Das Verfahren betraf die Verordnung über das Landschaftsschutzgebiet Inntal Süd und war ein sogenannter Rückläufer vom EuGH. Der dahinterstehende Rechtsstreit hatte zunächst im 4. Senat zur Entscheidung angestanden[12]. Dieser hat dem EuGH in erster Linie die Frage vorgelegt, ob für Landschaftsschutzgebietsverordnungen eine Strategische Umweltprüfung (SUP) durchzuführen sei. Er hat dabei den EuGH warnend darauf hingewiesen, dass die Frage eine über den Einzelfall hinaus erhebliche Bedeutung hat. In der Bundesrepublik Deutschland sei die Praxis bisher davon ausgegangen, dass Schutzgebietsausweisungen einschließlich der Ausweisung besonderer Schutzgebiete nach der FFH-Richtlinie[13] weder einer Strategischen Umweltprüfung noch einer entsprechenden Vorprüfung unterzogen werden müssen. Solche Prüfungen seien daher nicht vorgenommen worden. Bestehe eine unionsrechtliche Pflicht zur Durchführung einer Strategischen Umweltprüfung oder jedenfalls zu einer Vorprüfung, wären voraussichtlich sehr viele Ausweisungen von Schutzgebieten verfahrensfehlerhaft.

---

[8] BVerwG Buchholz 406.25 § 13 BImSchG Nr. 3 = NVwZ 2023, 745 Rn. 20f.
[9] BVerwG, Urt. v. 22.06.2023 – 10 C 4.23 – juris Rn. 16.
[10] Die Abkürzung LNG bezeichnet Liquefied Natural Gas, d. h. regasifiziertes Flüssigerdgas.
[11] BVerwG, Urt. v. 22.06.2023 – 7 A 9.22 – juris Rn. 26 ff.; BVerwG ZUR 2023, 677 Rn. 9; BVerwG ZUR 2023, 675 Rn. 9.
[12] BVerwG ZUR 2020, 494.
[13] RL 92/43/EWG v. 21.05.1992, ABlEG 1992 L 206, 7 ff., zuletzt geändert durch Art. 1 ÄndRL 2013/17/EU v. 13.05.2013, ABlEU L 158, 193.

Der EuGH hatte[14] – ich glaube zum Erstaunen und noch mehr zur Erleichterung vieler – ein Einsehen und verneinte eine SUP-Pflicht für die dem Rechtsstreit zugrundeliegende Landschaftsschutzverordnung, weil diese keine „signifikante Gesamtheit von Kriterien und Modalitäten für die Genehmigung und Durchführung eines oder mehrerer Projekte aufstelle, die voraussichtlich erhebliche Umweltauswirkungen haben".[15] Damit war der Tatbestand der Nr. 4 des § 1 Satz 1 UmwRG nicht erfüllt.

Der nach einer Änderung des Geschäftsverteilungsplans zuständig gewordene 10. Senat ist in der sich daran anschließenden Schlussentscheidung gleichwohl zur Zulässigkeit der Klage der Umweltvereinigung nach § 1 Abs. 1 Satz 1 Nr. 4 UmwRG gekommen.[16] Er hat insoweit die nördlich des Mains nicht gerade zum Prüfungsstoff im juristischen Examen gehörende Alpenkonvention und das in ihrer Ausgestaltung ergangene und ebenfalls im Range eines Bundesgesetzes stehende Protokoll zur Durchführung der Alpenkonvention von 1991 im Bereich Naturschutz und Landschaftspflege[17] herangezogen. Bei diesem Protokoll handele es sich im Sinne der Rechtsprechung des EuGH um eine umweltbezogene Rechtsvorschrift des nationalen Rechts, die in den Anwendungsbereich des Unionsrechts falle. Sie bezwecke die Erfüllung unionsrechtlich verbindlicher Ziele aus der Alpenkonvention. Daher müsse die tatbestandliche Voraussetzung in § 1 Abs. 1 Satz 1 Nr. 4 UmwRG, wonach eine Überprüfung eines Planes nur zulässig ist, wenn eine Strategische Umweltprüfung vorgeschrieben sei, außer Anwendung bleiben.

Für Anwälte interessant dürfte auch die Entscheidung des 9. Senats in seinem Urteil vom 05.07.2023[18] sein, in der der Senat entgegen verschiedenen Stimmen in der Literatur klarstellt, dass der Hinweis auf fehlende, verspätete oder sonst unzureichende Gewährung von Akteneinsicht im gerichtlichen Verfahren nicht geeignet ist, das Ausbleiben jeglicher Begründung innerhalb der

---

[14] EuGH C-300/20 [ECLI:EU:C:2022:102] = NVwZ 2022, 701 – Bund Naturschutz in Bayern.
[15] EuGH C-300/20 [ECLI:EU:C:2022:102] Rn. 60 = NVwZ 2022, 701 – Bund Naturschutz in Bayern.
[16] BVerwG, NVwZ 2023, 1762 Rn. 21 ff.
[17] Zustimmungsgesetz v. 16.08.2002 (BGBl. 2002 II S. 1785).
[18] BVerwG, NVwZ 2023, 1664 Rn. 6 ff.

Klagebegründungsfrist des § 6 UmwRG pauschal zu entschuldigen. Verzögerungen infolge nicht zeitnah erfüllter Akteneinsichtsgesuche können nur insoweit relevant sein, als sich die Klagebegründung gerade auf Umstände stützt, die sich (nur) aus den Verwaltungsvorgängen ergeben. Der Senat schärft damit dieses einzig wirklich wirksame Mittel zur Fixierung und damit zur Begrenzung des Verfahrensstoffs erneut.

20 Der 7. Senat hat für Verfahren des vorläufigen Rechtsschutzes nachgezogen und sich nicht an einer Entscheidung gehindert gesehen, obwohl die Prozessbevollmächtigte des Antragstellers noch keine Einsicht in die Verwaltungsvorgänge des Vorhabenträgers nehmen konnte.[19] Für den 7. Senat war dabei maßgeblich, dass der Antragsteller aufgrund der ihm bereits vorliegenden Unterlagen in der Lage war, den Rechtsschutzantrag ausführlich zu begründen. Sollte er sich tatsächlich erst aufgrund der Akteneinsichtnahme zu einzelnen Umständen äußern können, sei er auf einen Antrag nach § 80 Abs. 7 VwGO zu verweisen. In der gleichen Entscheidung hat der Senat im Übrigen klargestellt, dass die Monatsfrist für die Stellung und Begründung eines Antrages auf vorläufigen Rechtsschutz keine Mindestfrist normiert, also kein Recht auf Ausnutzung der vollen Fristlänge besteht, sondern dass es sich um eine der Verfahrensbeschleunigung dienende Ausschlussfrist für neues Vorbringen handelt.

IV. LNG – Terminals

21 Der „Doppelausstieg"[20] aus der Kernenergie und der Kohleverstromung und die Einstellung der Gaslieferungen aus Russland haben die Parameter für die Versorgung mit Gas grundlegend geändert. Während in Deutschland das Fracking seit 2017 verboten ist,[21] werden zur Versorgung mit Gas und zur Abwehr einer Gasmangellage an den Küsten der Nord- und Ostsee im nochmals beschleunigten Deutschlandtempo LNG-Terminals genehmigt und gebaut und an das vorhandene Gasnetz angeschlossen. Das LNG-

---

[19] BVerwG, ZUR 2023, 675 Rn. 4.
[20] *Breuer*, NVwZ 2023, 1273.
[21] § 13a Abs. 1 Satz 1 Nr. 1 WHG, eingefügt durch Artikel 1 des Gesetzes v. 04.08.2016 (BGBl. 2016 I 1972).

Beschleunigungsgesetz ist Ausdruck dieser Beschleunigungsbemühungen. „Unverzüglich und schnellstmöglich", so die Gesetzesbegründung[22], müsse der Aufbau einer unabhängigen nationalen Gasversorgung durch Schaffung einer LNG-Importstruktur erfolgen. Das LNG-Beschleunigungsgesetz gestattet hierfür den Genehmigungsbehörden vorübergehend und unter klar definierten Bedingungen, von bestimmten Verfahrensanforderungen, insbesondere im Bereich der Umweltverträglichkeitsprüfung, abzusehen.

Verfahren, die das LNGG betreffen, haben den 7. Senat sowohl im einstweiligen Rechtsschutz als auch in ersten Hauptsacheverfahren in erheblichem Maße beschäftigt. Weitere Verfahren sind bereits terminiert. Ich werde mich daher in besonderen Maße auf die Wiedergabe des bisher Entschiedenen beschränken und auf alle Kommentare verzichten, ausgenommen vielleicht, dass ich den Senat für die Geschwindigkeit lobe, mit der er die Sachen angegangen ist.

In seinem Beschluss vom 22.06.2023 (7 VR 3.23 u.a.),[23] der die Energietransportleitung (ETL) 180 Brunsbüttel – Hetlingen betraf, und im Urteil vom gleichen Tag (7 A 9.22)[24] zur LNG-Anbindungsleitung von Wilhelmshaven nach Etzel (WAL) hat der Senat sich mit der Frage der Zulässigkeit des Wegfalls der Umweltverträglichkeitsprüfung nach § 4 LNGG beschäftigt. Er hat sowohl das Vorliegen der tatbestandlichen Voraussetzungen dieser Norm, insbesondere das Bestehen bzw. Drohen einer Krise der Gasversorgung, als auch die Unionsrechtskonformität des Verzichts auf eine Umweltverträglichkeitsprüfung bejaht.

Für die Annahme einer Gasmangellage ist der Senat der Einschätzung des zuständigen Bundesministeriums gefolgt, das im März 2022 die Frühwarnstufe und im Juni 2022 die Alarmstufe des Notfallplans Gas ausgerufen hatte.[25] Auch die Einschätzung der Bundesnetzagentur, die in ihren Lageberichten die Situation als angespannt bezeichnet hat, war für den Senat von Bedeutung. An dieser Linie hat der Senat auch in seinen beiden jüngsten Be-

---

[22] BT-Drs. 20/1742, 15.
[23] BVerwG, NVwZ 2023, 1657.
[24] BVerwG, Urt. v. 22.06.2023 – 7 A 9.22 – juris.
[25] BVerwG, Urt. v. 22.06.2023 – 7 A 9.22 – juris Rn. 20 f., BVerwG, NVwZ 2023, 1657 Rn. 17.

schlüssen vom 12. und 15.09.2023 zum ersten Teilabschnitt der Ostseeanbindungsleitung Lubmin bis Mukran auf Rügen festgehalten[26]. Insbesondere hat er die Einschätzung der Bundesnetzagentur, dass die notwendige Stabilisierung der Versorgungssicherheit den zusätzlichen Bedarf an LNG-Einspeisemöglichkeiten erfordere, um unter ungünstigen Bedingungen gegen eine kritische Versorgungslage gewappnet zu sein, gelten lassen.

25 Die zweite wichtige Frage in diesen Verfahren betraf die Umweltverträglichkeitsprüfung oder besser gesagt, deren Wegfall nach § 4 LNG-Beschleunigungsgesetz. In den ersten literarischen Stellungnahmen sind Bedenken angemeldet worden, ob die Voraussetzungen, die das Unionsrecht an einen Verzicht auf eine Umweltverträglichkeitsprüfung (UVP) stellt, vorliegen[27]. Der Senat hat dies mit eingehender Begründung in seinem Urteil vom 22.06.2023 bejaht.[28] Dreh- und Angelpunkt ist die Formulierung in Art. 2 Abs. 4 Unterabs. 1 der UVP-Richtlinie[29], wonach „ein bestimmtes Projekt" unter bestimmten Voraussetzungen von der UVP-Pflicht befreit werden kann. Die Kritik, dass § 4 Abs. 1 LNGG einen Verzicht eben nicht für ein bestimmtes, sondern für abstrakt-generell beschriebene, nur mittels des Standorts näher konkretisierte Projekte und damit für eine ganze Projektkategorie anordne, überzeuge nicht. Durch die vorzunehmende Einzelfallprüfung nach § 4 LNGG werde sichergestellt, dass nur solche Vorhaben von der Anwendung des Gesetzes über die Umweltverträglichkeitsprüfung ausgenommen werden, bei denen sich diese nachteilig auf den Zweck des Projekts auswirken würde. Das müsse für jedes einzelne Vorhaben und damit für jedes „bestimmte Projekt" im Sinne des Art. 2 Abs. 4 Unterabs. 1 UVP-RL festgestellt werden. Daher sei die Regelung in § 4 Abs. 1 LNGG auch nicht mit einer Ausnahmeregelung vergleichbar, die pauschal an bestimmte Schwellenwerte anknüpfe.[30]

---

[26] BVerwG, ZUR 2023, 677 Rn. 13 ff. und BVerwG, ZUR 2023, 675 Rn. 14 ff.
[27] Vgl. *Schlacke/Wentzien/Römling*, NVwZ 2022, 1577 (1585 f.) und *Kment/Fimpel*, NuR 2022, 599 (604).
[28] BVerwG, Urt. v. 22.06.2023 – 7 A 9.22 – juris Rn. 23 ff., vgl. auch BVerwG, NVwZ 2023, 1657 Rn. 21.
[29] RL 2011/92/EU v. 13.12.2011, ABlEU 2011 L 26, 1 ff., in der durch die RL 2014/52/EU v. 16.04.2014, ABlEU 2014 L 124, 1 ff. geänderten Fassung (UVP-RL).
[30] Vgl. dazu EuGH, Schlussanträge der Generalanwältin Kokott v. 13.11.2014 C-570/13, [ECLI:EU:C:2014:2374] – Rn. 60.

Der Senat hat in dem Verfahren zur WAL auch noch zur Frage der Abwägung von Klimabelangen Stellung genommen. Es ging konkret um die Frage, ob zu den abwägungserheblichen Umweltauswirkungen einer LNG-Anbindungsleitung auch die Treibhausgasemissionen gehören, die beim späteren Verbrauch des transportierten Gases entstehen[31]. Der Kläger hatte geltend gemacht, dass beim Verbrauch des durch die Leitungen transportierten Erdgases jährlich mindestens 45 Mio. t Kohlendioxid freigesetzt würden. Dies entspreche auf das Jahr 2030 bezogen mehr als 40 % der Jahresemissionsmenge für den Industrie- und 70 % der Jahresemissionsmenge für den Gebäudesektor. Bei der nach der Rechtsprechung des 9. Senats im Rahmen des § 13 KSG anzustellenden Gesamtbilanz[32] müssten diese Emissionen sektorübergreifend berücksichtigt und bei der Abwägung eingestellt werden.

26

Der 7. Senat ist dem nicht gefolgt. Er hat dabei an die bereits vorhandene Rechtsprechung angeknüpft, die für die Frage, was in die fachplanerische Abwägung einzubeziehen ist, maßgeblich auf den Vorhabenbezug abstellt. Es sei zwar anerkannt, dass auch mittelbare Auswirkungen eines Vorhabens in die Abwägung einzustellen seien. Stets müsse es sich aber um Auswirkungen gerade des Vorhabens handeln. Einzubeziehen seien daher nur solche Auswirkungen, die bei wertender Betrachtung dem Vorhaben zuzurechnen seien, weil sich ein vorhabenspezifisches Risiko realisiere, dessen Bewältigung das gesetzliche Planfeststellungsverfahren zu dienen bestimmt sei. Die bestimmungsgemäße Nutzung der Anbindungsleitung liege im Gastransport und erschöpfe sich darin. Der spätere Verbrauch des Gases finde an anderer Stelle statt und unterliege eigenen Regulierungen. Das durch das Gasfernleitungsnetz geleitete Gas sei sektorneutral und könne in jedem der genannten Sektoren verwendet werden. Aus § 13 KSG ergebe sich nichts anderes. Diese Norm begründe keine neuen Handlungs- und Entscheidungsspielräume, sondern setze diese voraus. Rechtlicher Anknüpfungspunkt sei daher das fachplanerische Abwägungsgebot, dass der Planfeststellungsbehörde insoweit Spielräume eröffne.

27

---

[31] BVerwG, Urt. v. 22.06.2023 – 7 A 9.22 – juris Rn. 38 ff.
[32] Vgl. BVerwGE 175, 312 (331 f.) = NVwZ 2022, 1549 Rn. 83 f.

28 Der Senat hat schließlich noch das verfassungsrechtliche Klimaschutzgebot in den Blick genommen und auch diesem keine Berücksichtigungspflicht der Treibhausgasemissionen beim Verbrauch des durchgeleiteten Gases entnehmen können. Der Senat betont, dass es in erster Linie Aufgabe des über einen erheblichen Gestaltungsspielraum verfügenden Gesetzgebers sei, das Klimaschutzgebot zu konkretisieren und auszugestalten. Dabei sei er auf bestimmte einzelne Maßnahmen von Verfassungs wegen nicht festgelegt. Daher überschreite er seinen Gestaltungsspielraum nicht, wenn er das Ziel einer sukzessiven Minderung der Treibhausgasemissionen nicht durch einschränkende Vorgaben für die Zulassung von Anlagen der Gasversorgungsinfrastruktur verfolge, sondern regulatorisch am Gasverbrauch ansetze. Schließlich sei auch nicht erkennbar, dass der Gesetzgeber hierdurch verleitet werden könnte, in seinen Anstrengungen zu einer Reduzierung fossilen Gases nachzulassen oder von diesen sogar Abstand zu nehmen.

V. SUP, Habitat- und Artenschutzrecht

29 Ein Bericht über die Rechtsprechung zum Umweltrecht kann nicht vollständig sein, wenn er nicht auch das Thema Umweltverträglichkeitsprüfung und das Habitat- und Artenschutzrecht erwähnt. Auch auf diesem mittlerweile schon traditionellen Feldern haben die Senate wieder einiges entschieden. Zunächst ist hier die Entscheidung des 4. Senats zu dem 2017 ins BauGB eingefügten § 13b BauGB zu nennen.[33] Kaum eine andere Entscheidung hat ein derart großes mediales Echo und auch Unsicherheit über ihre Konsequenzen nicht nur in der Fachöffentlichkeit hervorgerufen. Worum ging es in dieser Entscheidung? Der 4. Senat hat entschieden, dass die Regelung in § 13b BauGB, wonach für Bebauungspläne mit einer Grundfläche von weniger als 10 000 Quadratmetern, durch die die Zulässigkeit von Wohnnutzungen auf Flächen begründet wird, die sich an im Zusammenhang bebaute Ortsteile anschließen, eine Umweltprüfung (§ 2 Abs. 4 BauGB) nicht erforderlich ist (§ 13b Satz 1, § 13a Abs. 2 Nr. 1 i.V.m. § 13 Abs. 3 Satz 1 BauGB) gegen Unionsrecht verstößt. Sie werde den Anforderun-

---

[33] BVerwG, NVwZ 2023, 1652.

gen der SUP-Richtlinie nicht gerecht. Für die von § 13b BauGB ihrer Art nach umschriebenen Pläne könnten nicht in jedem Fall – nicht einmal in der Regel – erhebliche Umweltauswirkungen ausgeschlossen werden. Dies sei aber nach der SUP-Richtlinie Voraussetzung dafür, dass von einer Umweltprüfung abgesehen werden könne. Der Gesetzgeber hat umgehend reagiert und einen neuen § 215a BauGB verabschiedet[34] und § 13b BauGB gestrichen. § 215a Abs. 3 BauGB erlaubt das Nachholung der Vorprüfung des Einzelfalls. Dies soll dazu helfen, „begonnene Planverfahren, die nach § 13b BauGB in einer vor dem Inkrafttreten dieses Artikels geltenden Fassung eingeleitet wurden, geordnet zu Ende zu führen (Absatz 1) beziehungsweise abgeschlossene Pläne, die aufgrund der Anwendung des § 13b BauGB an einem nach den §§ 214 und 215 BauGB beachtlichen Fehler leiden und damit unwirksam sind, im ergänzenden Verfahren in Kraft zu setzen (Absatz 2)." Dabei war es ausdrückliches Ziel des Gesetzgebers, „den Mehraufwand für die Betroffenen so gering wie nach dem Europarecht möglich zu halten".[35] Mit Flugbeschränkungen und ihren Auswirkungen auf das europäische Habitatrecht hatte sich der 7. Senat im Januar 2023[36] zu beschäftigen. Es ging dabei um die Frage, ob eine Naturschutzbehörde Flugbeschränkungen für Luftverkehrsfahrzeuge im Wege einer Naturschutzgebietsverordnung anordnen darf. Das Bundesverwaltungsgericht hat das verneint, und zwar auch für den Fall, dass FFH-Gebiete betroffen sind.

Der Bund habe mit dem Regelungskonzept des Luftverkehrsgesetzes abschließend von seiner ausschließlichen Gesetzgebungszuständigkeit nach Art. 73 Abs. 1 Nr. 6 GG Gebrauch gemacht. Allein der verfolgte Zweck, die Natur zu schützen, genüge nicht, um die angegriffene Verordnung dem Gesetzgebungstitel des Naturschutzes (Art. 74 Abs. 1 Nr. 29 GG) zuzuordnen. Diese verfassungsrechtliche Sperrwirkung gelte auch im Anwendungsbereich der FFH-Richtlinie. Die Pflichten aus der FFH-Richtlinie könnten sowohl der Bund als auch die Länder erfüllen. Auf der Grundlage von § 17 LuftVO könne entgegen der vom Bundesministerium für Verkehr und digitale Infrastruktur vertretenen Auffassung ein

30

---

[34] G v. 20.12. 2023 BGBl. 2023 I Nr. 394.
[35] BT-Drs. 20/9344 S. 91.
[36] BVerwGE 177, 340 = NVwZ 2023, 1071.

ausreichender Schutz naturschutzrechtlicher Belange im Einklang mit den unionsrechtlichen Vorgaben gesichert werden.

31 Mehrere Senate hatten sich mit möglichen rechtlichen Folgerungen aus dem Urteil des EuGHs vom 4. März 2021 – C-473/19 u. a., Skydda Skogen[37], für das nationale Recht zu befassen. In dieser Entscheidung hat der EuGH gesetzliche Ausnahmen, die von vornherein bestimmte Vogelarten von der Artenschutzprüfung ausschließen, als unionsrechtswidrig verworfen. Der 7. Senat hat in seinem Urteil vom 06.10.2022 – 7 C 4.21 – an der langjährigen, am Wortlaut der FFH-Richtlinie orientierten Rechtsprechung der Planungssenate festgehalten, dass die im Störungsverbot des § 44 Abs. 1 Nr. 2 BNatSchG zum Ausdruck kommende populationsbezogene Bestimmung der Erheblichkeitsschwelle mit der FFH-Richtlinie in Einklang stehe.[38] In Art. 12 Abs. 1 Buchst. b FFH-RL sei anders als in Buchst. a und c im Hinblick auf das Störungsverbot nicht die Rede von „Exemplaren" oder „Eiern", sondern von Störung „dieser Arten". Nicht zuletzt darin wird die Rechtfertigung für die populationsbezogene Regelung in § 44 Abs. 1 Nr. 2 BNatSchG gesehen.[39] Dieser auch in der einschlägigen Arbeitshilfe der Kommission zum Ausdruck kommende Populationsbezug sei auch nach dem Urteil des Europäischen Gerichtshofs vom 4. März 2021 aufrecht zu erhalten.

32 Der 4. Senat hatte es in seinem Urteil vom 31.03.2023 – 4 A 10.21 – Rn. 104 mit „Gilden von Irrgästen" und „sporadischen Zuwanderern" zu tun, die sich durch ihr unstetes Vorkommen auszeichnen und von den „Allerweltsarten" abzugrenzen waren. Genauer gesagt ging es darum, ob man bei den Gilden der Irrgäste auf eine Art-für-Art-Betrachtung verzichten darf. Darf man, hat der 4. Senat entschieden und sah hierfür eine Anrufung des EuGH als nicht erforderlich an.[40]

33 Die vereinfachte Herangehensweise sei gerechtfertigt, weil im Rahmen allgemeiner Vermeidungsmaßnahmen vermeidbare Verletzungen und Tötungen vermieden werden können (§ 44

---

[37] EuGH C-473/19, C-474/19, ECLI:EU:C:2021:166 Rn. 54 = NVwZ 2021, 545 – Föreningen Skydda Skogen.
[38] BVerwGE 176, 313 (320f.) Rn. 33.
[39] St. Rspr., vgl. nur BVerwG Buchholz 406.403 § 34 BNatSchG 2010 Nr. 8 Rn. 62 m. w. N.
[40] BVerwG, UPR 2023, 495 Rn. 104.

Abs. 1 Nr. 1 BNatSchG), die lokale Population nicht erheblich gestört (§ 44 Abs. 1 Nr. 2 BNatSchG) und die ökologische Funktion ihrer Lebensstätten nicht beeinträchtigt werde (§ 44 Abs. 1 Nr. 3 BNatSchG). Die Vorgehensweise sei Ausdruck einer vollzugspraktischen Bündelung, deren Zulässigkeit von der Entscheidung des EuGH in Sachen Skydda Skogen nicht infrage gestellt werde.

Ganz zum Schluss lassen Sie mich noch auf einen anderen Klassiker des besonderen Artenschutzrechts kommen: Das signifikant erhöhte Tötungsrisiko. Auch hier steht die Frage dahinter, wie man es mit dem Individuenbezug hält. Das Bundesamt für Naturschutz hat hierzu schon vor Jahren eine Arbeitshilfe mit übergeordneten Kriterien zur Bewertung der Mortalität wildlebender Tiere im Rahmen von Projekten und Eingriffen entwickelt, die inzwischen in 4. Auflage vorliegt.[41] 34

Wichtigstes Werkzeug ist hier der Mortalitäts- und Gefährdungsindex (MGI) zur arten- und gebietsschutzrechtlichen Prüfung. Der MGI wird gebildet, indem der 9-stufige PSI (Populationsbiologischer Sensitivitäts-Index), der sich seinerseits aus insgesamt 4 Kriterien und 7 Parametern zusammensetzt, mit dem 5-stufigen NWI (Naturschutzfachlicher Wertindex), der ebenfalls aus vier Kriterien und 6 Parametern gebildet wird, aggregiert wird. Aus diesem MGI wird dann unter Berücksichtigung des vorhabenspezifischen Tötungsrisikos der Art die vorhabentypspezifische Mortalitätsgefährdung der Art (kurz vMGI) entwickelt. 35

Sie sehen schon, das ist kein unterkomplexer Ansatz. Und sollten Sie nicht alles gleich verstanden haben, macht das nichts – sie können die methodische Herleitung in dem mit Quellenverzeichnis 193 Seiten langen Leitfaden nachlesen. Das rechtliche Problem bei dieser Methodik ist die Einbeziehung populationsbezogener Parameter in die Betrachtung der artenschutzrechtlichen Prüfung der Zugriffsverbote. 36

Der 4. Senat hat hier keine Bedenken gesehen und die Bestimmung der Signifikanz des Tötungsrisikos nach einem Mortalitätsgefährdungsindex der Arten als mit dem Individuenbezug des Artenschutzrechts vereinbar erachtet[42]. Dass der MGI auch auf 37

---

[41] *Bernotat/Dierschke*, Übergeordnete Kriterien zur Bewertung der Mortalität wildlebender Tiere im Rahmen von Projekten und Eingriffen. Teil I: Rechtliche und methodische Grundlagen. 4. Fassung, Stand 31.08.2021.
[42] BVerwG, UPR 2023, 495 Rn. 124 f.

die Art als Ganzes kennzeichnende Merkmale abstellt, begründe keine grundsätzlich fehlerhafte Weichenstellung. Insbesondere das für den MGI relevante Kriterium der Häufigkeit der Art kann ebenso wie der Bestand auch artenschutzrechtlich von Bedeutung für eine signifikante Erhöhung des Tötungsrisikos sein. Denn verbreitet vorkommende Arten werden bei allen Infrastrukturmaßnahmen landesweit gleich gefährdet. Das Risiko aufgrund einer konkreten Planung ist folglich in der Regel nicht signifikant erhöht, da das Risiko-Niveau flächendeckend gleich ist, während bei seltenen und/oder stark gefährdeten Arten eine Planung im Lebensraum der Arten räumlich schnell zu signifikant erhöhten Risiken führt.

VI. Schlussbetrachtung

38 Was kann man als Fazit der Übersicht ziehen? Zunächst muss man konstatieren, dass der Bericht notwendigerweise lückenhaft ist. Ich könnte aus dem Berichtszeitraum noch über zahlreiche weitere Entscheidungen berichten, die interessante Fragen des Umweltrechts betreffen, z.B. Entscheidungen zum Umweltschadensrecht[43], zum Abfallrecht[44], zum Wasserrecht[45] oder auch zum Verhältnis von Berg- und Baurecht[46]. Aufsehen erregt hat ferner die Entscheidung des 9. Senats zur komunalen Verpackungssteuer auf Einwegverpackungen.[47] Der „hauptberuflich" für Fernstraßenplanungen zuständige Senat hat sich in dieser Entscheidung im Gewand des Steuerrechtes eingehend mit der Gesamtkonzeption des geltenden Abfallrechts beschäftigen müssen und ist zum Ergebnis gekommen, dass die Steuer nicht im Widerspruch hierzu steht. Auch aus dem Prozessrecht sind noch einige Entscheidungen, die zum Beispiel das Thema der Zulässigkeit von Klagen gegen Änderungsbescheide zu Planfeststellungsbeschlüssen betrafen oder Fragen der Reichweite der Rechtskraft[48], unerörtert geblieben. Gleichzeitig zeigt der Bericht, dass sich immer wieder ganze

---

[43] BVerwG, NuR 2023, 699.
[44] BVerwGE 175, 390 = NVwZ 2023, 98.
[45] BVerwG, NVwZ 2023, 1733.
[46] BVerwG Buchholz 406.27 § 58 BBergG Nr. 2 = NVwZ 2022, 1569.
[47] BVerwG, NVwZ 2023, 1406.
[48] BVerwGE 177, 279.

neue Rechtsgebiete auftun. Im Berichtszeitraum waren es die Fragestellungen, die sich aus dem LNG-Beschleunigungsgesetz ergeben haben. Andere Materien wie das Umweltrechtsbehelfsgesetz dagegen erweisen sich als treue, manche würden vielleicht auch sagen, zähe Dauerkunden. Es bleibt abzuwarten, ob der ansonsten unverdrossen tätige Gesetzgeber auch an dieser Stelle tätig wird und durch eine unionsrechtskonform ausgestaltete gesetzliche Grundlage das Konfliktpotential in diesem Bereich verringert.

Ein im letzten Jahr noch sehr heiß gehandeltes Thema, nämlich das Klimaschutzrecht, scheint dagegen bereits in etwas ruhigere Bahnen gelenkt worden zu sein. Jedenfalls hat § 13 KSG – auch durch Entscheidungen dieses Hauses im vergangenen Berichtszeitraum – weiter an Kontur gewonnen. Und natürlich gibt es auch die alten Bekannten, die man nicht missen will. Das Habitat- und Artenschutzrecht zählt dazu. Auch hier gibt es, nicht zuletzt durch die Neuregelungen im Bundesnaturschutzgesetz, immer wieder neue und teilweise aufgewärmte Fragestellungen. Alles in allem habe ich keinen Zweifel, dass es auch auf 47. Tagung der Gesellschaft für Umweltrecht e.V. wieder über einen bunten Strauß an Entscheidungen zu berichten gibt.

Herausforderung Wasserstoffmarkthochlauf

Die Fortschreibung der Nationalen Wasserstoffstrategie (NWS 2023) und der Aufbau eines Rechtsrahmens

Christian Maaß, Mathis Weller, Dr. Xenia Zwanziger

I. Einleitung

1 Die Herausforderung des Aufbaus einer massiven Wasserstoff-Industrie für Deutschland ist enorm: Bis zur vollständigen Erreichung des gesetzlichen Ziels der Klimaneutralität Deutschlands bis 2045 (§ 3 Abs. 2 KSG[1]) verbleiben nur noch gut 20 Jahre. Für die Sektoren Strom und Wärme stehen insbesondere mit dem EEG und dem 2023 novellierten Gebäudeenergiegesetz[2] zentrale rechtliche Transformationsinstrumente für diese Sektoren zur Verfügung. Auch für den Personenverkehr am Boden sind mit dem gesetzlichen Aus für neue Verbrenner-Motoren ab 2035 die Weichen zu einem wesentlichen Teil gestellt. Allenfalls rudimentär geregelt ist jedoch der Rechtsrahmen zum klimaneutralen Umbau der Industrie, des Flug- und Schiffsverkehrs sowie der flexiblen Strom-Erzeugung. Der Europäische Emissionshandel vermag für diese Bereiche jedenfalls allein keine ausreichenden Anreize zu setzen, um diese Bereiche im notwendigen Tempo von fossilen auf erneuerbare Energien umzustellen. Zudem geht es insbesondere bei der Industrie darum, diese als volkswirtschaftliche Basis in Deutschland und Europa zu erhalten und darum, dass diese nicht in andere Regionen abwandert.

---

[1] Bundes-Klimaschutzgesetz vom 12.12.2019 (BGBl. I S. 2513), das durch Artikel 1 des Gesetzes v. 18.12.2021 (BGBl. I S. 3905) geändert worden ist.
[2] Gesetz zur Änderung des Gebäudeenergiegesetzes u.a. v. 19.10.2023 (BGBl. I Nr. 280).

Es bedarf also innerhalb von nur 20 Jahren einer **Transformation des gesamten Energiesystems** und der weitestmöglichen **Substitution fossiler Grundstoffe in der Industrie**. Der **Wasserstoffmarkthochlauf** nimmt dabei eine zentrale Rolle ein: Nur durch den gezielten Einsatz von Wasserstoff und seinen Derivaten können diese Ziele erreicht werden. Hierzu muss ein **neuer Markt für grünen und kohlenstoffarmen Wasserstoff** und dessen Derivate einschließlich der gesamten Wertschöpfungskette von Erzeugung über Transport hin zur Anwendung geschaffen werden. Im Folgenden ist daher in diesem Artikel mit „Wasserstoff", wenn nicht anders bezeichnet, grüner und kohlenstoffarmer Wasserstoff und seine Derivate, z.B. Ammoniak, gemeint – in Abgrenzung zu dem bereits heute im signifikanten Umfang (ca. 55 TWh p.a.) verwendeten grauem Wasserstoff, der aus fossilen Kohlenwasserstoffen erzeugt wird.

Weite Bereiche der neuen Wasserstoffwelt sind bisher noch **unreguliert**. Zwar gibt es erste europäische und nationale Rechtsetzungen, beispielsweise die Novellen des Energiewirtschaftsgesetzes im Kontext der Wasserstoff-Kernnetzplanung,[3] des Gebäudeenergiegesetzes sowie des Wärmeplanungsgesetzes[4]. Auf europäischer Ebene lässt sich das jüngst beschlossene Gas- und Wasserstoffbinnenmarktpaket[5] nennen und die verpflichtende Vorgabe zum Einsatz von grünem Wasserstoff in der Industrie[6]. Dennoch bleibt zu konstatieren, dass der Wasserstoffmarkt sich weitgehend noch im vorrechtlichen Bereich befindet.

---

[3] Drittes Gesetz zur Änderung des Energiewirtschaftsgesetzes, BR-Drs. 590/23.
[4] Gesetz für die Wärmeplanung und zur Dekarbonisierung der Wärmenetze, BR-Drucksache 388/23.
[5] Vorschlag für eine Richtlinie des Europäischen Parlaments und des Rates über gemeinsame Vorschriften für die Binnenmärkte für erneuerbare Gase und Erdgas sowie Wasserstoff COM/2021/803 final; Vorschlag für eine Verordnung des Europäischen Parlaments und des Rates über die Binnenmärkte für erneuerbare Gase und Erdgas sowie für Wasserstoff (Neufassung) COM/2021/804 final.
[6] Art. 22a Abs. 1 UAbs. 5 RED III (Richtlinie (EU) 2023/2413 des Europäischen Parlaments und des Rates vom 18.10.2023 zur Änderung der Richtlinie (EU) 2018/2001, der Verordnung (EU) 2018/1999 und der Richtlinie 98/70/EG im Hinblick auf die Förderung von Energie aus erneuerbaren Quellen und zur Aufhebung der Richtlinie (EU) 2015/652 des Rates.

II. Politische Rahmenbedingungen

3   2020 stellte die Bundesregierung mit der **Nationalen Wasserstoffstrategie** (NWS 2020) erstmals eine Strategie zu den Zielen ihrer Wasserstoffpolitik vor. Sie initiierte damit die **erste Phase**[7] des Wasserstoffmarkthochlaufs. Aufbauend auf 38 Maßnahmen entlang der gesamte Wertschöpfungskette legte die NWS 2020 den Grundstein für die künftige Erzeugung, den Transport und die Nutzung von Wasserstoff und seinen Derivaten, einschließlich entsprechender Forschung, Innovationen und Investitionen. So konnte die Entwicklung nationaler und internationaler Märkte für Wasserstoff und seinen Derivaten sowie die internationale Zusammenarbeit auf vielfältige Weise zielgerichtet vorangebracht werden.[8] Der Nationale Wasserstoffrat, ein unabhängiges, überparteiliches Gremium mit Vertretern aus Wirtschaft, Wissenschaft und Zivilgesellschaft, unterstützt die Arbeit der Bundesregierung dabei beratend.

4   Die Bundesregierung trägt mit der **Fortschreibung der Nationalen Wasserstoffstrategie** (NWS 2023) dem gesteigerten Ambitionsniveau im Bereich Klimaschutz Rechnung, u.a. vor dem Hintergrund der erfolgreichen Beschwerde vor dem Bundesverfassungsgericht zum Klimaschutzgesetz[9] und dem im Nachgang beschlossenen Vorziehens des Klimaneutralitätsziels auf 2045. Zudem reagierte sie damit auch auf die grundlegend geänderten Rahmenbedingungen auf den Energiemärkten, verursacht durch den völkerrechtswidrigen russischen Angriffskrieg gegen die Ukraine und seine globalen Auswirkungen.[10] Mit der Fortschreibung der Nationalen Wasserstoffstrategie setzt die Bundesregierung den Rahmen für die **zweite, beschleunigte Phase** des Wasserstoffmarkthochlaufs mit dem Ziel der industriellen Skalierung, die seit dem Regierungsantritt konsequent eingeleitet wurde. Die NWS 2023 konkretisiert die NWS 2020 und zeigt in vier Handlungsfeldern kurz- und mittelfristige Maßnahmen sowie ein Zielbild für das Jahr 2030 auf.

---

[7] Die Nationale Wasserstoffstrategie, NWS 2020, S. 17.
[8] Sachstandsbericht (2021) und Fortschrittsbericht (2022).
[9] BVerfG, Beschl. v. 24.03.2021 – 1 BvR 2656/18, 1 BvR 288/20, 1 BvR 96/20, 1 BvR 78/20.
[10] Fortschreibung der Nationalen Wasserstoffstrategie, NWS 2023, S. 2.

Konkrete Zielsetzungen der NWS 2023 sind unter anderem die **Erhöhung des Ausbauziels der inländischen Elektrolyseleistung** von 5 GW auf mindestens 10 GW bis 2030 sowie der **Aufbau eines Wasserstoff-Kernnetzes** bis zum Jahr 2032. Festgelegt wurde zudem, dass die Bundesregierung sich bei der Förderung auf Bereiche fokussiert, „in denen der Wasserstoffeinsatz zwingend erforderlich bzw. alternativlos ist".[11] Das betrifft insbesondere den **Einsatz von Wasserstoff** in industriellen Prozessen, in Kraftwerken, im Schwerlast- sowie im Luft- und Seeverkehr.[12] Im Gebäudesektor ist der Einsatz aufgrund wirtschaftlicherer Alternativen vorerst nachrangig. Zumindest solange Wasserstoff ein teures und knappes Gut bleibt, dürfte der Fokus des Einsatzes damit in den genannten Anwendungsfeldern liegen. Eine eigenwirtschaftliche Nutzung in anderen Anwendungen wird durch die Bundesregierung jedoch nicht beschränkt.[13] Mit Umsetzung der in der NWS 2023 festgelegten Maßnahmen soll Deutschland bis 2030 internationaler Leitanbieter für Technologien entlang der gesamten Wertschöpfungskette werden. Damit trägt die Fortschreibung der NWS dazu bei, Deutschlands klima-, aber auch sicherheits-, industrie- und wirtschaftspolitische Ziele zu erreichen.

III. Rechtliche und regulatorische Rahmenbedingungen

Die Konzipierung des regulatorischen Rahmens für den Wasserstoffhochlauf ist für sein Gelingen ebenso entscheidend wie komplex. Diese notwendigen Rahmenbedingungen werden mit dem Markthochlauf derzeit erst geschaffen und befinden sich damit noch in der Anfangsphase.

Erneuerbarer Wasserstoff ist erstmals im Rahmen der EU-Richtlinie 2018/2001 Erneuerbare Energie (**RED II**) adressiert worden, indem auf erneuerbare Kraftstoffe nicht-biologischen Ursprungs (RFNBO) Bezug genommen wird.[14] RFNBOs umfassen dabei Wasserstoff, der durch Elektrolyse aus erneuerbarem Strom hergestellt wird, sowie seine Derivate; in Deutschland als grüner Wasserstoff

---

[11] Fortschreibung der Nationalen Wasserstoffstrategie, NWS 2023, S. 19.
[12] Fortschreibung der Nationalen Wasserstoffstrategie, NWS 2023, S. 3 f.
[13] Fortschreibung der Nationalen Wasserstoffstrategie, NWS 2023, S. 19.
[14] Vgl. Art. 2 Abs. 2 Nr. 36, Art. 7 Abs. 1 und Art. 27 Abs. 3 RED II 2018/2001.

bekannt. Die konkret zu erfüllenden Kriterien für die Herstellung von erneuerbarem bzw. grünem Wasserstoff und seinen Derivaten im Verkehrssektor wurden dabei erst Mitte des Jahres 2023 durch die Europäische Kommission nach politisch schwierigen Verhandlungen zwischen den Mitgliedstaaten und der Kommission in Form von delegierten Rechtsakten zu den Art. 27[15] und 28[16] der RED II festgelegt. Die delegierten Rechtsakte sind seit dem 10.07.2023 in Kraft und legen insbesondere auch die Kriterien fest, die bei Nutzung von Netzstrom erfüllt sein müssen, um erneuerbaren bzw. grünen Wasserstoff herzustellen. Darauf aufbauend arbeitet die Bundesregierung an der Umsetzung in nationales Recht, die über die Novellierung der 37. BImSchV erfolgen soll und zunächst für den Verkehrsbereich gilt. Im Hinblick auf die benötigten Zertifizierungssysteme für Wasserstoff ist die RED II ebenfalls die Grundlage für die entsprechenden Prozesse und Governance-Strukturen gemäß den in Art. 2 Abs. 36, Art. 27 Abs. 3 und Art. 28 Abs. 5 festgelegten Kriterien.

8   Mit der RED-Novelle (**RED III**) wurde ein einheitlicher sektorübergreifenden Rahmen geschaffen, sodass die Kriterien für die Herstellung von erneuerbarem bzw. grünem Wasserstoff und seinen Derivaten nun sektorübergreifend gelten. Die Regelungen sind am 20.11.2023 in Kraft getreten.[17] Die wichtige nationale Umsetzung dieser sektorübergreifenden Definitionen ist im Anschluss an die Arbeiten zur 37. BImSchV geplant.

9   Bereits Ende 2021 hat die Europäische Kommission den ersten Entwurf des „Hydrogen and Decarbonised Gas Markets Package" als Vorschlag zur Überarbeitung der Europäischen Gasmarktregulierungen veröffentlicht, erstmals einschließlich einer Wasserstoffregulierung. Das Gas- und **Wasserstoffbinnenmarktpaket** (siehe Rn. 2) beabsichtigt die Festlegung von rechtlichen Grundlagen und Regelungen für die Planung, Errichtung und den Betrieb von Wasserstoffpipelines, -terminals und -speichern sowie die Definition von kohlenstoffarmem Wasserstoff, also insbesondere von blauem Wasserstoff. Die Trilogverhandlungen wurden

---

[15] I.d.F. d. Delegierte Rechtsakte (EU) C(2023) 1087.
[16] I.d.F. d. Delegierte Rechtsakte (EU) C(2023) 1086.
[17] Art. 7 REDIII 2023/2413.

2023 abgeschlossen; das Paket muss nun noch final angenommen werden.

Anforderungen an die Nachhaltigkeitskriterien für Wasserstoff sollen auch Gegenstand der deutschen **Wasserstoff-Importstrategie** sein, welche derzeit erarbeitet wird.

IV. Wichtige Stellschrauben des Wasserstoffmarkthochlaufs

1. Bedarfsgerechter Ausbau Erneuerbarer Energien

Neben einem rechtssicheren Rahmen für die Wasserstoffproduktion (siehe Rn. 6 ff.) hängt der Hochlauf der Produktion von grünem Wasserstoff unabdingbar vom zügigen, massiven **Ausbau der Stromproduktion aus erneuerbaren Quellen** ab. Ohne diesen Ausbau droht der Zubau von 10 GW Elektrolyseuren zu Verwerfungen im Strommarkt zu führen. Hier hat die Bundesregierung bereits erhebliche Anstrengungen unternommen, die fortgeführt und umgesetzt werden müssen. Im Einzelnen lassen sich die folgenden Meilensteine beschreiben.

Die aus dem **Energiesofortmaßnahmenpaket 2022** („Osterpaket") der Bundesregierung hervorgegangene Novelle des Erneuerbare-Energien-Gesetzes (EEG 2023) sieht vor, dass bis zum Jahr 2030 mindestens 80 Prozent des in Deutschland verbrauchten Stroms aus erneuerbaren Energiequellen stammen sollen (§ 1 Abs. 2 EEG). Zudem soll **bis 2045 Klimaneutralität** im Stromsystem erreicht werden. Hierfür setzt das EEG 2023 das Ziel, den massiven Ausbau der Stromerzeugung aus erneuerbaren Energien voranzutreiben.[18] Die Errichtung und der Betrieb von Erneuerbare-Energien-Anlagen liegen nach § 2 EEG im überragenden öffentlichen Interesse und dienen der öffentlichen Sicherheit, so dass etwa in Abwägungsentscheidungen eine deutliche Gewichtung zugunsten dieser Anlagen besteht. Damit wird deutlich, dass das EEG einen wichtigen Baustein für die inländische Erzeugung von grünem Wasserstoff bildet.

Auch darüber hinaus wurden im „Osterpaket" umfassende gesetzliche Änderungen insbesondere des EEG sowie des Windener-

---

[18] BT-Drs. 20/1630, S. 136.

gie-auf-See-Gesetzes beschlossen.[19] Zusätzlich strebt das BMWK gemäß der **Wind-an-Land-Strategie** aus dem Mai 2023 u. a. schnellere Genehmigungen für Windprojekte an, die kurzfristige Mobilisierung von Flächen und das Repowering von Altanlagen. Zudem wird forciert, Geschäftsmodelle außerhalb des EEG zu flankieren und mehr Fachkräfte für den Windausbau zu gewinnen.[20] Auch die **Photovoltaik-Strategie** des BMWK, ebenfalls aus dem Mai 2023, zahlt auf diese Zielsetzung ein und nennt verschiedene Maßnahmen zum Ausbau der PV-Kapazitäten in den unterschiedlichen Handlungsfeldern.[21]

2. Beschleunigung der Planungs- und Genehmigungsverfahren für Wasserstoffanlagen

14 Ein übergreifendes Hemmnis für den Wasserstoffmarkthochlauf stellen lange Planungs- und Genehmigungszeiträume dar. Vor diesem Hintergrund erarbeitet das BMWK mit Hochdruck ein Paket zur **Beschleunigung der entsprechenden Verfahren** für die Wasserstoffinfrastruktur. Im Fokus stehen hierfür neben Importinfrastrukturen und Speicheranlagen Anlagen zur Erzeugung von Wasserstoff mittels Elektrolyse. Zentrales Instrument wird ein **Wasserstoffbeschleunigungsgesetz** sein.

15 Im Gesetzentwurf sind insbesondere Erleichterungen für Planung, Genehmigung und Bau von Elektrolyseuren und Speicheranlagen vorgesehen, um einen beschleunigten Ausbau der nationalen Wasserstofferzeugung zu erreichen und bürokratische Hindernisse abzubauen. Das Gesetz wird voraussichtlich ein Artikelgesetz werden, welches in einem Stammgesetz zentrale, allgemeine Regelungen und darüber hinaus Änderungen betroffener Fachgesetze enthält.

16 Aufgrund der nicht vergleichbaren Ausgangslage und Rahmenbedingungen von Wasserstoff und LNG wird das Wasserstoffbe-

---

[19] Gesetz zu Sofortmaßnahmen für einen beschleunigten Ausbau der erneuerbaren Energien und weiteren Maßnahmen im Stromsektor und Zweites Gesetz zur Änderung des Windenergie-auf-See-Gesetzes und anderer Vorschriften v. 20.07.2022 (BGBl. I S. 1237 und Berichtigung BGBl. I 2023 S. 1325).

[20] https://www.bmwk.de/Redaktion/DE/Publikationen/Energie/windenergie-an-land-strategie.pdf?__blob=publicationFile&v=11.

[21] https://www.bmwk.de/Redaktion/DE/Publikationen/Energie/photovoltaik-stategie-2023.pdf?__blob=publicationFile&v=8.

schleunigungsgesetz keine Kopie des LNG-Beschleunigungsgesetzes darstellen können, sondern die spezifischen Hemmnisse wasserstoffbezogener Infrastruktur adressieren.

V. Grundlagen des Wasserstoffmarkthochlaufs

17 Die besondere Herausforderung des Wasserstoffmarkthochlaufs stellt die Gleichzeitigkeit dar, mit der sich grundlegende Fragen entlang der gesamten Wertschöpfungskette stellen. Diese Situation wird gern als **Henne-Ei-Problem** beschrieben: Die Umstellung auf Anwendungsseite auf Wasserstofftechnologien setzt eine gesicherte Bereitstellung der entsprechenden Bedarfe voraus, die wiederum von der benötigten Infrastruktur abhängt – und vice versa. Um in Anbetracht dieser wechselseitigen Abhängigkeiten von Angebot, Nachfrage und Transport-/Speicher-Infrastruktur den privaten wie staatlichen Akteuren Orientierung zu geben, hat die Bundesregierung eine Reihe strategischer Grundlagen erarbeitet.

1. Prognostizierte Bedarfe und anwendungsseitige Nachfrage

18 Die zukünftige Nachfrage nach Wasserstoff lässt das BMWK im Rahmen von Langfristszenarien modellieren. Für 2030 ist demnach von einer Gesamtnachfrage von 95 – 130 TWh im Jahr auszugehen.

19 Der angenommene Wasserstoffbedarf im Jahr 2045 beträgt bereits rund 360 bis 500 TWh im Jahr. Dabei wird die größte Nachfrage im **Industrie- und im Umwandlungssektor** erwartet. Die voraussichtlichen Hauptabnehmer von Wasserstoff in der Industrie sind die Stahl- und Chemieindustrie, in denen Wasserstoff fossile Energie- und Stoffströme ersetzen soll. Aufgrund der Abkehr von fossilen Brennstoffen in der Stromerzeugung und des Kohleausstiegs entsteht im **Umwandlungssektor** ein erheblicher Wasserstoffbedarf für flexible Spitzenlastkraftwerke. Hinzu kommen Wasserstoffderivate, beispielsweise Power-to-Liquid-Produkte (PtL) für den **Luft- und Seeverkehr**, in einer Größenordnung von rd. 200 TWh im Jahr 2045.[22]

---

[22] Zwischenbericht der Systementwicklungsstrategie, BMWK 2023, S. 35.

20   Die Ergebnisse der Wärmeplanung nach dem Wärmeplanungsgesetz und die Wasserstofffahrpläne nach dem Gebäudeenergiegesetz (siehe Rn. 2) werden Aufschluss darüber geben, ob, wo und in welchem Umfang Kommunen einen **Bedarf an Wasserstoff für Heizungen** sehen. Der rechtliche Rahmen des Gebäudeenergiegesetzes ist zunächst technologieoffen. Die Befeuerung der Heizungsanlagen mit grünem und blauem Wasserstoff stellt eine zulässige Erfüllungsoption nach § 71f GEG-neu dar. Der Nachweis der Erfüllung der 65 %-Anforderung ist über Massebilanzverfahren zu erbringen.

27   Daneben gibt es im GEG eine Übergangsvorschrift, nach der unter engen Voraussetzungen die Heizungsanlage bis zum Anschluss an das Wasserstoffnetz weiter mit fossilem Gas betrieben werden kann (§ 71j GEG-neu). Voraussetzung ist unter anderem ein einvernehmlicher verbindlicher Fahrplan zwischen Wasserstoffverteilnetzbetreiber und der nach Landesrecht zuständigen Stelle. Weitere Voraussetzung ist die Genehmigung des Fahrplans durch die Bundesnetzagentur. Dieser (enge) rechtliche Rahmen zielt darauf ab, eine kontrollierte Ausweisung von Wasserstoffnetzausbaugebieten sicherzustellen und Fehlinvestitionen und -anreize in fossile Heizungsanlagen zu vermeiden.

2. Bedarfsgerechte Verfügbarkeit von Wasserstoff

28   Mit Blick auf die prognostizierten Bedarfe ist die Verfügbarkeit der notwendigen Wasserstoffmengen sicherzustellen. Dies gelingt durch zwei Säulen: die heimische Erzeugung einerseits, die eng mit dem inländischen Ausbau der Erneuerbaren Energien verknüpft ist (siehe Rn. 11 ff.), und den notwendigen Importen.

a) Heimische Erzeugung

29   Hinsichtlich der einheimischen Produktion soll die Erreichung der Zielsetzung von 10 GW Elektrolysekapazität bis 2030 durch einen Instrumentenmix sichergestellt werden. So sollen beispielsweise zeitnah durch IPCEI-Förderbescheide Projekte für Elektrolyseurkapazitäten mit einer Gesamtleistung von 2,5 GW ermöglicht wer-

den.[23] In den kommenden Jahren soll die jährliche Ausschreibung von 500 MW systemdienlicher, inländischer Elektrolysekapazität auf Grundlage einer Verordnung nach §96 Nr. 9 WindSeeG erfolgen. Weiterhin wird erwartet, dass durch die Treibhausgasminderungsquote für den Verkehr im Zuge der nationalen Umsetzung der RED II regulatorisch weitere 2 GW angereizt werden.

b) Importe

Da Deutschland nur über begrenzte Flächen für die erneuerbare Stromerzeugung verfügt und zudem im Ausland teilweise auch geeignetere, insbesondere kostengünstigere, Erzeugungspotenziale vorzufinden sind, wird neben der heimischen Wasserstoffproduktion auch der Import von Wasserstoff entscheidend zur Bedarfsdeckung beitragen müssen. Es bleibt damit zu konstatieren, dass Deutschland ein Energieimportland bleiben wird.

Selbst unter Zugrundelegung einer nationalen Elektrolysekapazität von 10 GW bis 2030 ergibt sich ein erheblicher Importbedarf für Wasserstoff und seine Derivate. Die Bundesregierung geht davon aus, dass 2030 voraussichtlich 50 bis 70 Prozent des Bedarfs (45 bis 90 TWh) importiert werden und dieser Anteil danach weiter ansteigt.[24] Die benötigten Importmengen sollen durch verschiedene Instrumente und Maßnahmen sichergestellt werden. Hierzu zählen unter anderem H2Global, die neu geschaffene European Hydrogen Bank sowie die Vertiefung bestehender und die Initialisierung neuer bilateraler H2-Partnerschaften. Die **Wasserstoff-Importstrategie** wird die Leitplanken hierfür setzen.

---

[23] IPCEI ist die Abkürzung für „Important Project of Common European Interest". Dabei handelt es sich um ein transnationales, wichtiges Vorhaben von gemeinsamem europäischem Interesse, das mittels staatlicher Förderung einen wichtigen Beitrag zu Wachstum, Beschäftigung und Wettbewerbsfähigkeit der europäischen Industrie und Wirtschaft leistet. Zu den Voraussetzungen siehe https://www.bmwk.de/Redaktion/DE/FAQ/IPCEI/01-faq-ipcei.html und auf der Seite der Europäische Kommission https://competition-policy.ec.europa.eu/state-aid/ipcei_en.

[24] NWS 2023, S. 9.

3. Anreizsetzung zur Etablierung von Wasserstoffanwendungen in den Sektoren

32 Die Etablierung von Wasserstoff in den einzelnen Sektoren wird durch einen **breiten Instrumentenmix** vorangetrieben.

33 Im Industriesektor erfolgt die Förderung von Wasserstoffanwendungen über die IPCEI-Projekte, Klimaschutzverträge und das Förderprogramm zur Dekarbonisierung der Industrie. Zudem sieht Art. 22a Abs. 1 UAbs. 5 RED III **RFNBO-Unterquoten im Industriesektor** vor. Bis zum Jahr 2030 müssen mindestens 42 % des gesamten Wasserstoffverbrauchs des Industriesektors durch RFNBO gedeckt sein, also durch grünen Wasserstoff beziehungsweise seine Derivate. Die Unterquoten sollen schrittweise angehoben werden, so dass 2035 bereits 60 % zu erreichen sind. Diese Vorgaben sind angesichts der heutigen fast ausschließlichen Nutzung Wasserstoffs aus fossilen Quellen äußerst ambitioniert.

34 Um Wasserstoffanwendungen zielgerichtet in den **Flug- und Schiffverkehr** zu lenken, hat sich die Bundesregierung zudem für die Einführung von RFNBO-Quoten in der ReFuelEU Aviation und FuelEU Maritime eingesetzt. Ergänzt werden diese durch die neue EU-Verordnung über den Aufbau der Infrastruktur für alternative Kraftstoffe (AFIR). Sie enthält verbindliche Ziele für den Aus- und Aufbau einer Infrastruktur von Ladepunkten und Wasserstofftankstellen für den Straßenverkehr, für die landseitige Stromversorgung in See- und Binnenhäfen und die Stromversorgung stationärer Luftfahrzeuge.

35 Im **Stromsektor** soll Wasserstoff gemäß NWS 2023 zur Energieversorgungssicherheit mittels Wasserstoffkraftwerken und systemdienlichen Elektrolyseuren beitragen, indem jene „insbesondere als variable und systemdienliche Stabilisatoren bzw. flexible Lasten" genutzt werden.[25] Im Rahmen der Kraftwerkstrategie der Bundesregierung werden derzeit Verhandlungen geführt über Ausschreibungen für H2-ready-Kraftwerke, die bis zu ihrer Umstellung auf Wasserstoff vorübergehend mit Erdgas betrieben werden können sowie für „H2-Sprinter-Kraftwerke", welche von Anfang an mit Wasserstoff betrieben werden sollen.

36 Darüber hinaus müssen **neue KWK-Anlagen** mit einer Mindestkapazität von 10 MW gemäß KWKG 2023 so errichtet werden,

---

[25] Fortschreibung der Nationalen Wasserstoffstrategie, NWS 2023, S. 4

dass sie zu „geringen Mehrkosten" auf einen Wasserstoffbetrieb umrüstbar sind (§ 6 Abs. 1 Nr. 6 KWKG). Eine nahezu identische Anforderung gibt es nach § 39k Abs. 2 EEG 2023 auch für **Biomethananlagen**, die ab 2023 gefördert werden.

4. Planung und Aufbau der Wasserstoffinfrastruktur in Deutschland mit Anschluss an EU-Wasserstoffnetz und Importkorridore nach Deutschland

Um zukünftig Abnehmer wie Industriestandorte und Kraftwerke mit ausreichend Wasserstoff versorgen zu können, ist eine bedarfsgerechte Wasserstoffinfrastruktur Voraussetzung. Startschuss für den Hochlauf einer deutschlandweiten Wasserstofftransportinfrastruktur stellt das **Wasserstoff-Kernnetz** dar. Ziel des Kernnetzes ist es, bis 2032 zentrale Wasserstoffstandorte auf Erzeugungs- und Nachfrageseite anzubinden.

Das Parlamentarische Verfahren zum Gesetzentwurf für das Kernnetz wurde am 24. November 2023 abgeschlossen,[26] die Regelungen sind Ende des Jahres 2023 in Kraft treten.[27] Die aktuelle Kernnetzplanung der Fernleitungsnetzbetreiber beinhaltet derzeit knapp 10.000 Kilometer; der Entwurf ist jedoch noch nicht final.[28]

Das Kernnetz bildet zudem die Basis für die **Anbindung Deutschlands** an das geplante europäische Wasserstoffnetz und die sich draus ergebenen H2-Importkorridore für Deutschland.

Parallel zur Planung des Kernnetzes wird der gesetzliche Rahmen für die zweite Stufe der Wasserstoff-Netzplanung erarbeitet: die **integrierte Gas- und Wasserstoffnetzentwicklungsplanung**. Mit diesen Regelungen wird über das Energiewirtschaftsgesetz ab 2025 eine umfassende, turnusmäßige Wasserstoffnetzentwicklungsplanung eingeführt. Die Kabinettsbefassung dafür fand am

---

[26] BR-Drs. 2030/23, S. 99.
[27] Gesetz zur Anpassung des Energiewirtschaftsrechts an unionsrechtliche Vorgaben und zur Änderung weiterer energierechtlicher Vorschriften v. 22.12.2023 (BGBl. I Nr. 405).
[28] Der aktuelle Kernnetz-Antrag der FNB (https://fnb-gas.de/wasserstoffnetz-wasserstoff-kernnetz/) wird bis zum 8. Januar 2024 von der Bundesnetzagentur konsultiert (https://www.bundesnetzagentur.de/DE/Fachthemen/Elektrizitaet undGas/Wasserstoff/Kernnetz/start.html).

15. November 2023 statt.[29] Die Planung soll integriert mit der Erdgasnetzentwicklungsplanung erfolgen, um die Wechselwirkungen zu berücksichtigen und Synergien zu nutzen.

VI. Fazit

42 Gemessen am bisherigen Transformationstempo sind die Herausforderungen für den Hochlauf der Wasserstoffwirtschaft riesig. Für den Ersatz von rund der Hälfte der deutschen Stromerzeugung auf erneuerbare Energien hat es mehr als zwanzig Jahre gebraucht. Die tiefhängenden Früchte auf dem Transformationspfad sind weitgehend geerntet. Nun gilt es, innerhalb von zwei Jahrzehnten die verbleibenden rund 50 % der deutschen Stromerzeugung, rund 80 % der Wärme, einen noch höheren Teil des Verkehrs sowie den Löwenanteil der industriellen Produktion auf Klimaneutralität umzustellen. Größere Teile all dieser Sektoren können jeweils über direkte Elektrifizierung umgebaut werden – es verbleibt jedoch ein substanzieller Anteil, der auf Wasserstoff und seine Derivate angewiesen ist.

Um diesen zur Verfügung zu stellen, bedarf es einer gezielten Anreizung von Wasserstoffanwendungen in den Sektoren, der Errichtung von Transport- und Speicherinfrastrukturen, sowie der Sicherstellung der Verfügbarkeit von ausreichend Wasserstoff durch einen forcierten Aufbau von Erzeugungsanlagen, eines bedarfsgerechten Ausbaus der erneuerbaren Energieerzeugung und der Erschließung von Importen. Alle diese Elemente müssen gleichzeitig angegangen werden. Dies erfordert von der Rechtssetzung ein hohes Maß an Koordination, Mut sowie schnelle und zugleich kluge Entscheidungen. Diese müssen eher heute – besser noch: gestern – als morgen getroffen werden, um das Gelingen der Energiewende zu ermöglichen.

43 Mit der Fortschreibung der Nationalen Wasserstoffstrategie unterstreicht die Bundesregierung ihre Ambition und Entschlossenheit den Wasserstoffhochlauf in Deutschland voranzutreiben und zu beschleunigen. Eine der entscheidenden Fragen ist dabei, ob in der Gesellschaft die notwendige Akzeptanz für die rasante Trans-

---

[29] Drittes Gesetz zur Änderung des Energiewirtschaftsgesetzes, Gesetzentwurf der Bundesregierung, BR-Drs. 590/23.

formation und deren Finanzierung hergestellt werden kann. Das Urteil des Bundesverfassungsgerichts zum Klima- und Transformationsfonds (KTF)[30] hat die Bedingungen hierfür nochmals erschwert. Angesichts der erheblichen gesellschaftlichen Spannungen, welche beispielsweise das Gebäudeenergiegesetz mit seinen Regeln zur schrittweise Umstellung der Heizungen auf erneuerbare Energien oder die Absenkung der Steuerermäßigungen für Agrardiesel hervorgerufen haben, bleibt die angemessene Verteilung der Lasten und Kosten der anstehenden Transformationsaufgaben eine zentrale Frage, welche die Komplexität der zu lösenden fachlichen und rechtlichen Herausforderungen beim Wasserstoff-Markthochlauf nochmals steigert. Ohne einen sehr zügigen Hochlauf werden die gesetzlichen Klimaschutzziele jedoch nicht erreicht werden. Umso wichtiger ist es, im internationalen und europäischen Verbund den Weg in die Wasserstoffwirtschaft mit den vorhandenen Mitteln und Offenheit für neue Instrumente zu gehen.

---

[30] BVerfG, Urt. v. 15.11.2023 – 2 BvF 1/22.

Genehmigung von Wasserstoffleitungen – Die Sicht einer Planfeststellungsbehörde

Christiane Rövekamp[1]

1   Mit dem Fortschreiten der Energiewende, der Abkehr von fossilen Energieträgern und nicht zuletzt mit dem Angriffskrieg der russischen Förderration, sind die Anforderungen an eine sichere und klimaneutrale Energieversorgung weiter angestiegen. Neben dem Ausbau erneuerbarer Energien kommt Wasserstoff als alternativer Energieträger eine besondere Bedeutung zu (Umwandlung von Strom zu Wasserstoff „power to gas", „power to x"). Gründe dafür sind u. a. die Möglichkeit der klimaneutralen Erzeugung sowie die im Gegensatz zu Strom weitergehendenden Speichermöglichkeiten. Es wird davon ausgegangen, dass sich nur zusätzlich mit Wasserstoff große Teile der Industrie und Verkehrsinfrastruktur klimaneutral gestalten lassen.[2]

2   Notwendig ist der Aufbau einer Wasserstoffinfrastruktur. Neben der Produktion von Wasserstoff ist Kernelement die Verfügbarkeit einer Verteilnetzinfrastruktur. Bislang gibt es in Deutschland lediglich vereinzelt Wasserstoffleitungen, die ganz überwiegend als Produktleitungen genehmigt worden sind. Deutschland verfügt über ein weit verzweigtes Erdgasnetz und Gasspeicher und damit über eine gut ausgebaute Infrastruktur für Gase. Dieses Potential soll für den Auf- und Ausbau einer Wasserstoffinfrastruktur genutzt werden. Auch die Beschleunigung der Planungs- und Genehmigungsverfahren wurde in den Fokus genommen.

---

[1]   Die folgenden Ausführungen stellen ausschließlich die persönliche Auffassung der Autorin dar.
[2]   Vgl. nationale Wasserstoffstrategie, Bundesministerium für Wirtschaft und Energie, Juni 2020, S. 2, 6; abrufbar unter: https://www.bmi.de/Redaktion/DE/Publikationen/Energie/die-nationale-wasserstoffstrategie.pdf.

I. Auf dem Weg zur Wasserstoffinfrastruktur

Die Fernleitungsnetzbetreiber Gas haben Anfang 2020 die ersten Zukunftsbilder für ein Wasserstoffnetz in Deutschland entwickelt[3] und im damaligen Entwurf des Netzentwicklungsplans Gas 2020-2030 vom 04.05.2020 dargestellt (sog. Grüngasszenario)[4].

Zeitlich parallel erfolgte die Entwicklung des Projektes „GET H$_2$ Nukleus".[5]

1. Das Projekt „GET H$_2$ Nukleus"

Die Vision des Projektes ist die Entwicklung einer bundesweiten H2 Infrastruktur. Zum Start sollen Regionen mit hohem Anteil an erneuerbaren Energien aus Wind und Sonne (Schwerpunkt Niedersachsen) mit einer H2-Erzeugung in industriellem Maßstab (Nordrhein-Westfalen) verbunden werden.

---

[3] Vision für ein H$_2$-Netz; abrufbar unter: https://fnb-gas.de/wp-content/uploads/2021/09/FNB-Gas-Vision-fu%CC%88r-ein-H2-Netz_Karte-scaled.jpg.

[4] https://fnb-gas.de/wp-content/uploads/2021/09/fnb_gas_umsetzungsbericht_2021_de.pdf , S. 12, 17; Mit Änderungsverlangen vom 19.03.2021 hat die BNetzA im Grüngasszenario die Maßnahmen im Zusammenhang mit Wasserstoff abgelehnt. Seit Inkrafttreten der EnWG-Novelle ist eine „ad hoc Bedarfsgerechtigkeitsprüfung" (§28p EnWG) für die Umstellung bzw. den Bau von Wasserstoffleitungen vorgesehen. So können zumindest Einzelprojekte realisiert werden. § 28q EnWG leitet die ersten Schritte zur Entwicklung eines NEP Wasserstoff ein; Wasserstoffstartnetz https://fnb-gas.de/wasserstoffnetz/h2-startnetz-2030/.

[5] https://www.get-h2.de/geth2-nukleus/.

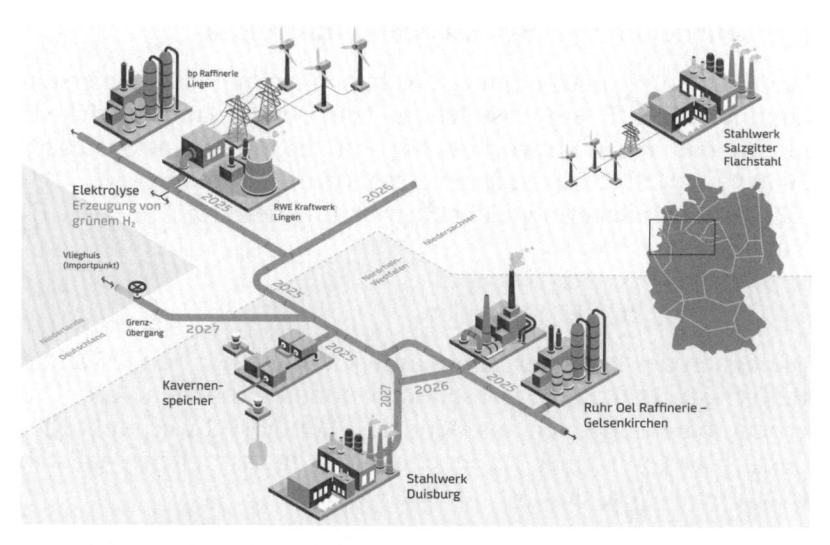

Vgl. Abbildung 2026: Einbindung Speicher und Start in Salzgitter (https://www.get-h2.de/ausbau_2030/)

6 Das Projekt wurde bei der örtlich zuständigen Bezirksregierung in Nordrhein-Westfalen, die insgesamt derzeit die größte Flächenbetroffenheit aufweist, im Mai 2020 vorgestellt.

7 Das Vorhaben setzt sich zusammen aus verschiedenen Einzelvorhaben. Im Regierungsbezirk Münster befinden sich nach derzeitigem Planungsstand fünf Abschnitte des Gesamtvorhabens. Davon sind drei Abschnitte Neubauprojekte und zwei Abschnitte Umwidmungsprojekte. Zu den Neubauprojekten gehört eine ca. 11 km lange Leitung von Heek nach Epe (Projektname „HeP"), welche eine Bestandsleitung mit dem Gaskavernenspeicher in Gronau-Epe (Speicherung von Wasserstoff geplant) verbindet. Ferner eine 9 km lange Wasserstoffleitung von Dorsten nach Marl (Projektname „DoMa") mit Anschlussmöglichkeit des Chemieparks Marl sowie eine 42 km lange Leitung von Dorsten nach Hamborn (Projektname „DoHa"). Die zwei Umnutzungsprojekte umfassen eine Abschnitt von Legden nach Dorsten („Leitung 13"), der bis 2026 auf Wasserstoff umgestellt werden soll sowie die Umstellung einer Leitung zwischen Marl und Gelsenkirchen.[6]

---

[6] Vgl. unter dem Reiter Projekte https://get-h2-netz.de/#.

2. Das gesetzliche Regelwerk vor dem 27.07.2021

Zum damaligen Zeitpunkt galt das Energiewirtschaftsgesetz (EnWG) vom 29.05.2019[7]. Dieses kannte zwei Energieträger Strom und Gas, vgl. § 3 Nr. 14 EnWG 2019. Wasserstoff wurde vom EnWG lediglich erfasst, wenn dieser durch Wasserelektrolyse erzeugt worden ist. Wasserstoff wurde nicht als eigener Energieträger erfasst, sondern nach der Legaldefinition als Gas definiert (vgl. § 3 Nr. 19a EnWG 2019[8]). Darüber hinaus wurde vertreten, dass dies auch nur dann der Fall sei, wenn die Wasserstofferzeugung aus grüner Energie erfolgte. Dieser Schluss folgt aus der Begriffsbestimmung des EnWG. Diese erfasst unter den Gasbegriff in § 3 Nr. 19a EnWG 2019 neben Erdgas und Flüssiggas auch Biogas. Biogas nimmt in § 3 Nr. 10f EnWG 2019 wiederum auf Wasserstoff Bezug, der durch Wasserelektrolyse hergestellt wird. Folglich konnte man zu der Annahme gelangen, dass nur „grüner" Wasserstoff dem Gasbegriff unterfiel. Dies überzeugt nicht, da § 3 Nr. 10f EnWG 2019 ausdrücklich Bezug zum erzeugten Strom aus erneuerbaren Energiequellen nimmt. § 3 Nr. 10f EnWG 2019 kann daher lediglich als eine Spezialregelung zu § 3 Nr. 19a EnWG 2019 verstanden werden.

§ 43 Abs. 1 Nr. 5 EnWG normiert die Planfeststellungspflicht für Gasleitungen mit einem Durchmesser von mehr 300 mm. Regelungen für eine energierechtliche Planfeststellung waren für Wasserstoff nicht vorhanden.

Für das Projekt ergab sich daraus folgende Situation:
Denkbar war die Genehmigungen von bestehenden Wasserstoffleitungen als Gasleitungen im Sinne des § 43 EnWG 2019, sofern die Leitungen einen Durchmesser über 300 mm aufwiesen. Ferner wurden Ansätze durchdacht, die Umstellung der Erdgasleitung aus einen erhöhten Anteil an Wasserstoff als Änderung des Betriebskonzeptes unter § 43f Abs. 2 Nr. 1 EnWG 2019[9] zu subsumieren. Die Umstellung einer Leitung bis 300 mm war nach dem EnWG jedoch nicht möglich. Dies rührte insbesondere daher, dass diese

---

[7] Vgl. EnWG vom 13.05.2019, BGBl. I S. 706 (Nr. 19).
[8] Hinweis: § 3 Nr. 10f sowie 19a haben durch die EnWG-Novelle vom 27.07.2021 keine Änderung erfahren.
[9] EnWG vom 13.05.2019, BGBl. I S. 706 (Nr. 19).

Leitungen in der Regel im Bestand als Rohfernleitung nach dem UVPG i. V. m. der Rohrfernleitungsverordnung genehmigt worden sind. Eine Leitung, die dem Anwendungsbereich des EnWG unterfällt und unter § 43f Abs. 2 Nr. 1 EnWG 2019 subsumierbar wäre, lag somit nicht vor. Da bei Leitungen bis 300 mm im Regelfall, jedenfalls hier, dem Vorhaben keine energierechtlich planfestgestellte Leitung im Sinne des § 43 Abs. 1 Nr. 5 EnWG 2019 zugrunde lag, schied § 43f Abs. 2 Nr. 1 EnWG 2019 auch für die Umstellung von Leitungen aus, die der Gashochdruckleitungsverordnung unterfielen. Die Gashochdruckleitungsverordnung enthält keine Regelung, die die Umwidmung einer Gasleitung zur Wasserstoffleitung ermöglicht.

3. Das gesetzliche Regelwerk ab 27.07.2021

11 Am 27.07.2021 trat das Gesetz zur Umsetzung unionsrechtlicher Vorgaben und zur Regelung reiner Wasserstoffnetz im Energiewirtschaftsrecht in Kraft.[10] Der Zweck des EnWG wurde gem. § 1 Abs. 1 EnWG erweitert und Wasserstoff als dritter Energieträger in das EnWG aufgenommen. Daneben umfasst die Novelle die Aufnahme regulatorischer Vorschriften (§§ 28k-q EnWG), von Vorschriften zur öffentlich-rechtlichen Zulassung von Wasserstoffleitungen, sowohl für die Neuerrichtung als auch die Umstellung von Gasversorgungsleitungen für den Wasserstofftransport (§ 43l EnWG) sowie zur Überleitung von zivilrechtlichen Leitungs- und Anlagenrechten (§ 113b EnWG) und den Verweis auf Sicherheitsanforderungen (§§ 49, 113c EnWG)[11]. Die Auswirkungen der gesetzlichen Anpassung sollen am Beispiel von zwei Teilstücken der „GET H$_2$ Nukleus" dargestellt werden. Die Leitung „HeP" (Projektname) sowie die Leitung 13.

a) grundlegende Anforderungen

12 Durch die Novelle ist Wasserstoff als Energieträger eingeführt und zur Zulassung von Wasserstoffleitungen mit den Vorschriften § 43l, § 113c EnWG Genehmigungsrecht geschaffen worden.

---

[10] EnWG vom 16.07.2021, BGBl. I S. 3026, (Nr. 47).
[11] Anmerkung: Mit § 43l Abs. 8 EnWG (sog. h2-readiness) wird durch die Hintertür die Möglichkeit der Planfeststellungen für Gasleitungen bis 300 mm Durchmesser und weniger ermöglicht.

Die Vorschriften haben die Funktion einen zügigen Aufbau eines Wasserstoffnetzes zu gewährleisten. Die grundlegenden Aspekte des EnWG wurden jedoch nicht verändert. Die leitungsgebundene Energieversorgung hat im Interesse der Allgemeinheit zu erfolgen (§ 1 Abs. 1 EnWG). Dieser Grundsatz gilt auch für Wasserstoffleitungen. § 3 Nr. 14 EnWG kann nicht isoliert betrachtet werden. Ferner bezieht sich § 43l Abs. 2 EnWG nach dem Wortlaut auf Wasserstoffnetze. Wasserstoff wird nur soweit vom EnWG umfasst, wie ein Vorhaben die leitungsgebundene Versorgung (§§ 1 Abs. 1 EnWG i.V.m. § 3 Nr. 14 EnWG) im Interesse der Allgemeinheit zum Zweck hat. Dass es nicht Gesetzeszweck sein kann, Einzelnen oder gar einem einzigen privaten Abnehmer für seine individuelle Energieversorgung eine Entscheidung mit enteignungsrechtlicher Vorwirkung zu verschaffen, versteht sich von selbst. Das Gesetz darf insofern nicht zur Durchsetzung von Partikularinteressen missverstanden werden.[12] Es sind keine Anzeichen ersichtlich, dass der Gesetzgeber die Zielsetzung des EnWG in § 1 Abs. 1 EnWG verändern wollte. Direktleitungen gem. § 3 Nr. 12 EnWG zählen nicht zu Versorgungsnetzen und sind nur insoweit gem. § 43l EnWG planfeststellungsfähig, wie ein genehmigter Netzbetreiber diese als Teil seines Verbundnetzes integriert. Bei einzelnen neuen Wasserstoffleitungen oder umzustellenden Leitungen ist zu bewerten, ob die Einzelleitung bereits ein Netz i.S.d. § 3 Nr. 39a EnWG begründen kann. Eine einzelne Wasserstoffleitung unterfällt den Regelungen des EnWG jedenfalls dann, wenn die Integration in ein Netz, welches der allgemeinen Versorgung dient, hinreichend wahrscheinlich ist. Bis zur Implementierung eines Netzentwicklungsplans Wasserstoff[13] wird die Darlegung der energiewirtschaftlichen Erforderlichkeit im Einzelfall herausfordernd. Eine umfangreiche Begründung des Bedarfs ist erforderlich. Diese kann durch letter of intents und Förderbescheide untermauert werden[14].

---

[12] Vgl. *Theobald*, in: Kühling/Theobald, 112. EL Juni 2021, EnWG § 1 Rn. 14.
[13] Die Fernleitungsnetzbetreiber planen einen gemeinsamen Antrag bezüglich des Wasserstoffkernnetzes in 2024.
[14] Die Begründung der Planrechtfertigung allein aufgrund der Feststellung der Bedarfsgerechtigkeit gem. § 28p Abs. 5 Satz 2 EnWG genügt nicht. Bei Anzeigen gem. § 43f EnWG ist keine Planrechtfertigung erforderlich.

b) Neuerrichtung von Wasserstoffinfrastruktur am Beispiel der Leitung „HeP"[15]

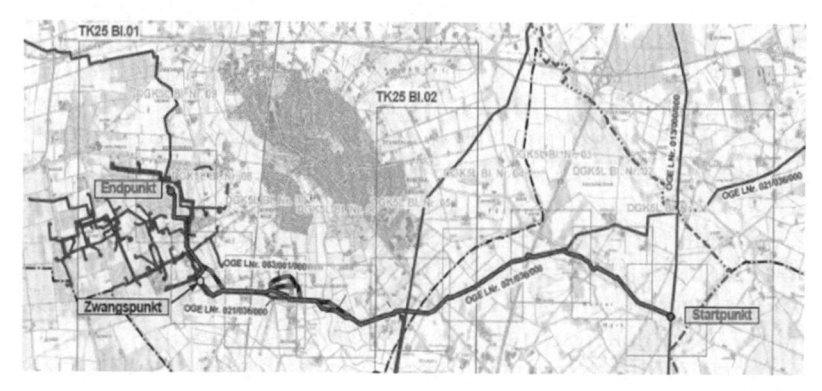

Antragstrasse, 2023, Abbildung aus den ausgelegten Planunterlagen

13 Vorabgestellt ist festzustellen, dass es sich bezogen auf die Regelungen rund um Neubaumaßnahmen um einen Nachbau der bekannten Planfeststellungsregeln im EnWG handelt.

14 Mit Datum vom 16.08.2023 hat die Vorhabenträgerin einen Antrag auf Planfeststellung der Leitung „HeP" bei der zuständigen Planfeststellungsbehörde eingereicht. Die Antragstrasse umfasst eine Länge von ca. 11 km auf der Strecke von Heek nach Epe, hat einen Durchmesser von DN400 sowie Auslegungsdruck von 70 bar. Die Leitung soll eine Bestandsleitung (Leitung 13) mit dem Gaskavernenspeicher in Gronau-Epe (Speicherung von Wasserstoff geplant) verbinden.[16]

15 Im Vorfeld hatte sich die zuständige Raumordnungsbehörde für die Durchführung eines Raumordnungsverfahrens (nun Raumverträglichkeitsprüfung) gem. § 1 Satz 1 ROV i.V.m. § 40 Abs. 1 Satz 1 LPlG DVO NRW (Fassung 2022) entschieden, da nach einer überschlägigen Vorprüfung zweifelhaft war, ob die Bündelung mit der Bestandsleitung konfliktfrei möglich und sinnvoll sei.[17]

---

[15] Karte der Vorhabenträgerin aus den öffentlichen Planunterlagen.
[16] Vgl. https://get-h2-netz.de/leitung-hep-2/.
[17] Vgl. abgeschlossene Verfahren Neubau der Wasserstoffleitung Heek-Epe; https://www.bezreg-muenster.de/de/regionalplanung/raumordnungsverfahren/index.html.

Aufgrund des Durchmessers der Wasserstoffleitung unterliegt die „HeP" der verpflichtenden Planfeststellung gem. § 43l Abs. 2 Satz 1 EnWG. Gem. § 43l Abs. 2 Satz 1 EnWG bedürfen die Errichtung, der Betrieb sowie die Änderung von Wasserstoffleitungen einschließlich der Anbindungsleitungen von Anlandungsterminals für Wasserstoff mit einem Durchmesser von mehr als 300 mm der Planfeststellung.[18] Zur vereinfachten Umsetzung hat sich der Gesetzgeber dazu entschieden, Regelungen zur Umweltverträglichkeitsprüfung ebenfalls in § 43l Abs. 2 EnWG zu regeln, anstatt konsequent Anhang 1 des UVPG anzupassen. Dies dürfte vor allem die Ressortabstimmung erleichtert haben. Anlage 1 Nr. 19.2 zum UVPG ist gem. § 43 Abs. 2 Satz 2 EnWG entsprechend auf Wasserstoffnetze anwendbar. Aufgrund der Neuartigkeit des Vorhabens, insbesondere jedoch wegen des umfangreichen Eingriffs in schutzwürdige Böden mit Archivfunktion (sog. Plaggenesch) erfolgt im hiesigen Verfahren die Durchführung einer freiwilligen Umweltverträglichkeitsprüfung gem. § 7 Abs. 3 UVPG. Die Planfeststellung umfasst nach § 43l Abs. 3 Satz 2 EnWG auch Nebenanlagen (z. B. Gasdruckregelmessanlagen). Inwieweit die Vorschrift einen eigenständigen Regelungsgehalt hat, ist unklar. Nebenanlagen sind bereits von der Definition des § 43 Abs. 2 Satz 1 Nr. 1 EnWG umfasst.

In der Zeit vom 28.08.2023 bis zum 27.10.2023 wurde die Öffentlichkeits- und Behördenbeteiligung durchgeführt. Der Öffentlichkeitsbeteiligung ging ein Bürgerdialog voraus. Nach dem Rücklauf im Rahmen der Öffentlichkeitsbeteiligung zeigte sich, dass bislang keine wasserstoffspezifischen Einwendungen oder Stellungnahmen eingereicht wurden. Vielmehr die Äußerungen die üblichen Aspekte, wie den Leitungsstandort sowie die wasser-, natur- und artenschutzfachliche Bewertung betreffen.

Neben dem Planfeststellungsbeschluss bedarf es eines Verfahrens nach § 49 Abs. 4 EnWG i. V. m. der Gashochdruckleitungsver-

---

[18] Bei Wasserstoffleitungen bis zu 300 mm besteht ein Wahlrecht, zwischen einem Verfahren nach § 43 Abs. 3 EnWG und § 65 UVPG i. V. m. der Rohrfernleitungsverordnung. Auch die Anwendung der Rohrfernleitungsverordnung hat die Planfeststellung zur Folge, sofern im Ergebnis eine Umweltverträglichkeitsprüfung durchzuführen ist. Das Wahlrecht besteht nicht, wenn die Leitung nicht die Anforderungen von § 1 EnWG erfüllt.

ordnung[19] (§ 113c EnWG). In der Praxis üblich ist ein Durchlauf nach Abschluss des Planfeststellungsverfahrens. Nach hiesigem Kenntnisstand ist davon auszugehen, dass alle Leitungen, die mit reinem Wasserstoff geführt werden, einen Betriebsdruck von über 16 bar aufweisen und damit der Gashochdruckleitungsverordnung unterfallen.

19   Gem. § 28j Abs. 1 EnWG sind auf Wasserstoffleitungen die Regelungen in Teil 5 des EnWG anwendbar. Folgernd entsprechen die Regelungen zur Abwicklung der Planfeststellung von Wasserstoffleitungen nach § 43 Abs. 1 EnWG denen für andere Energieleitungen, so dass bei Neubauvorhaben derzeit keine Besonderheiten im Verfahren ersichtlich sind.[20] Über einen ergänzenden Verweis in § 43l Abs. 9 EnWG soll das Wasserstoffbeschleunigungsgesetz Anwendung finden (geplant für Nov. 2024). Das Verfahren unterliegt den üblichen Herausforderungen eines Planfeststellungsverfahrens. Anders sieht dies bei den folgenden Umwidmungsverfahren aus.

c) Umwidmung bestehender Gasinfrastruktur am Beispiel von Leitung 13

20   Kernelement des beschleunigten Aufbaus eines Wasserstoffnetzes ist die Nutzung des eng maschigen Gasnetzes, also die Benutzung der Bestandsinfrastruktur. Die Gasnetzbetreiber haben ein eigenes Interesse an der Nutzung der bereits stillgelegten oder zukünftig nicht mehr in der Größenordnung notwendigen Gasinfrastruktur. § 43l Abs. 4 EnWG regelt diesbezüglich, dass behördliche Zulassungen für die Errichtung, die Änderung und den Betrieb einer Gasversorgungsleitung für Erdgas einschließlich der für den Betrieb notwendigen Anlagen, soweit sie in ein Planfeststellungsverfahren integriert wurden, auch als Zulassung für den Transport von Wasserstoff gelten. Umfangreiche Zulassungsverfahren für die Umstellung einer Gasversorgungsleitung für den Wasser-

---

[19] Gashochdruckleitungsverordnung vom 18.05.2011 (BGBl. I S. 928) in der Fassung vom 13.05.2019 (BGBl. I S. 706).

[20] Eine Besonderheit ergibt sich bei Neubauvorhaben im Gasbereich, die mit der Umstellung einer Wasserstoffleitung im Zusammenhang stehen. Hier wird bezogen auf die Planrechtfertigung auf die Regelungen der §§ 113b Satz 2 sowie 28p Abs. 4 EnWG verwiesen.

stofftransport sollen dadurch entbehrlich werden.[21] Bei der sog. Leitung 13 handelt es sich um ein entsprechenden Umwidmungsvorhaben im Regierungsbezirk Münster. Die Leitung 13 gliedert sich in die Abschnitte Bad-Bentheim – Legden und Legden – Dorsten. Während sich der Leitungsabschnitt Legden-Dorsten vollständig im Regierungsbezirk Münster befindet, gilt dies für den Leitungsabschnitt Bad-Bentheim – Legden nur ab der Grenze des Landes Nordrhein-Westfalen bis Legden. Während die Zuständigkeit innerhalb des Landes Nordrhein-Westfalen gem. Zuständigkeitsverordnung Energie[22] über Regierungsbezirksgrenzen hinaus geregelt werden kann, wäre über Landesgrenzen hinweg, ein Staatsvertrag notwendig. Bei Leitung 13 handelt sich um eine DN 400 Bestandleitung mit einer Länge von 31 km und einem Auslegungsdruck von 64 bar.

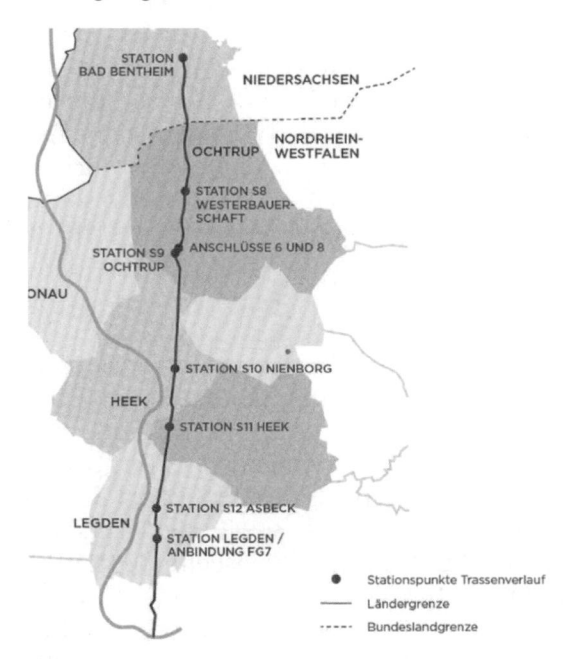

Vgl. https://h-zwei-netz.de/leitung13/

[21] *Stelter/Schieferdecker/Lange,* EnWZ 2021, 99, 103.
[22] Vgl. § 1 Abs. 2 S. 2 der Verordnung zur Regelung der Zuständigkeit auf dem Gebiet des Energiewirtschaftsrechts vom 21.03.1995 (BGBl. I S. 3186) in der Fassung vom 08.10.2022 (BGBl. I S. 1726).

21 Die Umstellung eines Vorhabens lässt sich in zwei Maßnahmen unterteilen. Zum einen den Austausch des „Mediums", also Gas zu Wasserstoff, zum anderen die notwendigen baulichen Änderungen an der Maßnahme.

aa) bauliche Änderungen

22 Zunächst muss eine wasserstofftaugliche Leitung vorliegen. Die Leitungsumstellung erfordert punktuelle bauliche Änderungen an der Leitung. Die Änderungen betreffen Leitungselemente, die nicht wasserstofftauglich sind. Am Beispiel der Leitung 13 umfasst dies vor allem Änderungen an den Stationen (Westerbauerschaft, Ochtrup, Nienborg, Heek, Asbeck und Legden), u. a. werden vorhandene Schieberstationen aus-, um- oder neugebaut. Die Änderungen sind nach derzeitigem Stand als unwesentliche Änderungen gem. § 43l Abs. 5, Abs. 4 S. 4 EnWG[23] i. V. m. § 43f Abs. 1 EnWG einzustufen. Dies hat zur Folge, dass auf eine Umweltverträglichkeitsprüfung verzichtet werden kann. Nichtsdestotrotz sind die Anforderungen von § 43f Abs. 1 EnWG einzuhalten. Öffentliche Belange dürfen nicht berührt sein oder die behördlichen Entscheidungen müssen vorliegen (§ 43f Abs. 1 Nr. 2 EnWG) sowie dürfen Rechte anderer nicht beeinträchtigt werden (§ 43f Abs. 1 Nr. 3 EnWG).

(1)

23 Der Begriff öffentliche Belange umfasst ein weitreichendes Portfolio. Grundsätzlich werden die Belegenheitskommune und betroffenen Träger öffentlicher Belange beteiligt. Im Fall HeP u. a. die Kreise Steinfurt und Borken, die Gemeinden Ochtrup und Legden, die Bezirksregierung Arnsberg als für die Gashochdruckleitungsverordnung zuständige Behörde[24] sowie die Träger öffentlicher Belange im Haus der Planfeststellungsbehörde (Naturschutz, Wasser, Bodenschutz). Dabei hat sich über viele Jahre die behördliche Praxis herausgearbeitet, dass die Vorhabenträgerin alle neben der Anzeige nach § 43f EnWG erforderlichen Geneh-

---

[23] Erklärung zur Anwendung von § 43 V EnWG unter 1 c., bb.
[24] Vgl. § 2 Abs. 1 der Verordnung zur Regelung der Zuständigkeit auf dem Gebiet des Energiewirtschaftsrechts vom 21.03.1995 (BGBl. I S. 3186) in der Fassung vom 08.10.2022 (BGBl. I S. 1726).

migungen (z.B. wasserrechtliche Genehmigungen, naturschutzrechtliche Befreiungen) mit Ausnahme der gegebenenfalls nach § 17 Abs. 1 BNatSchG erforderlichen Eingriffsgenehmigung bei der zuständigen Planfeststellungsbehörde zusammen mit der Anzeige einreicht. Im Einzelfall ergeben sich in diesem Punkt Diskussionen, weil den Belegenheitskommunen die Regelungen des EnWG häufig nicht vertraut sind und der Gesamtzusammenhang des Genehmigungskomplexes dadurch unklar ist. Dies führt vor allem im Rahmen der Erteilung der Genehmigungen nach § 17 BNatSchG zu Handeln in Unzuständigkeit. In der Regel läuft das Verfahren jedoch reibungslos.

(2)
Die üblicherweise gem. § 43 Abs. 1 Nr. 3 EnWG erforderliche Prüfung der Nichtbeeinträchtigung von Rechten Dritter oder die Vorlage von privaten Vereinbarungen wird durch § 43l Abs. 4 Satz 5 EnWG modifiziert. Danach bedarf es ausdrücklich keiner Prüfung der dinglichen Rechte Dritter. Gem. § 43l Abs. 5 i.V.m. Abs. 4 Satz 2 EnWG gelten alle Zulassungen zu Bau und Betrieb der Gasleitung fort und gem. § 113a Abs. 1 und 2 EnWG auch die dinglichen Rechte. Die Rechtsfortgeltung setzt voraus, dass ein dingliches Recht nachweislich eingetragen wurde. In der Praxis zeigt sich, dass dies nicht durchweg der Fall ist. Mögliche Gründe dafür sind, dass es nie zu einem dinglichen Vollzug der Zulassung kam oder es aufgrund einer Teilung von Grundstücken oder eines Flurbereinigungsverfahrens zu einem Übertragungsverlust von dinglichen Rechten kam.

24

Nach hiesiger Auffassung hilft § 113a Abs. 1 EnWG in diesen Fällen nicht weiter, weil kein bestehendes dingliches Recht, grundsätzlich die beschränkt persönliche Dienstbarkeit, vorliegt. Trotz jahrelanger Duldung der bestehenden Gasleitung durch die Privatperson bleibt kein Raum für einen zu duldenden Austausch des Mediums. Vertragliche Regelungen ersetzen bei einer Eigentumsbeschränkung nicht die Eintragung eines dinglichen Rechts.[25] In diesen Fällen bleibt der Vorhabenträgerin, sofern eine dingliche Rechtssicherheit hergestellt werden soll, lediglich die Möglichkeit ein Planfeststellung- oder Plangenehmigungsverfahren gem.

25

---

[25] Vgl. *Assmann/Pfeiffer*, in: Riege/Schacht (Hrsg.), Beck-OK EnWG, § 43l Rn. 68.

§ 43l Abs. 2 i.V.m. § 43b Abs. 1 EnWG durchzuführen. Möglich ist ebenfalls einen Vollzug der Altgenehmigung bei der zuständigen Enteignungsbehörde zu erwirken. Ob dies möglich ist, wird vom Umfang der Altgenehmigung abhängen. Bei sonstigen Vorhaben zum Zwecke der Energieversorgung bleibt ein Enteignungsfeststellungsverfahren nach § 45 Abs. 2 Satz 3 EnWG.[26] Die Erfahrung mit entsprechenden Verfahren ist derzeit noch begrenzt. Die Verantwortung den Missstand zu erkennen, liegt bei der Vorhabenträgerin, da eine Prüfung durch die Planfeststellungsbehörde ausdrücklich nicht erfolgt. Wegenutzungsverträge gem. § 46 EnWG werden gem. § 113a Abs. 2 EnWG unmittelbar kraft Gesetz dahingehend abgeändert, dass diese bis zum Ende ihrer vereinbarten Laufzeit für den Transport von Wasserstoff fortgelten.

26   Bezogen auf die konkreten Umwidmungsprojekte, insbesondere Leitung 13, könnte anknüpfend an § 43f Abs. 1 Nr. 3 EnWG eine Unterlage zur Sicherheit der Leitung (z. B. Explosionsschutz) von der Vorhabenträgerin eingefordert werden. Kritisch anzumerken ist jedoch, dass im Verfahren nach § 43l Abs. 4 Satz 4 i.V.m. § 43f Abs. 1, 2 Nr. 1 EnWG ausschließlich die baulichen Änderungen Gegenstand des Verfahrens sind und zugelassen werden. Die Auswirkungen des Medienaustausches werden nicht überprüft. Auch der Zulassungsbescheid bezieht sich ausschließlich auf die baulichen Änderungen. Konsequenterweise können nur insoweit Sicherheitsaspekte überprüft werden. Es verbleibt im Übrigen bei § 49 EnWG und der Eigenverantwortung des Netzbetreibers (§ 43l Abs. 4 Satz 3 EnWG).

bb) Austausch des Mediums

27   Die Leitung 13 hat einen Nenndurchmesser DN400. Ferner unterlag die Leitung dem Anzeigevorbehalt gem. § 4 Abs. 2 EnWG 1935 (sog. 4er Anzeigen). Den vorliegenden Anzeigen kann eine Zulassung auf der gesamten dem Antrag zugrundeliegenden Strecke in Nordrhein-Westfalen entnommen werden sowie eine Erwei-

---

[26] Bei sonstigen Vorhaben zum Zwecke der Energieversorgung nach § 45 I Nr. 2 EnWG. In NRW in Zuständigkeit der Bezirksregierung Arnsberg gem. § 1 Abs. 3 der Verordnung zur Regelung der Zuständigkeit auf dem Gebiet des Energiewirtschaftsrechts vom 21.03.1995 (BGBl. I S. 3186) in der Fassung vom 08.10.2022 (BGBl. I S. 1726).

terung der Leitung von DN300 auf DN400. Die Leitung 13 unterfällt damit gem. § 43l Abs. 5 EnWG dem Anwendungsbereich von § 43l Abs. 4 EnWG. Die Zulassungen gelten gem. § 43l Abs. 5 i.V.m. Abs. 4 Satz 1 EnWG auch bei einem Wechsel des Transportmediums (Gas zu Wasserstoff).[27] Der Austausch des Mediums an sich bedarf damit keiner weiteren Zulassung nach dem EnWG. Ausgenommen ist das sicherheitstechnische Anzeigeverfahren nach der Gashochdruckleitungsverordnung. Gem. § 113c Abs. 1, 3 EnWG muss acht Wochen vor Umstellung des Transportmediums eine entsprechende Anzeige bei der zuständigen Behörde[28] gestellt werden. Hier ist anzumerken, dass in Nordrhein-Westfalen die gesamte Maßnahme von zwei unterschiedlichen Behörden bearbeitet wird. Während für die baulichen Änderungen nach § 43f EnWG die örtliche zuständige Planfeststellungsbehörde verantwortlich ist, unterfällt die Gashochdruckleitungsverordnung der Zuständigkeit der technischen Energieaufsicht.

Der Anzeige sind die für die Beurteilung der Sicherheit erforderlichen Unterlagen beizulegen. Die politische Intention zügig Regelungen für die Zulassung von Wasserstoffleitungen zu schaffen, hat zur Folge, dass entsprechende technische Regelungen sich noch in der Erarbeitung befinden. Für den Übergangszeitraum hat der Gesetzgeber es dabei belassen, bis zum Erlass von technischen Regelwerken für Wasserstoffanlagen gem. § 49 Abs. 2 EnWG auf die Einhaltung der allgemein anerkannten Regeln der Technik zu verweisen. Somit sind die technischen Regelungen des Deutschen Vereins des Gas- und Wasserfaches e.V. sinngemäß anzuwenden (vgl. § 113c Abs. 2 Satz 1 EnWG).[29]

---

[27] Auch wenn sich aus § 43l Abs. 3 EnWG die Planfeststellungsfähigkeit von Leitungen bis DN 300 ergibt, sind sie nicht vom Anwendungsbereich des § 43l Abs. 4 EnWG i.V.m. § 43f EnWG erfasst.

[28] Bezirksregierung Arnsberg, § 2 Abs. 1 der Verordnung zur Regelung der Zuständigkeit auf dem Gebiet des Energiewirtschaftsrechts vom 21.03.1995 (BGBl. I S. 3186) in der Fassung vom 08.10.2022 (BGBl. I S. 1726).

[29] Der DVGW hat eine Vielzahl von Technischen Regeln bereits für Wasserstoff erweitert und bezeichnet diese als H2Ready. Diese sind entsprechend gekennzeichnet; vgl. Liste der bereits geänderten Regelwerke: https://shop.wvgw.de/DVGW-Regelwerk/DVGW-Regelwerk-Gas/Wasserstoff/?order=artikelnummer-absteigend&p=1.

II. Fazit

29 Die Einführung von Wasserstoff als Energieträger ist ein erster Schritt zum Ausbau eines Wasserstoffnetzes. Vor der gesetzlichen Änderung im Jahr 2021 war die Zulassung eines reinen Wasserstoffnetzes nach dem EnWG nicht möglich.

30 Bezogen auf den Neubau von Leitungsinfrastruktur sind die Regelungen in § 43l Abs. 2 EnWG im Grunde mit denen der energierechtlichen Planfeststellung für Strom- und Gasleitungen identisch. Die Herausforderungen werden sich nicht aufgrund der gesetzlichen Anforderungen, sondern den Besonderheiten der einzelnen Vorhaben (Lage des Vorhabens und Anzahl der Betroffenheiten) ergeben. Anders ist die Situation bei Umstellungsvorhaben. Der Regelungsaufbau ist dem EnWG bislang fremd, die Prüfung relevanter Aspekte wie Eigentum wird ausgeschlossen oder verlagert.

31 Wenig förderlich ist die Anpassung der gesetzlichen Regelungen in einer Schlagzahl, die unter der Verfahrensdauer eines Vorhabens liegt. Eine rechtssichere Verfahrensgestaltung wird dadurch erschwert. Die notwendige Anpassung von Antragsunterlagen an aktuelle Gesetzesstände führt im Ergebnis meist zu einer Verzögerung des Verfahrens.

32 Im Endeffekt ist für das Gelingen eines zügigen Ausbaus maßgeblicher Faktor, ob und wie die Öffentlichkeit und die Belegenheitskommune auf die Vorhaben reagieren. Daran wird auch das geplante Wasserstoffbeschleunigungsgesetz nichts ändern.

Beschleunigungsansätze im Zulassungsrecht für Elektrolyseure

Prof. Dr. *Thorsten Müller*[1]

I. Wasserstofferzeugung als Baustein der Transformation

Auch wenn voraussichtlich erhebliche Wasserstoffmengen importiert werden müssen,[2] kommt der Erzeugung von Wasserstoff aus erneuerbaren Energien im Inland eine wachsende Bedeutung zu.[3] Dabei spielen neben der Deckung der Wasserstoffnachfrage der verschiedenen Verbrauchssektoren auch die Bereitstellung von Flexibilität im Elektrizitätssektor und Speicherkapazitäten eine Rolle.[4]

1

---

[1] Erweitertes Manuskript des Vortrags bei der 46. Umweltrechtlichen Fachtagung der GfU am 10.11.2023. Spätere Rechtsänderungen und neuere Literatur sind punktuell berücksichtigt. Alle angegebenen Internetquellen waren am 15.03.2024 abrufbar.

[2] *Wietschel/Zheng/Arens/Hebling/Ranzmeyer/Schaadt/Hank/Sternberg/Herkel/Kost/Ragwitz/Herrmann/Pfluger*, Metastudie Wasserstoff – Auswertung von Energiesystemstudien, 2021, S. 37, abrufbar unter https://www.wasserstoffrat.de/fileadmin/wasserstoffrat/media/Dokumente/Metastudie_Wasserstoff-Abschlussbericht.pdf; *Fleiter/Al-Dabbas/Clement/Rehfeldt*, METIS 3, study S5 – The impact of industry transition on a CO2-neutral European energy system, 2023, S. 33f., abrufbar unter https://data.europa.eu/doi/10.2833/094502.

[3] *Merten/Scholz*, Metaanalyse zu Wasserstoffkosten und -bedarfen für die CO2-neutrale Transformation, 2023, S. 22f., abrufbar unter https://epub.wupperinst.org/frontdoor/deliver/index/docId/8344/file/8344_Wasserstoffkosten.pdf.

[4] *Birkner/Schwintowski*, Flexibilitäten im Kontext der Energiewende – Eine technische und juristische Einschätzung, EWeRK 2023, S. 50 (50ff.); *Severin/Mischinger/Müller/Seidl*, Regulatorischer Handlungsbedarf zur Erschließung und Nutzung netzdienlicher Flexibilität, Teil 1: Ergebniszusammenfassung und Maßnahmenvorschläge der Initiative Netzflex, 2019, S. 6f. m.w.N., abrufbar unter https://www.dena.de/fileadmin/dena/Publikationen/PDFs/2019/Dena-ANALYSE_Regulatorischer_Handlungsbedarf_zur_Erschliessung_und_Nutzung_netzdienlicher_Flexibilitaet.pdf. Zudem werden Technologieentwicklung und Exportchancen als Gründe angeführt, etwa *Buchmüller*, Die Rolle synthetischer Kraft- und Brennstoffe in Energie- und Verkehrswende, in: Rodi (Hrsg.), Handbuch Klimaschutzrecht, 2022, § 22 Rn. 3ff. m.w.N.

2   Angesichts der Pläne zum Ausbau der Elektrolyseleistung[5] wird die Genehmigung für die Errichtung und den Betrieb dieser Anlagen von einer Ausnahmeerscheinung im heutigen Behördenalltag zu einem weitaus häufigeren Anwendungsfall werden. Das einschlägige Verfahrens- und Fachrecht muss diesem Bedeutungsgewinn und den unterschiedlichen Anwendungsgebieten durch differenziertere Lösungen gerecht werden, um den politisch gewollten Ausbau zeitgerecht bewältigen und die Transformationsziele erreichen zu können.

II. Die Zulassung von Elektrolyseuren de lege lata – kein auf die neuen Gegebenheiten ausgerichteter konsistenter Rechtsrahmen

3   Das Zulassungsrecht für Elektrolyseure besteht – sowohl hinsichtlich der Vorgaben zum Verwaltungsverfahren (dazu sogleich Rn. 4 ff.) als auch hinsichtlich des materiellen Prüfprogramms (dazu unten Rn. 12 ff. und Rn. 21 ff.) – im Wesentlichen aus allgemeinen Anforderungen einerseits und einzelnen speziellen Vorgaben andererseits. Diese sind allerdings für die bisher genutzten Verfahren zur Wasserstofferzeugung aus fossilen Energieträgern geschaffen worden. Diese Rahmenbedingungen sind für grünen Wasserstoff wenig passgenau und verursachen durch Unklarheiten Rechtsunsicherheit. Punktuell sind in den letzten Monaten bereits erste, spezifisch auf die Erzeugung von grünem Wasserstoff ausgerichtete Regelungen implementiert worden, etwa im Bauplanungsrecht (dazu unten Rn. 16 ff.) oder übergreifend hinsichtlich eines überragenden öffentlichen Interesses (dazu Rn. 27 ff.).

---

[5] Dazu *Maaß/Weller/Zwanzinger*, Herausforderung Wasserstoffmarkthochlauf, in diesem Band, S. 24.; *Bundesministerium für Wirtschaft und Klimaschutz*, Fortschreibung der Nationalen Wasserstoffstrategie (NWS 2023), 2023, abrufbar unter https://www.bmwk.de/Redaktion/DE/Publikationen/Energie/fortschreibung-nationale-wasserstoffstrategie.html; EU-Kommission, Mitteilung der Kommission an das Europäische Parlament, den Rat, den Europäischen Wirtschafts- und Sozialausschuss und den Ausschuss der Regionen, Eine Wasserstoffstrategie für ein klimaneutrales Europa, COM(2020) 301 final, v. 08.07.2020, abrufbar unter https://eur-lex.europa.eu/legal-content/DE/TXT/PDF/?uri=CELEX:52020DC0301.

1. Wahlmöglichkeiten zwischen Genehmigungsverfahren und Planfeststellung

Die Errichtung und der Betrieb von Elektrolyseuren bedürfen nach geltender Rechtslage grundsätzlich einer Genehmigung.[6] Elektrolyseure sind als regelmäßig ortsfeste und auf längere Sicht zu betreibende Einrichtungen Anlagen im Sinne des § 3 Abs. 5 Nr. 1 BImSchG[7] i.V.m. § 1 Abs. 1 Satz 1 der 4. BImSchV[8]. Regelmäßig ist damit eine immissionsschutzrechtliche Genehmigung nach § 4 BImSchG erforderlich, wenn ein Katalogtatbestand des Anhangs 1 der 4. BImSchV einschlägig ist.[9] Dass dies der Fall ist und dabei nach

4

---

[6] Neben der eigenständigen Genehmigungspflicht besteht auch eine Genehmigungspflicht für Elektrolyseure als Nebeneinrichtung anderer ihrerseits genehmigungsbedürftiger (Haupt-)Anlagen. Dieser Teilaspekt der Genehmigungspflicht wird im Weiteren nicht vertieft, vgl. hierzu etwa *Altenschmidt/Hensen*, Genehmigungsrechtlicher Rahmen der Wasserstoffwirtschaft, EurUP 2021, S. 228 (230).

[7] Gesetz zum Schutz vor schädlichen Umwelteinwirkungen durch Luftverunreinigungen, Geräusche, Erschütterungen und ähnliche Vorgänge (Bundesimmissionsschutzgesetz – BImSchG) v. 22.03.1947, BGBl. I S. 721 zuletzt geändert durch Art. 2 des Gesetzes v. 19.10.2022, BGBl. I S. 1792.

[8] Vierte Verordnung zur Durchführung des Bundes-Immissionsschutzgesetzes (Verordnung über genehmigungspflichtige Ablagen – 4. BImSchV) v. 14.02.1975, BGBl. I S. 499, zuletzt geändert durch Art. 1 des Gesetzes v. 12.10.2022, BGBl. I S. 1799. *Neumann*, Das Genehmigungsregime für Elektrolyseure zur Herstellung von Wasserstoff, UWP 2023, S. 164 (165); *Altenschmidt/Hensen*, Genehmigungsrechtlicher Rahmen der Wasserstoffwirtschaft, EurUP 2021, S. 228 (228).

[9] Überblick zum immissionsschutzrechtlichen Genehmigungsrecht für Energieanlagen bei *Fehling/Schings*, Zulassungsrecht von Erzeugungsanlagen, in: Schneider/Theobald (Hrsg.), Recht der Energiewirtschaft, 5. Aufl. 2021, § 9 Rn. 85 ff.

wohl herrschender Meinung und gängiger Praxis[10] nahezu immer das förmliche Verfahren einschlägig ist, ist ein plakatives Beispiel für die wenig sinnvolle Übertragbarkeit der auf die bisherige fossile Wasserstofferzeugung ausgerichteten Regelungen (dazu sogleich Rn. 5 ff.). Daneben besteht seit einiger Zeit für bestimmte Konstellationen die fakultative Möglichkeit der Planfeststellung (dazu unten Rn. 8 ff.).

a) Das nicht auf Elektrolyse ausgerichtete Verfahrensrecht im Bundes-Immissionsschutzgesetz

5   Dass das förmliche Verfahren nach § 10 BImSchG der ganz überwiegend zur Anwendung kommende Regelfall sein soll, wird aus den Verfahrensvorgaben für „Chemische Erzeugnisse" nach § 4 Abs. 1 BImSchG i. V. m. Nr. 4.1.12 Anhang 1 der 4. BImSchV geschlussfolgert. Die 4. BImSchV benennt Elektrolyseure bislang nicht ausdrücklich.[11] Mit Blick auf den Wortlaut Nr. 4.1.12 Anhang 1 der 4. BImSchV und das üblicherweise für den Katalog der Vierten Verordnung zur Durchführung des Bundes-Immissionsschutzgesetzes vertretende Analogieverbot[12] überrascht die-

---

[10] So *Neumann*, Das Genehmigungsregime für Elektrolyseure zur Herstellung von Wasserstoff, UWP 2023, S. 164 (165 ff.); *Allolio/Ohle/Schäfer*, Studie zum Rechtsrahmen einer zukünftigen Wasserstoffwirtschaft, v. 01.10.2022, S. 11, abrufbar unter https://www.wasserstoff-leitprojekte.de/lw_resource/datapool/ systemfiles/elements/files/F02FC5953C99412DE0537E695E86264B/live/docu ment/20221219_THY_Regulatorik_Studie_final_mit_Deckblatt.pdf; *Altenschmidt/ Hensen*, Genehmigungsrechtlicher Rahmen der Wasserstoffwirtschaft, EurUP 2021, S. 228 (228 f.); *Hoffmann/Halbig/Senders/Nysten/Antoni/Müller*, Auf dem Weg zum Wasserstoffwirtschaftsrecht?, Würzburger Studien zum Umweltenergierecht Nr. 21 v. 12.07.2021, S. 36, abrufbar unter https://stiftungumweltenergierecht.de/wp-content/uploads/2021/07/Stiftung_Umwelt energierecht_Wuerzburger-Studie-zum-Umweltenergierecht_21_Wasserstof fwirtschaftsrecht_2021-07-12-2.pdf; *Schäfer/Wilms*, Wasserstoffherstellung: Aktuelle Rechtsfragen rund um die Genehmigung von Elektrolyseuren, ZNER 2021, S. 131 (131).
[11] Siehe zu den konkreten Änderungsplänen unten Rn. 50 ff.
[12] *Jarass*, BImSchG, 14. Aufl. 2022, § 19 Rn. 20; *Dietlein*, in: Landmann/Rohmer (Hrsg.), Umweltrecht, 96. EL 08/2014, § 4 BImSchG Rn. 19.

se Einordnung.[13] Denn dieser Tatbestand bildet zwar das für die Wasserstoffherstellung aus Erdgas weit verbreitete zweistufige Verfahren der Dampfreformierung ab. Der Wortlaut der Nr. 4.1.12 Anhang 1 der 4. BImSchV erfasst „Anlagen zur Herstellung von Stoffen oder Stoffgruppen [...] zur Herstellung von [...] Gasen wie [...] Wasserstoff", aber gerade nicht Anlagen zur Erzeugung von Wasserstoff durch Direktumwandlung von Wasser ohne Zwischenprodukt mittels Elektrolyse.[14] Hintergrund dieser Einordnung mag auch die Industrieemissionsrichtlinie[15] sein. Nach Art. 2 Abs. 1, Art. 4 ff. i.V.m. Nr. 4.2 a) Anhang I der Richtlinie sind – derzeit noch[16] – alle Arten der Wasserstofferzeugung erfasst, die in der Vierten Verordnung zur Durchführung des Bun-

---

[13] Weitere Argumente gegen diese Einordnung werden aus systematischen Gründen vorgebracht. So fehle es an der Qualifikation der Elektrolyse als chemisches Verfahren und damit die Anwendbarkeit der Nr. 4.1 Anhang 1 der 4. BImSchV. Teilweise wird aufgrund von § 3 Nr. 10c EnWG für eine Einordnung von Wasserstoff aus erneuerbarem Strom als Biogas i.S.v. Nr. 1.15 Anhang 1 der 4. BImSchV plädiert, vgl. etwa: *Wilms/Schäfer*, Synthetische Kraft- und Brennstoffe – Rechtliche Rahmenbedingungen für die Erzeugung, Vermarktung und Nachfrage, in: Rodi (Hrsg.), Handbuch Klimaschutzrecht, 2022, § 23 Rn. 2; *Deutscher Anwaltsverein – Ausschuss Umweltrecht*, Möglichkeiten der Beschleunigung von Genehmigungsverfahren bei der Herstellung von grünem Wasserstoff und zur Vereinfachung im Störfallrecht, NuR 2022, S. 469 (471); *Langstädtler*, Brauchen wir ein Wasserstoffinfrastrukturgesetz?, ZUR 2021, S. 203 (206); *Schäfer/Wilms*, Wasserstofferzeugung: Aktuelle Rechtsfragen rund um die Genehmigung von Elektrolyseuren, ZNER 2021, S. 131 (132 f.). Dagegen *Neumann*, Das Genehmigungsregime für Elektrolyseure zur Herstellung von Wasserstoff, UWP 2023, S. 164 (167), der zudem darauf hinweist, dass auch der Gesetzgeber von dieser Einordnung ausgeht; *Altenschmidt/Hensen*, Genehmigungsrechtlicher Rahmen der Wasserstoffwirtschaft, EurUP 2021, S. 228 (229).
[14] Vgl. zu den verschiedenen Herstellungsverfahren von Wasserstoff *Buchmüller*, Die Rolle synthetischer Kraft- und Brennstoffe in Energie- und Verkehrswende, in: Rodi (Hrsg.), Handbuch Klimaschutzrecht, 2022, § 22 Rn. 8 f.; *Borning*, Wasserstoff – Der Schlüssel für die Energiewende wartet auf die passende Regulierung, ER 2020, S. 108 (108).
[15] Richtlinie 2010/75/EU des Europäischen Parlaments und des Rates vom 24. November 2010 über Industrieemissionen (integrierte Vermeidung und Verminderung der Umweltverschmutzung), ABl. EU Nr. L 334 v. 17.12.2010, S. 17.
[16] Dazu unten Rn. 50 ff.

des-Immissionsschutzgesetzes enthaltene Zweistufigkeit ist kein unionsrechtliches Tatbestandsmerkmal.[17]

6 Praktische Konsequenz dieses Normverständnisses ist zugleich, dass nahezu alle Elektrolyseure, selbst solche mit sehr geringer Leistung und Produktionsmengen, im förmlichen Verfahren genehmigt werden müssen.[18] Denn Nr. 4.1.12 Anhang 1 der 4. BImSchV benennt keinen anhand von Anlagengröße oder Leistungsgrenze bestimmten Schwellenwert. Die Grenze für die Einbeziehung ist damit lediglich das bereits im Unionsrecht verankerte[19] unbestimmte Tatbestandsmerkmal des „industriellen Umfangs" in Nr. 4.1. Anhang 1 der 4. BImSchV. Da der Bundesgesetzgeber die durch die Richtlinie eröffneten Konkretisierungsspielräume diesbezüglich nicht genutzt hat,[20] obliegt es dem Verwaltungsvollzug und der Rechtsprechung,[21] die erforderlichen

---

[17] Soweit der Anwendungsbereich der Industrieemissionsrichtlinie nach Nr. 4.2 a) des Anhangs I eröffnet ist, gelten zudem zusätzliche Anforderungen an das Genehmigungsverfahren, vgl. z.B. §§ 10 Abs. 1a, 12 Abs. 1a BImSchG, sowie zusätzliche Betreiberpflichten, z.B. § 52a BImSchG. S. hierzu etwa *Neumann*, Das Genehmigungsregime für Elektrolyseure zur Herstellung von Wasserstoff, UWP 2023, S. 164 (167f.); *Deutscher Anwaltsverein – Ausschuss Umweltrecht*, Möglichkeiten der Beschleunigung von Genehmigungsverfahren bei der Herstellung von grünem Wasserstoff und zur Vereinfachung im Störfallrecht, NuR 2022, S. 469 (470); *Speller/Wetter*, Analyse der Genehmigungsvoraussetzungen für einen Wasserstoffelektrolyseur, Immissionsschutz 2022, S. 116 (116f.); *Langstädtler*, Brauchen wir ein Wasserstoffinfrastrukturgesetz?, ZUR 2021, S. 203 (206); *Schäfer/Wilms*, Wasserstoffherstellung: Aktuelle Rechtsfragen rund um die Genehmigung von Elektrolyseuren, ZNER 2021, S. 131 (133). Einen Automatismus zur Einordnung als „Industrie-Emissionsanlage qualifiziert als „offensichtlich falsch" *Bringewat*, Zulassung von Elektrolyseuren und Wasserstofftankstellen: Eine Bestandsaufnahme, ZNER 2022, S. 21 (23).

[18] Kritisch für „kleine, dezentral stationierte Anlagen" *Deutscher Anwaltsverein – Ausschuss Umweltrecht*, Möglichkeiten der Beschleunigung von Genehmigungsverfahren bei der Herstellung von grünem Wasserstoff und zur Vereinfachung im Störfallrecht, NuR 2022, S. 469 (470).

[19] Nr. 4 Anhang I Industrieemissionsrichtlinie: „Im Sinne dieses Abschnitts ist die Herstellung [...] Umwandlung im industriellen Umfang."

[20] Vgl. zum Verständnis des unionsrechtlichen Tatbestandmerkmals des „industriellen Umfangs" *Deutscher Anwaltsverein – Ausschuss Umweltrecht*, Möglichkeiten der Beschleunigung von Genehmigungsverfahren bei der Herstellung von grünem Wasserstoff und zur Vereinfachung im Störfallrecht, NuR 2022, S. 469 (471f.).

[21] Kritisch („Geradezu zynisch") *Bringewat*, Zulassung von Elektrolyseuren und Wasserstofftankstellen: Eine Bestandsaufnahme, ZNER 2022, S. 21 (24).

Abgrenzungen vorzunehmen und für die Vorhabenträger vorhersehbare Zuordnungen zu treffen. Bisher ist dies – auch mangels ausreichender Anwendungsfälle für Genehmigungen für Elektrolyseure – nicht erfolgt. In der Tendenz ist aber eine sehr weite Auslegung zu beobachten.[22] Jenseits des abstrakten und in seiner Allgemeinheit wenig konturierten Hinweises auf die letztlich stets erforderliche Prüfung im Einzelfall fehlt es daher nahezu vollständig an allgemein anerkannten, konkreten und objektiven Abgrenzungskriterien. Erst jüngst konnte sich die Bund/Länder-Arbeitsgemeinschaft Immissionsschutz darauf verständigen, dass bei Anlagen mit einer Leistung von bis zu 100 kW in der Regel kein industrieller Maßstab vorliege, wenn der so erzeugte Wasserstoff allein dem Eigenverbrauch diene.[23] Konsequenz dieser Einordnung ist, dass für diese Anlagen keine immissionsschutzrechtliche Genehmigung erforderlich ist. Es gelten aber die materiellen Anforderungen des § 22 BImSchG für nicht genehmigungsbedürftige Anlagen.[24] In der Praxis dürften solch kleine Anlagen wohl kaum eine Rolle spielen.

Das vereinfachte Verfahren nach § 19 BImSchG spielt dagegen nahezu keine Rolle (mehr). Anders als in vielen sonstigen Anwendungsfeldern des Immissionsschutzrechts gibt es bei der Wasserstofferzeugung keine anhand von Schwellenwerten getroffene Zuordnung bestimmter Anlagen zum vereinfachten Verfahren nach § 2 Abs. 1 der 4. BImSchV. Stattdessen findet das förmliche Verfahren nicht erst beim Überschreiten von bestimmten Anlagengrößen, sondern immer Anwendung, wenn eine Genehmigungsbedürftigkeit besteht. Diese Abgrenzung erfolgt allein anhand des Kriteriums des industriellen Umfangs, unabhängig von der

7

---

[22] Vgl. etwa OVG Lüneburg, Beschl. v. 16.01.2018 – 12 ME 230/17 – juris Rn. 15.
[23] LAI, Auslegungsfragen zur Verordnung über genehmigungsbedürftige Anlagen (4. BImSchV i.d F. v. 02.05.2013), Verordnung über Großfeuerungs-, Gasturbinen- und Verbrennungsmotoranlagen (13. BImSchV i.d F. v. 02.05.2013), Verordnung über die Verbrennung und die Mitverbrennung von Abfällen (17. BImSchV i.d F. v. 02.05.2013), Stand 27.09.2022, UMK/ACK Umlaufbeschluss 23/2015 und 37/2022, S. 30, abrufbar unter https://www.lai-immissionsschutz.de/documents/auslegungsfragen-4-bimschv-stand-sept22_1667558752.pdf; hierzu s. a. *Neumann*, Das Genehmigungsregime für Elektrolyseure zur Herstellung von Wasserstoff, UWP 2023, S. 164 (166).
[24] *Neumann*, Das Genehmigungsregime für Elektrolyseure zur Herstellung von Wasserstoff, UWP 2023, S. 164 (170 f.).

installierten Leistung oder der produzierten Menge Wasserstoff. Nur in der Sonderkonstellation der befristetet betriebenen Versuchsanlage ist nach § 2 Abs. 3 der 4. BImSchV das vereinfachte Verfahren vorgesehen. Auch bei Erprobungsanlagen entfällt nach § 1 Abs. 6 der 4. BImSchV das Genehmigungserfordernis während des Probebetriebs gänzlich. Diese Sonderfälle waren noch bei verschiedenen bisher genehmigten Anlagen einschlägig. Sie werden auch in Zukunft in Einzelfällen zur Anwendung kommen können. Entsprechend ihres Ausnahmecharakters werden diese Vorschriften zunehmend aber nur noch in den diesen zugedachten Nischen der Technologieentwicklung zur Anwendung kommen. Den Hochlauf der Elektrolysekapazitäten in der Breite werden sie nicht ermöglichen.

b) Wahlrecht Planfeststellung

8   Alternativ zum immissionsschutzrechtlichen Verfahren hat der Gesetzgeber 2019 die Möglichkeit eines fakultativen Planfeststellungsverfahrens geschaffen.[25] Mit § 43 Abs. 2 Satz 1 EnWG[26] wurden für Elektrolyseure gleich zwei grundsätzlich einschlägige Tatbestände eröffnet.[27] Nach Nummer 7 kann die Errichtung und der Betrieb sowie die Änderung von Energiekopplungsanlagen, nach Nummer 8 die Errichtung und der Betrieb sowie die Änderung von Großspeicheranlagen auf Antrag des Vorhabenträgers im Wege der Planfeststellung zugelassen werden. Die Begriffe „Energiekopplungsanlagen" und „Großspeicheranlagen" sind weder gesetzlich definiert noch werden sie an anderer Stelle verwendet. Die Abgrenzung bleibt unklar und ist spätestens durch die Schaffung der Legaldefinition der Energiespeicheranlage in § 3 Nr. 15d

---

[25] Art. 1 des Gesetzes zur Beschleunigung des Energieleitungsausbaus v. 13.05.2019, BGBl. I 706 v. 16.05.2019.
[26] Gesetz über die Elektrizitäts- und Gasversorgung (Energiewirtschaftsgesetz – EnWG) v. 13.10.1935, RGBl. I S. 1451, zuletzt geändert durch Art. 24 des Gesetzes v. 08.10.2023, BGBl. I Nr. 272.
[27] Daneben sind weitere Konstellationen der Planfeststellung möglich, vgl. *Langstädtler*, Brauchen wir ein Wasserstoffinfrastrukturgesetz?, ZUR 2021, S. 203 (204).

EnWG[28] fragwürdig geworden. Insgesamt scheint die so entstandene Rechtslage nicht, jedenfalls nicht mehr, sachgerecht zu sein. Ausdrücklich ordnet die Gesetzesbegründung Elektrolyseure den Energiekopplungsanlagen zu, unter die auch alle anderen „Power-to-X-Anlagen" gefasst werden sollen.[29] Abhängig von der konkreten Anlagenkonfiguration können Elektrolyseure aber auch Teil einer Großspeicheranlage sein. Zwar findet auch in diesem Fall eine Umwandlung von Strom in Wasserstoff statt. Wenn dessen einziger Zweck aber darin besteht, für eine zeitversetzte Rückverstromung zwischengespeichert zu werden, wie dies etwa im Erneuerbare-Energien-Gesetz 2023[30] mit den innovativen Konzepten mit wasserstoffbasierter Stromspeicherung nach §§ 28f, 39o, 88e EEG 2023 vorgesehen ist, dann ist gerade keine für „Power-to-X" oder Sektorenkopplung[31] konstitutive Nutzung von Strom in einer Energieanwendung außerhalb des Elektrizitätssystems geplant.[32] Es bleibt jedenfalls in diesem Fall unklar, ob eine lediglich vorübergehende Umwandlung ausreichend ist, um den Anwendungsbereich des § 43 Abs. 2 Satz 1 Nr. 7 EnWG für Energiekopplungsanlagen zu eröffnen. Es dürfte überzeugender sein,

9

---

[28] Gesetz über die Elektrizitäts- und Gasversorgung (Energiewirtschaftsgesetz – EnWG) v. 07.07.2005, BGBl. I S. 1970, 3621, zuletzt geändert durch Art. 1 des Gesetzes vom 05.02.2024, BGBl. 2024 I Nr. 32.

[29] BT-Drs. 19/9027, S. 13. In der Literatur wird daher – soweit die Möglichkeit der Planfeststellung erörtert wird – auch nur diese Möglichkeit diskutiert, vgl. etwa *Altschmidt/Hensen*, Genehmigungsrechtlicher Rahmen der Wasserstoffwirtschaft, EurUP 2021, S. 228 (231); *Langstädtler*, Brauchen wir ein Wasserstoffinfrastrukturgesetz?, ZUR 2021, S. 203 (204); *Schäfer/Wilms*, Wasserstofferzeugung: Aktuelle Rechtsfragen rund um die Genehmigung von Elektrolyseuren, ZNER 2021, S. 131 (131).

[30] Gesetz für den Ausbau erneuerbarer Energien (Erneuerbare-Energien-Gesetz – EEG 2023) v. 21.07.2014, BGBl. I S. 1066, zuletzt geändert durch Art. 1 des Gesetzes v. 05.02.2024, BGBl. 2024 I Nr. 33.

[31] Zur Sektorenkopplung *Brinkschmidt*, Sektorenkopplung im Energieregulierungsrecht, 2024, S. 11, *Sterner/Altrock*, Technologien und Rahmenbedingungen für eine erfolgreiche Sektorenkopplung, ZNER 2017, S. 235 (235ff., 240, 244, 247); s.a. *Held*, Sektorenintegration, in: Rodi (Hrsg.), Handbuch Klimaschutzrecht, 2022, § 41 Rn. 3 ff.; *Rodi/Kalis*, Das Konzept der Sektorenkopplung als Rückgrat der Energietransformation, KlimR 2022, S. 79 (80).

[32] Ausgangspunkt für die Ergänzung war die Stellungnahme des Bundesrates, der die Notwendigkeit zu Schaffung einer rechtssicheren Rechtsgrundlage für „Power-to-Gas-Vorhaben zur Kopplung verschiedener Energieleitungen" sah, BT-Drs. 19/7914, S. 4.

dass sich hier der Zweck der Anlage allein in der Speicherfunktion erschöpft. Aufgrund dieses Schwerpunkts müsste dann aber § 43 Abs. 2 Satz 1 Nr. 8 EnWG für Großspeicher einschlägig sein.

10 Diese Zuordnung ist auch nicht lediglich akademischer Natur. Die fakultative Planfeststellung für Großspeicheranlagen ist nur unter der Einschränkung eröffnet, dass die Anlagenleistung mindestens 50 MW betragen muss.[33] Beispielsweise dürften die im Erneuerbare-Energien-Gesetz 2023 geplanten innovativen Konzepte mit wasserstoffbasierter Stromspeicherung[34] angesichts der geplanten Ausschreibungsmengen und Anforderungen diese Leistungsschwelle jedenfalls häufig nicht überschreiten.[35] Könnten diese Anlagen aber aufgrund des konkreten Nutzungskonzeptes und der daraus folgenden fehlenden Sektorenkopplung gerade nicht als Energiekopplungsanlagen eingeordnet werden, würde aufgrund des Unterschreitens der Größenschwelle von 50 MW eine Regelungslücke entstehen, weil die Anwendbarkeit beider Tatbestände der fakultativen Planfeststellung nach § 43 Abs. 2 Satz 1 Nr. 7 oder Nr. 8 EnWG ausgeschlossen wäre.

11 Seit 2022 gibt es zudem mit § 3 Nr. 15d EnWG die Definition der Energiespeicheranlage.[36] Diese umfasst im Ergebnis sowohl Energiekopplungsanlagen nach § 43 Abs. 2 Satz 1 Nr. 7 EnWG als auch (Groß-)Speicher nach § 43 Abs. 2 Satz 1 Nr. 8 EnWG.[37] Der Gesetzgeber sollte den aufgrund dieser erst im parlamentarischen Verfahren eingeführten[38] und nicht sachgerecht mit anderen Vorschriften abgestimmten Dualismus von Energiekopplungsanlagen und Großspeicheranlagen in § 43 Abs. 2 Satz 1 EnWG beseitigen, um Unklarheiten und Regelungslücken zu vermeiden.

---

[33] Die zweite Einschränkung, dass § 126 BBergG nicht anwendbar sein darf, spielt bei Elektrolyseuren dagegen keine Rolle.
[34] Vgl. dazu auch unten Rn. 32.
[35] Insbesondere das Erfordernis nach § 39o Abs. 2 Satz 2 Nr. 2 EEG 2023, dass der „Wasserstoff ausschließlich durch Elektrolyse aus dem Strom der anderen Anlagen der Anlagenkombination erzeugt worden ist", beschränkt die Elektrolyseleistung auf typische Größen von Wind- und Photovoltaikparks.
[36] Art. 1 des Gesetzes zur Änderung des Energiewirtschaftsrechts im Zusammenhang mit dem Klimaschutz-Sofortprogramm und zu Anpassungen im Recht der Endkundenbelieferung v. 19.07.2022, BGBl. I 1214.
[37] Dazu *Hermes/Kupfer*, in: Bourwieg/Hellermann/Hermes (Hrsg.), Energiewirtschaftsgesetz, 4. Aufl. 2023, § 43 Rn. 69 f.
[38] BT-Drs. 20/2402, S. 5.

2. Erleichterungen im Bauplanungsrecht durch eine partielle Öffnung des Außenbereichs und Weitung des Innenbereichs

Soweit kein Planfeststellungsverfahren eröffnet ist, bedarf die Zulassung der Errichtung und des Betriebs eines Elektrolyseurs einer bauplanungsrechtlichen Ausweisung oder es muss ein sonstiger planersetzender Tatbestand einschlägig sein. Bebauungspläne für Elektrolyseure werden typischerweise nur projektbezogen in Form eines vorhabenbezogenen Bebauungsplans nach § 12 BauGB[39] oder eines allgemeinen Bebauungsplans nach § 30 BauGB erlassen.[40] An einer von einem konkreten Vorhaben losgelösten Angebotsplanung der Gemeinden fehlt es regelmäßig. Wie auch bei anderen Ausprägungen der Energiewende, besonders dem Ausbau der Windenergie an Land, stellt sich daher die Frage, ob und inwieweit die planersetzende Außenbereichsprivilegierung genutzt werden kann. In Frage kommen dabei verschiedene Tatbestände des Katalogs nach § 35 Abs. 1 BauGB (dazu sogleich unter Rn. 13 ff.) sowie die Neuregelung des § 249a BauGB (dazu unten Rn. 16 ff.). Soweit es an einer Privilegierung fehlt und eine ausnahmsweise mögliche Zulassung als sonstiges, nicht privilegiertes Vorhaben nach § 35 Abs. 2 BauGB ausscheidet,[41] bedarf es eines Bebauungsplans. Damit dürften die kommunalen Planungs- und mehr noch Entscheidungskapazitäten maßgeblich die Geschwindigkeit des Ausbaus der Elektrolysekapazitäten bestimmen.[42]

12

---

[39] Baugesetzbuch (BauGB) v. 03.11.2017, BGBl. I S. 3634, zuletzt geändert durch Art. 3 des Gesetzes v. 20.12.2023, BGBl. I Nr. 394.

[40] *Allolio/Ohle/Schäfer*, Studie zum Rechtsrahmen einer zukünftigen Wasserstoffwirtschaft, v. 01.10.2022, S. 14, abrufbar unter https://www.wasserstoffleitprojekte.de/lw_resource/datapool/systemfiles/elements/files/F02FC5953C99412DE0537E695E86264B/live/document/20221219_THY_Regulatorik_Studie_final_mit_Deckblatt.pdf.

[41] Zu den Anforderungen des § 35 Abs. 2 BauGB vgl. etwa *Mitschang/Reidt*, in: Battis/Krautzberger/Löhr (Hrsg.), Baugesetzbuch, 15. Aufl. 2022, § 35 Rn. 63; *Kment*, in: Jarass/ders., Baugesetzbuch, 3. Aufl. 2022, § 35 Rn. 45; *Söfker*, in: Ernst/Zinkahn/Bielenberg/Krautzberger (Hrsg.), Baugesetzbuch, 136. EL 10/2019, § 35 Rn. 73.

[42] *Franzius*, Beschleunigung des Markthochlaufs von Wasserstoff – Fördermöglichkeiten und Beschleunigungsaspekte für Infrastrukturen und Erzeugungsanlagen, ZUR 2024, S. 72 (75) spricht von einem „komplexe(n), zeitintensive(n) und nicht zuletzt angreifbare(n) Verfahren".

a) Keine Außenbereichsprivilegierung nach § 35 BauGB im Regelfall

13 Der Katalog der Außenbereichsprivilegierung nach § 35 Abs. 1 BauGB ist in den meisten Fällen nicht einschlägig. Die Anwendbarkeit des § 35 Abs. 1 Nr. 3 BauGB dürfte bei konsequenter Fortführung der bisherigen Rechtsprechung etwa zur Windenergie[43] nur in Ausnahmefällen eröffnet sein. Die Erzeugung von Wasserstoff kann zwar grundsätzlich „der öffentlichen Versorgung" dienen.[44] Allerdings ist die von der Rechtsprechung aus systematischen Gründen entwickelte Anforderung der Ortsgebundenheit auch für die erste Tatbestandsvariante des § 35 Abs. 1 Nr. 3 BauGB[45] in der Regel nicht gegeben.[46]

14 Im Einzelfall kann die zweite Tatbestandsvariante des § 35 Abs. 1 Nr. 3 BauGB eröffnet sein. Danach kann ein Elektrolyseur dann im Außenbereich zulässig sein, wenn er „einem ortsgebundenen gewerblichen Betrieb dient".[47] Analog zur Einordnung von Windenergieanlagen, deren Stromproduktion im Wesentlichen in einem Betrieb vor Ort verbraucht wird,[48] könnte auch eine Nutzung des im engen örtlichen Zusammenhang erzeugten Wasserstoffs den Tatbestand eröffnen. Inwieweit Teile der Wasser-

---

[43] BVerwG, Urt. v. 16.06.1994 – 4 C 20/93, NVwZ 1995, S. 64 ff.

[44] *Langstädtler*, Brauchen wir ein Wasserstoffinfrastrukturgesetz?, ZUR 2021, S. 203 (208); *Bringewat*, Zulassung von Elektrolyseuren und Wasserstofftankstellen: Eine Bestandsaufnahme, ZNER 2022, S. 21 (21 f.).

[45] So zur Windenergie bereits BVerwG NVwZ 1995, S. 64 (65 f.); vgl. auch *Kment*, in: Jarass/ders., Baugesetzbuch, 3. Aufl. 2022, § 35 Rn. 19; *Rieger*, in: Schrödter (Hrsg.), Baugesetzbuch, 9. Aufl. 2019, § 35 Rn. 41.

[46] Anders *Bringewat*, Zulassung von Elektrolyseuren und Wasserstofftankstellen: Eine Bestandsaufnahme, ZNER 2022, S. 21 (21 f.), der bei einem „dauerhaft und untrennbar mit vorhandenen erneuerbaren Erzeugungs- oder Einspeiseanlagen" verbundenen Betriebskonzept von der Anwendbarkeit des § 35 Abs. 1 Nr. 3 BauGB ausgeht; *Langstädtler*, Brauchen wir ein Wasserstoffinfrastrukturgesetz?, ZUR 2021, S. 203 (208); *Schäfer/Wilms*, Wasserstofferzeugung: Aktuelle Rechtsfragen rund um die Genehmigung von Elektrolyseuren, ZNER 2021, S. 131 (135).

[47] *Altschmidt/Hensen*, Genehmigungsrechtlicher Rahmen der Wasserstoffwirtschaft, EurUP 2021, S. 228 (232); zu den Anforderungen des „Dienens" etwa *Mitschang/Reidt*, in: Battis/Krautzberger/Löhr (Hrsg.), Baugesetzbuch, 15. Aufl. 2022, § 35 Rn. 32.

[48] So zu § 35 Abs. 1 Nr. 1 BauGB BVerwG, Beschl. v. 04.11.2008 – 4 B 44.08, ZfBR 2009, S. 149; *Achelpöhler*, in: Düsing/Martinez (Hrsg.), Agrarrecht, 2. Aufl. 2022, § 35 BauGB Rn. 33; zu § 35 Abs. 1 Nr. 3 BauGB *Söfker*, in: Ernst/Zinkahn/Bielenberg/Krautzberger, Baugesetzbuch, 136. EL 10/2019, § 35 Rn. 54a.

stoffproduktion zusätzlich in ein (zukünftiges) Wasserstoffnetz eingespeist werden dürfen, ohne die Privilegierung zu verlieren, ist bisher nicht geklärt. Unbeantwortet ist auch die Frage, ob die Verwendung des als Nebenprodukt der Elektrolyse anfallenden Sauerstoffs vor Ort oder die Nutzung der entstehenden Abwärme bei der Bestimmung der Anwendbarkeit von § 35 Abs. 1 Nr. 3 Var. 2 BauGB zu berücksichtigen sind. Wird insbesondere der Sauerstoff zusätzlich zum Wasserstoff vor Ort benötigt, dürfte dies aber der Ortsgebundenheit zusätzliches Gewicht verleihen und auch eine großzügigere Einspeisung von Wasserstoff in ein (zukünftiges) Wasserstoffnetz ermöglichen.

In engen Grenzen sind auch die Außenbereichsprivilegierungen für Windenergieanlagen nach § 35 Abs. 1 Nr. 5 BauGB, für entlang von Autobahnen oder bestimmten Schienenwegen[49] errichteten Photovoltaikanlagen gemäß § 35 Abs. 1 Nr. 8 Buchst. b) BauGB und für die auch als Agri-Photovoltaikanlagen bezeichnete Teilgruppe der Besonderen Solaranlagen nach § 35 Abs. 1 Nr. 9 BauGB im Zusammenhang mit land-, forst- oder gartenbaulichen Betrieben gemäß § 35 Abs. 1 Nr. 1 und 2 BauGB[50] denkbar. Erforderlich wäre dazu eine der Windenergie- oder Photovoltaikanlage dienende Funktion des Elektrolyseurs, die eventuell durch ein gemeinsames Betriebskonzept von Wind- oder Photovoltaik-Freiflächenanlagen einerseits und Wasserstofferzeugungskapazitäten anderseits gegeben sein könnte.[51] Soweit ersichtlich ist diese Frage aber bislang nicht gerichtlich geklärt worden, so dass die Anwendbarkeit dieser Katalogtatbestände mit Rechtsunsicherheiten verbunden ist.[52] Die meisten unter diese Tatbestände sub-

---

49 Vgl. zu den Anforderungen des § 35 Abs. 1 Nr. 8 Buchst. b) BauGB *Baars*, Genehmigungsrechtliche Grundlagen von Photovoltaik im Außenbereich, NVwZ 2023, S. 1857 (1858 f.).
50 Vgl. zu den Anforderungen des § 35 Abs. 1 Nr. 9 BauGB *Baars*, Genehmigungsrechtliche Grundlagen von Photovoltaik im Außenbereich, NVwZ 2023, S. 1857 (1859 f.); *Otto/Wegner*, Hofnahe Agri-PV-Anlagen nach § 35 Abs. 1 Nr. 9 BauGB: Privilegierte Mehrfachnutzung für weniger Flächenkonkurrenz und mehr Akzeptanz?, ZUR 2024, S. 154 (156 ff.).
51 So zur Windenergie *Bringewat*, Zulassung von Elektrolyseuren und Wasserstofftankstellen: Eine Bestandsaufnahme, ZNER 2022, S. 21 (22).
52 BR-Drs. 503/22, S. 8; *Franzius*, Beschleunigung des Markthochlaufs von Wasserstoff – Fördermöglichkeiten und Beschleunigungsaspekte für Infrastrukturen und Erzeugungsanlagen, ZUR 2024, S. 72 (75).

sumierbaren Konstellationen hat der Gesetzgeber nunmehr mit § 249a BauGB geregelt (dazu sogleich).[53] Ob weitergehende Anwendungsfelder für Fallgruppen der dienenden Elektrolyse nach § 35 Abs. 1 Nr. 5, Nr. 8 Buchst. b) und Nr. 9 BauGB eröffnet sind, ist mit der Neuregelung nicht abschließend geklärt. Der Gesetzgeber hat diese Frage ausdrücklich offengelassen und eher die Tendenz erkennen lassen, dass dies möglich sein soll.[54]

b) *Außenbereichsprivilegierung nach § 249a BauGB in engen Grenzen*

16 Seit dem 01.01.2023 überwindet § 249a BauGB[55] das grundsätzliche Bauverbot im Außenbereich für bestimmte Elektrolyseure und andere Anlagen zur Wasserstoffherstellung.[56] Erfasst sind zunächst nach Absatz 1 und 2 Elektrolyseure in räumlich-funktionalem Zusammenhang mit einerseits Windenergieanlagen gemäß § 35 Abs. 1 Nr. 5 BauGB (Absatz 1) und andererseits Photovoltaik-Freiflächenanlagen gemäß § 35 Abs. 1 Nr. 8 Buchst. b) BauGB bzw. § 35 Abs. 1 Nr. 9 BauGB (Absatz 2). Darüber hinaus öffnet Absatz 3

---

[53] Damit dürfte sich auch die Forderung des Ausschusses Umweltrecht im Deutschen Anwaltsverein weitgehend erledigt haben, die Erstreckung von § 35 Abs. 1 Nr. 3 BauGB auf Elektrolyseure gesetzlich klarzustellen, vgl. *Deutscher Anwaltsverein – Ausschuss Umweltrecht*, Möglichkeiten der Beschleunigung von Genehmigungsverfahren bei der Herstellung von grünem Wasserstoff und zur Vereinfachung im Störfallrecht, NuR 2022, S. 469 (472).

[54] BR-Drs. 503/22, S. 8: „Der neue § 249a BauGB soll klarstellen, dass zu Windenergieanlagen hinzutretenden Nebenanlagen zur Herstellung oder Speicherung von Wasserstoff jedenfalls unter den dort genannten Voraussetzungen privilegiert sind." (Hervorhebung nicht im Original).

[55] Art. 1 des Gesetzes zur sofortigen Verbesserung der Rahmenbedingungen für die erneuerbaren Energien im Städtebaurecht v. 04.01.2023, BGBl. I 2023 Nr. 6. Zur Entstehung *Michler*, in: Kröninger/Aschke/Jeromin (Hrsg.), Baugesetzbuch, 5. Aufl. 2024, § 249a Rn. 1 ff.; *Decker*, Erste Überlegungen zum neuen § 249a BauGB, ZfBR 2023, S. 319 (319); *Meurers*, in: Ernst/Zinkahn/Bielenberg/Krautzberger (Hrsg.), Baugesetzbuch, 149. EL 02/2023, § 249a Rn. 1 f.

[56] BR-Drs. 503/22, S. 8; *Meurers*, in: Ernst/Zinkahn/Bielenberg/Krautzberger (Hrsg.), Baugesetzbuch, 149. EL 02/2023, § 249a Rn. 1; allein auf Elektrolyse abstellend dagegen *Michler*, in: Kröninger/Aschke/Jeromin (Hrsg.), Baugesetzbuch, 5. Aufl. 2024, § 249a Rn. 4. Von § 249a BauGB erfasst sind zudem auch mögliche Wasserstoffspeicher, wobei die Formulierung „Herstellung oder Speicherung" nicht im Sinne einer Exklusivität einer der beiden Möglichkeiten zu verstehen ist, sondern beide Vorgänge auch kombiniert werden können, so auch *Decker*, Erste Überlegungen zum neuen § 249a BauGB, ZfBR 2023, S. 319 (319 f.).

den Außenbereich auch für Anlagen zur Herstellung von Wasserstoff im unmittelbaren räumlichen Zusammenhang mit bestimmten auf bauplanungsrechtlich ausgewiesenen Flächen errichteten Photovoltaik-Freiflächenanlagen.

Regelungstechnisch unterscheiden sich die Absätze 1 und 2 von Absatz 3. Die Absätze 1 und 2 führen unter den zusätzlichen Voraussetzungen des Absatzes 4[57] im Ergebnis zu einer mitgezogenen[58] Außenbereichsprivilegierung von Elektrolyseuren. Dabei handelt es sich jedoch nicht um eine eigenständige Außenbereichsprivilegierung. Vielmehr wird unter der Voraussetzung eines räumlich-funktionalen Zusammenhangs unwiderlegbar fingiert, dass Elektrolyseure der Nutzung der Windenergie oder solaren Strahlungsenergie dienen und folglich über die Tatbestände des § 35 Abs. 1 Nr. 5, Nr. 8 Buchst. b) oder Nr. 9 BauGB privilegiert sind, soweit alle dortigen Anforderungen eingehalten sind.[59]

17

Abweichend dazu erfolgt die Öffnung des Außenbereichs nach Absatz 3. Danach sind unter den zusätzlichen Voraussetzungen der Absätze 4 und 5[60] Elektrolyseure im innenbereichsnahen Außenbereich zulässig, soweit ein ausreichender räumlicher Zusammenhang zu einer Photovoltaik-Freiflächenanlage mit qua-

18

---

[57] Dazu sogleich unten Rn. 19.
[58] Vgl. zum Begriff etwa BVerwG, Urt. v. 19.04.1985 – 4 C 13/82, NVwZ 1986, S. 201 (202).
[59] Vgl. dazu und zu den Folgen der Änderungen im Zuge des Gesetzes zur Erhöhung und Beschleunigung des Ausbaus von Windenergieanlagen an Land v. 20.07.2022, BGBl. I 1353 und der gleichzeitig zu § 249a BauGB mit dem Gesetz zur sofortigen Verbesserung der Rahmenbedingungen für die erneuerbaren Energien im Städtebaurecht v. 04.01.2023, BGBl. I 2023 Nr. 6, geschaffenen Außenbereichsprivilegierung für Photovoltaik-Freiflächenanlagen nach § 35 Abs. 1 Nr. 8 Buchst. b) BauGB *Meurers*, in: Ernst/Zinkahn/Bielenberg/Krautzberger (Hrsg.), Baugesetzbuch, 149. EL 02/2023, § 249a Rn. 20 ff.; *Decker*, Erste Überlegungen zum neuen § 249a BauGB, ZfBR 2023, S. 319 (321).
[60] § 249a Abs. 5 BauGB stellt sicher, dass die grundlegenden Anforderungen der Außenbereichsprivilegierung im Hinblick auf entgegenstehende Belange und Ziele der Raumordnung, die Erschließung des Grundstücks und weitere Regelungen des § 35 Abs. 3 BauGB eingehalten werden. Der Absatz ist Folge der von Absätzen 1 und 2 abweichenden Regelungstechnik, die diese Vorgaben im Wege der Fiktion bereits zur Anwendung bringen. Näher *Decker*, Erste Überlegungen zum neuen § 249a BauGB, ZfBR 2023, S. 319 (323).

lifizierter bauplanungsrechtlicher Grundlage besteht.[61] Mangels Außenbereichsprivilegierung der tatbestandlich in Bezug genommenen Photovoltaik-Freiflächenanlagen kann der Elektrolyseur hier nicht in deren Regelungswirkung einbezogen werden. Vielmehr enthält § 249a Abs. 3 BauGB eine eigenständige Außenbereichsprivilegierung für Elektrolyseure.[62] Beschränkt wird dies räumlich auf die Wasserstofferzeugung „im unmittelbar an eine vorhandene Anlage zur Nutzung solarer Strahlungsenergie anschließenden Außenbereich"[63]. Zudem ist nicht jeder Bebauungsplan geeignet. Eine Außenbereichsprivilegierung entsteht nur bei Bestandsplänen und Plänen im fortgeschrittenen Aufstellungsverfahren, wenn die nach § 3 Abs. 2 BauGB erforderliche förmliche Öffentlichkeitsbeteiligung vor dem 01.01.2023 und damit vor dem Inkrafttreten des Änderungsgesetzes eingeleitet wurde. Für eine dauerhafte und auch zukünftige Ausweisungen umfassende Regelung hat der Gesetzgeber dagegen keine Notwendigkeit gesehen.[64]

19 Anders als in Absatz 3 werden in Absatz 1 und 2 keine konkretisierten Vorgaben zum räumlichen Bezug zwischen Strom- und Wasserstofferzeugung festgeschrieben.[65] Der geforderte räumlich-funktionale Zusammenhang wird maßgeblich durch Ab-

---

[61] Zur Frage, welche Dimension die Photovoltaikanlage haben muss *Meurers*, in: Ernst/Zinkahn/Bielenberg/Krautzberger (Hrsg.), Baugesetzbuch, 149. EL 02/2023, § 249a Rn. 13.

[62] *Decker*, Erste Überlegungen zum neuen § 249a BauGB, ZfBR 2023, S. 319 (321) spricht daher von einem „Vollprivilegierungstatbestand".

[63] Vgl. hierzu mit Lösungsvorschlägen für verschiedene Fallkonstellationen *Decker*, Erste Überlegungen zum neuen § 249a BauGB, ZfBR 2023, S. 319 (321); *Meurers*, in: Ernst/Zinkahn/Bielenberg/Krautzberger (Hrsg.), Baugesetzbuch, 149. EL 02/2023, § 249a Rn. 10.

[64] So unter Verweis auf den ebenfalls geänderten § 14 Abs. 4 BauNVO in BT-Drs. 20/4704, S. 18. Diese Begründung deckt allerdings nur einen Teil des Anwendungsbereichs des § 249a Abs. 3 BauGB ab. Solange innerhalb der ausgewiesenen Fläche kein Platz für einen Elektrolyseur zur Verfügung steht, kann bei jüngeren Plänen nicht auf angrenzende Flächen ausgewichen werden. In diesen Fällen ist die zukünftige Rechtslage mit der früheren identisch und die Frage zu beantworten, ob eine mitziehende Außenbereichsprivilegierung nach § 35 Abs. 1 Nr. 8 Buchst. b) BauGB möglich ist oder eine Änderung bzw. Ergänzung des bestehenden Bebauungsplans erforderlich ist.

[65] Vorschläge zur Bestimmung des räumlichen Zusammenhangs etwa bei *Schmidt-Eichstaedt*, in: Brügelmann (Hrsg.), Baugesetzbuch, 126. EL 04/23, § 249a Rn. 10.

satz 4 ausgestaltet. Durch die kumulativen Anforderungen zur ausschließlichen (Nummer 1) und exklusiven (Nummer 3) Nutzung von Strom aus erneuerbaren Energien aus den betreffenden örtlichen oder ergänzenden Anlagen wird die enge Verbindung zwischen Elektrolyseur und Erneuerbare-Energien-Anlagen und damit der funktional-dienende Charakter gewährleistet. Dieser rechtfertigt die Öffnung des Außenbereichs. So wird nicht nur die Anzahl von Elektrolyseuren im Anwendungsbereich begrenzt,[66] sondern dürfte gleichzeitig auch tatsächlich eine räumliche Beschränkung des nutzbaren Außenbereichs erreicht werden. Zudem begrenzt Nummer 2, anders als die rein qualitativen Anforderungen der Nummern 1 und 3, die privilegierten Elektrolyseure durch konkrete Höchstwerte bezüglich ihrer Grundfläche und Höhe. Die überbaute Fläche der baulichen Anlagen eines Elektrolyseurs darf 100 Quadratmeter nicht überschreiten, die maximale Höhe ist auf 3,5 Meter begrenzt.[67] Diese Vorgaben limitieren mittelbar die installierte Leistung der Elektrolyseure.[68]

c) Ergänzende Stärkung der Wasserstofferzeugung durch Anpassung der Baunutzungsverordnung

Ergänzend zu den Erleichterungen im Außenbereich hat der Gesetzgeber zeitgleich durch § 14 Abs. 4 Satz 1 BauNVO[69] auch die bauplanungsrechtliche Zulässigkeit der Wasserstofferzeugung im Innenbereich gestärkt. Mit derselben inhaltlichen Zielrichtung[70] sind damit Elektrolyseure in ausgewiesenen Sondergebieten für die Nutzung von Photovoltaik-Freiflächenanlagen gemäß § 11 Abs. 2 BauNVO nach denselben Regelungen wie in § 249a Abs. 4

20

---

[66] Vgl. bereits BR-Drs. 503/22, S. 9; die dortige Wertung gilt trotz der im Vergleich zum Regierungsentwurf aufgeweichten Anforderungen grundsätzlich fort.
[67] Soweit ein Wasserstoffspeicher errichtet wird, ist zudem die konkrete Größenbegrenzung nach § 249a Abs. 4 Nr. 4 BauGB zu beachten.
[68] Daher schafft § 249a BauGB nur für eng begrenzte Konstellationen „erleichterte Voraussetzungen" gegenüber § 35 Abs. 1 Nr. 3 BauGB, so aber die Bewertung durch *Franzius*, Beschleunigung des Markthochlaufs von Wasserstoff – Fördermöglichkeiten und Beschleunigungsaspekte für Infrastrukturen und Erzeugungsanlagen, ZUR 2024, S. 72 (76).
[69] Verordnung über die bauliche Nutzung der Grundstücke (Baunutzungsverordnung – BauNVO) v. 21.11.217, BGBl. I S. 3786, zuletzt geändert durch Art. 2 des Gesetzes v. 03.07.2023, BGBl. 2023 I Nr. 176.
[70] BT-Drs. 20/4704, S. 19.

BauGB stets zulässig, soweit keine abweichenden Festsetzungen im Bebauungsplan bestehen. Für ausgewiesene Industrie- und Gewerbegebiete gilt dies sogar dann, wenn dort nur eine gebäudegebundene Solaranlage, aber keine Photovoltaik-Freiflächenanlage errichtet ist und der Strom damit ausschließlich von einer außerhalb des Plangebiets gelegenen Anlage bezogen wird,[71] § 14 Abs. 4 Satz 2 BauNVO. Da die Regelung des § 14 Abs. 4 BauNVO gemäß § 25f BauNVO auf die Bebauungspläne beschränkt ist, deren Auslage nach dem 01.01.2023 eingeleitet wurde, bildet § 14 Abs. 4 BauNVO eine zeitlich nahtlose Anschlussregelung für die befristete Vorschrift des § 249a Abs. 3 BauGB.[72] Es entfällt dann aber die räumlich erweiternde Wirkung des § 249a Abs. 3 BauGB. Dieser hat über das überplante Gebiet hinaus zusätzliche Flächen für die Nutzung eröffnet, während § 14 Abs. 4 BauNVO lediglich eine zusätzliche Nutzung auf einer bereits ausgewiesenen Fläche erlaubt.

3. Keine Besonderheiten im weiteren materiellen Prüfprogramm

21 Weitere materielle Anforderungen spezifisch an die Errichtung oder den Betrieb von Elektrolyseuren existieren nicht. Das sonstige Prüfprogramm der Zulassung wird aus den üblichen Anforderungen, etwa dem Bauordnungsrecht oder dem Immissionsschutzrecht,[73] bestimmt. Die Vorgaben des Störfallrechts sind nur bei an die Elektrolyse anschließenden optionalen Verfahrensschritten einschlägig, da sie regelmäßig nicht auf den Produktionsschritt der Wasserstofferzeugung, sondern auf mögliche vom Produkt Wasserstoff in späteren Prozessschritten ausgehende Ge-

---

[71] Auch in diesen Fällen muss nach § 14 Abs. 4 Satz 2 i.V.m. Satz 1 BauNVO und i.V.m. § 249a Abs. 4 BauGB durch „technische Vorkehrungen sichergestellt [sein], dass der Wasserstoff ausschließlich […] aus dem Strom sonstiger Anlagen zur Nutzung erneuerbarer Energien erzeugt wird", was in der Regel nur durch eine Direktleitung gewährleistet werden kann. Vgl. dazu *Scheidler*, Verbesserung der Rahmenbedingungen für die erneuerbaren Energien im Städtebaurecht, REE 2023, S. 1 (3).

[72] Dazu soeben oben Rn. 16 ff.

[73] Zu Lärmemissionen *Deutscher Anwaltsverein – Ausschuss Umweltrecht*, Möglichkeiten der Beschleunigung von Genehmigungsverfahren bei der Herstellung von grünem Wasserstoff und zur Vereinfachung im Störfallrecht, NuR 2022, S. 469 (470).

fahren abstellen.[74] Sie sind daher für die Zulassung von Elektrolyseuren nur bei entsprechenden Anlagenkonstellationen etwa mit Lagerung[75] einschlägig. Die etwa für die Lagerung relevanten Mengenschwellen nach Nr. 2.44 Anhang I der 12. BImSchV[76] werden heute häufig nicht erreicht.[77]

Ebenfalls keine Besonderheiten finden sich im Wasserrecht. Allerdings ist perspektivisch die Frage zu beantworten, ob spezifische Regelungen für die sich durch den Klimawandel ändernden Gegebenheiten entwickelt werden sollten (dazu sogleich Rn. 23 f.). Mit dem neuen Energieeffizienzgesetz besteht zudem eine neue Verpflichtung zur Abwärmevermeidung und -nutzung, die auch Elektrolyseure trifft (dazu unten Rn. 25 f.). 22

a) Elektrolyseure in der wasserwirtschaftsrechtlichen Benutzungsordnung

Neben der Versorgung mit Elektrizität ist die Verfügbarkeit von Wasser die zweite Grundvoraussetzung für die Elektrolyse. Deshalb, aber auch wegen des anfallenden Kühlwassers, kann im Genehmigungsverfahren das Wasserhaushaltsrecht von Relevanz sein. Wasserrechtliche Gestattungen zur Entnahme oder Einleitung sind immer dann erforderlich, wenn der Elektrolyseur nicht an die öffentliche Wasserver- und -entsorgung angeschlos- 23

---

[74] Zum Störfallrecht bei Elektrolyseuren *Deutscher Anwaltsverein – Ausschuss Umweltrecht*, Möglichkeiten der Beschleunigung von Genehmigungsverfahren bei der Herstellung von grünem Wasserstoff und zur Vereinfachung im Störfallrecht, NuR 2022, S. 469 (473 ff.); *Speller/Wetter*, Analyse der Genehmigungsvoraussetzungen für einen Wassersstoffelektrolyseur, Immissionsschutz 2022, S. 116 (116 f.).
[75] *Neumann*, Das Genehmigungsregime für Elektrolyseure zur Herstellung von Wasserstoff, UWP 2023, S. 164 (168). Zur Rechtslage von Wasserstoffspeichern *Altenschmidt/Hensen*, Genehmigungsrechtlicher Rahmen der Wasserstoffwirtschaft, EurUP 2021, S. 228 (233 ff.).
[76] Zwölfte Verordnung zur Durchführung des Bundes-Immissionsschutzgesetzes (Störfall-Verordnung – 12. BImSchV) i.d.F. v. 15.03.2017, BGBl. I S. 483, zuletzt geändert durch Art. 107 der Verordnung vom 19.06.2020, BGBl. I S. 1328.
[77] Vgl. zu den praktischen Problemen bei der Anwendung *Deutscher Anwaltsverein – Ausschuss Umweltrecht*, Möglichkeiten der Beschleunigung von Genehmigungsverfahren bei der Herstellung von grünem Wasserstoff und zur Vereinfachung im Störfallrecht, NuR 2022, S. 469 (473).

sen werden kann,[78] um ausreichend Frischwasser zu beziehen und Brauchwasser über die öffentlichen Abwasserkanäle abzuführen.[79] Dann können wasserrechtliche Gestattungen für die Wasserentnahme und die Einleitung erforderlich werden, §§ 8, 9 WHG[80]. Deren Erteilung richtet sich nach den üblichen Anforderungen; Sondertatbestände für Elektrolyseure oder allgemein für Energiewendetechnologien existieren nicht. Auch wenn für die Entnahme die Voraussetzungen für die stärkere wasserrechtliche Bewilligung nach § 14 Abs. 1 WHG erfüllt sein können, kommt für eine möglicherweise erforderliche Einleitung von Kühlwasser nur eine wasserrechtliche Erlaubnis in Betracht, § 14 Abs. 1 Nr. 3 WHG, so dass die Rechtsstellung des Investors im Hinblick auf den Betrieb eines Elektrolyseurs letztlich „nur so stark wie das schwächste Glied in der Kette der wasserrechtlichen Zulassungen"[81] sein kann.[82] Um die Investitionssicherheit zu erhöhen, sollte geprüft werden, ob bei nach der Elektrolyse nicht nachteilig verändertem Wasser nicht eine vergleichbare Interessenslage wie bei Ausleitungskraftwerken vorliegt und unter welchen Voraussetzungen die Ausnahmevorschrift in § 14 Abs. 1 Nr. 3 WHG auch auf Elektrolyseure erweitert werden könnte,[83] um die Rechtstellung des Vorhabenträgers zu stärken.

---

[78] Für diese Indirekteinleitung kann eine Genehmigung nach § 58 Abs. 1 WHG erforderlich sein. Vgl. etwa *Ministerium für Umwelt, Klima und Energiewirtschaft Baden-Württemberg*, Genehmigung und Überwachung von Elektrolyseuren zur Herstellung von Wasserstoff in Baden-Württemberg, Leitfaden, v. 05/2023, S. 12, abrufbar unter https://um.baden-wuerttemberg.de/fileadmin/redaktion/m-um/intern/Dateien/Dokumente/2_Presse_und_Service/Publikationen/Energie/Leitfaden-Genehmigung-und-Ueberwachung-Elektrolyseure-zur-Herstellung-von-Wasserstoff.pdf.

[79] *Bringewat*, Zulassung von Elektrolyseuren und Wasserstofftankstellen: Eine Bestandsaufnahme, ZNER 2022, S. 21 (24 f.).

[80] Gesetz zur Ordnung des Wasserhaushalts (Wasserhaushaltsgesetz – WHG) v. 31.07.2009, BGBl. I S. 2585, zuletzt geändert durch Art. 1 des Gesetzes v. 22.12.2023, BGBl. I S. 409.

[81] BVerwG, Beschl. v. 21.08.1986 – 4 B 110/86, juris Rn. 5.

[82] Zur Systematik der wasserwirtschaftsrechtlichen Benutzungsordnung vgl. etwa statt aller *Eifert*, Umweltschutzrecht, in: Schoch/ders. (Hrsg.), Besonderes Verwaltungsrecht, 2. Aufl. 2023, Kapitel 5 Rn. 240 ff.; *Schlacke*, Umweltrecht, 9. Aufl. 2023, § 11 Gewässerschutzrecht, Rn. 30 ff.

[83] Problematisch soweit „regelmäßig […] salzhaltige Abwasserströme erzeugt werden", so *Bringewat*, Zulassung von Elektrolyseuren und Wasserstofftankstellen: Eine Bestandsaufnahme, ZNER 2022, S. 21 (24).

Konflikte um knapper werdende Wasserressourcen als Folge des Klimawandels[84] können sich auch bei Elektrolyseuren ergeben und sind bereits heute – jedenfalls dem Grunde nach – gemäß § 6 Abs. 1 Satz 1 Nr. 5 WHG genehmigungsrelevant.[85] Insgesamt ist der Wasserbedarf für die Wasserstoffherstellung vergleichsweise gering,[86] dennoch sind lokale Probleme nicht ausgeschlossen.[87] Ob die Lösung derartiger Herausforderungen im heutigen Wasserrecht bereits ausreichend abgebildet ist oder es einer möglicherweise ohnehin erforderlichen Reform bedarf, ist keine spezifische Frage der Zulassung von Elektrolyseuren, könnte sich aber als Unsicherheitsfaktor auch auf deren Standortwahl auswirken.

24

b) Neue Pflichten bezüglich Abwärme durch das Energieeffizienzgesetz

Aus dem neuen Energieeffizienzgesetz[88] ergeben sich auch für den Betrieb von Elektrolyseuren Pflichten im Hinblick auf Abwärme. Nach § 16 Abs. 1 und 2 EnEfG ist kaskadenartig[89] erstens die Entstehung von Abwärme nach dem Stand der Technik zu vermeiden (Abs. 1 Satz 1 Var. 1), zweitens die anfallende Abwärme auf das technisch unvermeidbare Maß zu reduzieren (Abs. 1 Satz 1 Var. 2)

25

---

[84] Vgl. dazu etwa bereits *Köck*, Klimawandel und Recht, ZUR 2007, S. 393 (398 f.).

[85] *Czychowski/Reinhardt*, Wasserhaushaltsgesetz, 13. Aufl. 2023, § 6 Rn. 45; *Appel*, Wasserrechtliches Gestattungsregime und Klimawandel, NuR 2011, S. 677 (678 f.).

[86] Nach Branchenangaben liegt der Wasserbedarf für Elektrolyseure mit 10 GW Leistung bei den getroffenen Annahmen bei weniger als 10 Mio. m³ Süßwasser im Jahr, wohingegen für die landwirtschaftliche Beregnung 450 Mio. m³ im Jahr und in der Energiewirtschaft mindestens 300 Mio. m³ im Jahr in Kühltürmen verdunstet sind, vgl. *DVGW*, Factsheet: Genügend Wasser für die Elektrolyse, 2023, S. 6, abrufbar unter https://www.dvgw.de/medien/dvgw/leistungen/publikationen/h2o-fuer-elektrolyse-dvgw-factsheet.pdf; vgl. a. *LAI-Ad-hoc-AG Genehmigung von Elektrolyseuren*, Zwischenbericht v. 08.06.2023, S. 5, abrufbar unter https://www.umweltministerkonferenz.de/umlbeschluesse/umlaufBericht2023_35.pdf.

[87] *Matthes*, Reicht das Wasser für den Wasserstoff?, neue energie 05/2023, S. 40 ff.

[88] Gesetz zur Steigerung der Energieeffizienz in Deutschland (Energieeffizienzgesetz – EnEfG) v. 13.11.2023, BGBl. 2023 I Nr. 309. Zur Entstehungsgeschichte vgl. *Jope/Nebel*, in: dies. (Hrsg.), Energieeffizienzgesetz – Kommentar, 2024, Einl. Rn. 26 ff.

[89] *Antoni*, in: Jope/Nebel (Hrsg.), Energieeffizienzgesetz – Kommentar, 2024, § 16 Rn. 30 ff. spricht von einer Pflichtenhierarchie.

und drittens die dann noch verbleibende Abwärme durch Maßnahmen und Techniken zur Energieeinsparung wiederzuverwenden (Abs. 2 Satz 1). Diese Verpflichtungen gelten nur, soweit die zu ergreifenden Handlungen jeweils möglich und zumutbar sind (Abs. 1 Satz 1, Abs. 2 Satz 1), wobei bei der Bestimmung der Zumutbarkeit „technische, wirtschaftliche und betriebliche Belange zu berücksichtigen" sind (Abs. 1 Satz 2, Abs. 2 Satz 2). Sie treffen zudem nur größere Unternehmen, die jährlich im Durchschnitt der letzten drei Jahre einen Gesamtenergieverbrauch von mehr als 2,5 GW aufweisen, § 16 Abs. 4 EnEfG. Da im Energieeffizienzgesetz nicht definiert ist, wie der Unternehmensbegriff auszulegen ist,[90] bleibt unklar, ob und in welchem Umfang Energieverbräuche unterschiedlicher Gesellschaften, etwa Tochterunternehmen und Muttergesellschaft, als Verbrauch eines Unternehmens gelten und daher addiert werden müssen.

26 Zwar entfallen die Pflichten zur Abwärmevermeidung nach § 16 Abs. 1 Satz 1 Var. 1 EnEfG und zur Abwärmeverwendung gemäß § 16 Abs. 2 Satz 1 EnEfG,[91] soweit für speziellere Anforderungen zur Abwärmevermeidung und -nutzung im Bundes-Immissionsschutzgesetz oder in einer Verordnung zum Bundes-Immissionsschutzgesetz einzuhalten sind, § 16 Abs. 3 EnEfG. Dies ist der Fall, wenn auf Rechtsfolgenebene zusätzliche Anforderungen hinsichtlich der konkreten Pflichten, eines einzuhaltenden Verfahrens oder des Maßes der Abwärmevermeidung oder -nutzung enthalten.[92] Solche sind für Elektrolyseure nicht erkennbar.[93] Da nicht nur immissionsschutzrechtlich genehmigungsbedürftige Anlagen erfasst sind, würde sich auch mit den geplanten Änderungen in der 4. BImSchV der Anwendungsbereich des EnEfG für Elektrolyseure mit einer Leistung kleiner 5 MW nicht nur auf den Anwendungsbereich des § 23b BImSchG beschränken.[94]

---

[90] Siehe hierzu *Antoni*, in: Jope/Nebel (Hrsg.), Energieeffizienzgesetz – Kommentar, 2024, § 16 Rn. 39 ff.
[91] Nach dem Wortlaut aber nicht die Pflicht zur Abwärmereduktion nach § 16 Abs. 1 Satz 1 Var. 2 EnEfG.
[92] Vgl. *Antoni*, in: Jope/Nebel (Hrsg.), Energieeffizienzgesetz – Kommentar, 2024, § 16 Rn. 84 ff.
[93] Beispiele sind die 13. und 17. BImSchV, die für Großfeuerungsanlagen bzw. für Abfallverbrennungsanlagen jeweils entsprechende speziellere Anforderungen enthalten.
[94] Vgl. dazu unten Rn. 50 ff.

4. Gewichtungsvorgabe des überragenden öffentlichen Interesses als Auffangregelung

Im Genehmigungsverfahren sind regelmäßig unbestimmte Rechtsbegriffe auszulegen und – jedenfalls zu vorgelagerten Teilaspekten bestehende Ermessens- oder Abwägungsspielräume – auszufüllen,[95] auch wenn die abschließende Entscheidung, wie im BImSchG, eine gebundene ist. Selbst eine zur Beschleunigung sinnvollerweise angezeigte Konkretisierung der Prüfungsmaßstäbe könnte diese vermutlich nicht vollständig beseitigen und sollte dies zur Ermöglichung von sachgerechten Entscheidungen im Einzelfall auch nicht. Damit die so verbleibenden, potenziell fehlerbehafteten und damit häufig verzögernd wirkenden Entscheidungsnotwendigkeiten nicht die Beschleunigungsbemühungen konterkarieren, haben die Gesetzgeber in der Europäischen Union, im Bund und in den Ländern in jüngster Zeit zu Wertungs- und Gewichtungsvorgaben gegriffen.[96] Mit § 11c EnWG, § 2 EEG 2023 und Art. 3 der sogenannten EU-Notfall-Verordnung zur Beschleunigung des Erneuerbaren-Ausbaus[97] umfassen drei dieser Gewichtungsregelungen auch die Errichtung und den Betrieb von Elektrolyseuren.

27

Anlagen zur Speicherung elektrischer Energie liegen gemäß § 11c EnWG seit 2023 „im überragenden öffentlichen Interesse und

28

---

[95] Vgl. die Zusammenstellung *Sailer/Militz*, Das überragende öffentliche Interesse und die öffentliche Sicherheit nach § 2 EEG 2023, Würzburger Studien zum Umweltenergierecht Nr. 31 v. 02.11.2023, S. 58 ff., abrufbar unter https://stiftung-umweltenergierecht.de/wp-content/uploads/2023/11/Stiftung_Umweltenergierecht_WueStudien_31_Ueberragendes_oeffentliches_Interesse_%C2%A72_EEG_2023.pdf; *Schlacke/Wentzien/Römling*, Beschleunigung der Energiewende: Ein gesetzgeberischer Paradigmenwechsel durch das Osterpaket?, NVwZ 2022, S. 1577 (1579 f.).

[96] Auflistung bei *Sailer/Militz*, Das überragende öffentliche Interesse und die öffentliche Sicherheit nach § 2 EEG 2023, Würzburger Studien zum Umweltenergierecht Nr. 31 v. 02.11.2023, S. 2 f., abrufbar unter https://stiftung-umweltenergierecht.de/wp-content/uploads/2023/11/Stiftung_Umweltenergierecht_WueStudien_31_Ueberragendes_oeffentliches_Interesse_%C2%A72_EEG_2023.pdf.

[97] Verordnung (EU) 2022/2577 des Rates vom 22.12.2022 zur Festlegung eines Rahmens für einen beschleunigten Ausbau der Nutzung erneuerbarer Energien, ABl. EU Nr. L 335 v. 29.12.2022, S. 36.

dienen der öffentlichen Sicherheit".[98] Auch Elektrolyseure speichern elektrische Energie in Form von Wasserstoff, der zu einem späteren Zeitpunkt für verschiedene Zwecke verwendet werden kann. Fraglich ist allerdings, ob § 11c EnWG alle Stromspeicher erfasst oder in Abgrenzung zur bereits zuvor in das Energiewirtschaftsgesetz eingefügten Legaldefinition der Energiespeicheranlage gemäß § 3 Nr. 15d EnWG einen engeren Anwendungsbereich besitzt, der Elektrolyseure als Sektorenkopplungstechnologien[99] nicht erfasst. Dafür könnte sprechen, dass in § 11a und § 11b EnWG[100] der Terminus der Energiespeicheranlage verwendet wird, so dass aus systematischen Gründen in § 11c EnWG ein engerer Anwendungsbereich adressiert werden könnte.[101] Diese systematische Auslegung überzeugt nicht.[102] Eine Systematik der verschiedenen für Anlagen zur Speicherung elektrischer Energien genutzten Begriffe im Energiewirtschaftsgesetz ist nicht erkenn-

---

[98] Eingefügt durch Art. 9 Nr. 2 und in Kraft getreten am 29.03.2023 gemäß Art. 15 Abs. 2 des Gesetzes zur Änderung des Raumordnungsgesetzes und anderer Vorschriften (ROGÄndG) v. 22.03.2023, BGBl. I 2023, Nr. 88.

[99] Vgl. Nachweise oben Fn. 31.

[100] Allerdings adressieren §§ 11a, 11b EnWG nur „Energiespeicheranlagen, die elektrische Energie erzeugen", also einen engeren Anwendungsbereich als die Legaldefinition des § 3 Nr. 15d EnWG. Da diese Formulierungen zudem älter als § 3 Nr. 15d EnWG sind, erscheint fraglich, welche systematischen Schlüsse aus dem Befund unterschiedlicher Termini überhaupt gezogen werden können.

[101] So *Hillmann*, in: Assmann/Peifer (Hrsg.), BeckOK EnWG, 9. Edition 12/2023, § 11c Rn. 3.

[102] Auch für die von *Hillmann*, ebd., angeführte Beschränkung aus der unionsrechtlichen Umsetzung lassen sich in den Gesetzgebungsmaterialien keine Belege finden. Dass der Gesetzgeber sich dabei mit Anlagen zur Speicherung von Energie beschäftigt haben soll, ist schon nicht erkennbar. Ausdrücklich werden Durchführungsregelungen zu Art. 6 der Verordnung (EU) 2022/2577 für die „Windenergie an Land, Windenergie auf See sowie Offshore-Anbindungsleitungen, Freiflächen-Photovoltaikanlagen und die Stromnetze" benannt, BT-Drs. 20/5830, S. 42. Unionsrechtlich grundsätzlich zulässige Einschränkungen zum befristeten Art. 3 sind nicht benannt. In der Begründung zu § 11c EnWG wird vielmehr betont, dass der „gesetzliche [...] Abwägungsvorrang [...] helfen (soll), die Planungs- und Genehmigungsverfahren [...] zu beschleunigen", BT-Drs. 20/5830, S. 46, womit eine dauerhafte und von der EU-Notfall-Verordnung unabhängige Perspektive eröffnet werden soll.

bar, die Verwendung erfolgt scheinbar zufällig.[103] In § 118 Abs. 6 EnWG umfasst der Terminus „Anlagen zur Speicherung elektrischer Energie" jedenfalls ausdrücklich auch die Erzeugung von Wasserstoff durch Wasserstoffelektrolyse, § 118 Abs. 6 Satz 7 EnWG.[104] Der Gesetzgeber sollte hier durch eine konsistente Terminologie für Rechtssicherheit sorgen.

§ 2 EEG 2023 erfasst Elektrolyseure, wenn zur Erzeugung des Wasserstoffs ausschließlich Strom aus erneuerbaren Energien verwendet und der Wasserstoff später rückverstromt wird, so dass sie dann auch nach § 2 EEG 2023 „im überragenden öffentlichen Interesse" liegen und „der öffentlichen Sicherheit" dienen.[105] Die Einbeziehung von Elektrolyseuren in den Anwendungsbereich des § 2 EEG 2023 ergibt sich aus der Legaldefinition des § 3 Nr. 1 EEG 2023. Danach gelten auch alle „Einrichtungen, die zwischengespeicherte Energie, die ausschließlich aus erneuerbaren Energien oder Grubengas stammt, aufnehmen und in elektrische Energie umwandeln", als Anlagen[106], so dass der Anwendungsbereich des § 2 EEG 2023 auch für Speicher eröffnet ist. Über § 11c EnWG hinaus enthält § 2 Satz 2 EEG 2023 zusätzlich einen explizi- 29

---

[103] Zu begriffssystematischen Brüchen beim Speicherrecht im EnWG bereits *Sailer*, Das Recht der Energiespeicherung nach der Energiewende – die neuen Regelungen zur Stromspeicherung im EnWG und EEG, ZNER 2012, S. 153 (156 f.).

[104] Relevanz *Missling*, in: Theobald/Kühling (Hrsg.), Energierecht, 122. EL 08/2023, § 118 Rn. 34; a. A. trotz Plädoyers für Technologieoffenheit des Speicherbegriffs in § 118 Abs. 6 Satz 1 EnWG *Peiffer*, in: Assmann/ders. (Hrsg.), BeckOK EnWG, 9. Edition, 12/2023, § 118 Rn. 11 f., der Elektrolyseure nur unter Abs. 6 Satz 7 subsumieren will, obwohl dieser nur die Sätze 2 und 3, nicht aber den Satz 1 für nicht anwendbar erklärt.

[105] Diese Wertung ließ sich bereits vor § 2 EEG 2023 aus dem verfassungs- und einfachgesetzlichen Gesamtbild ableiten, *Sailer/Deutinger*, Klimaschutz, Gesundheitsschutz und Versorgungssicherheit beim Ausbau der erneuerbaren Energien, ZUR 2023, S. 604 (609 ff.).

[106] Vgl. zu Speichern als Inhalt der Anlagendefinition *Schumacher*, in: Säcker/Steffens (Hrsg.), Berliner Kommentar zum Energierecht, Bd. 8., Aufl. 2022, § 3 Rn. 31; *von Richthofen*, in: Baumann/Gabler/Günther (Hrsg.), EEG, 2019, § 3 Rn. 17; *Sailer*, Die Energiespeicherung im EEG 2014, in: Busch/Kaiser (Hrsg.), Erneuerbare erfolgreich ins Netz integrieren durch Pumpspeicherung, 2014, S. 115 (116 f.); *Oschmann*, in: Altrock/Oschmann/Theobald (Hrsg.), Erneuerbare-Energien-Gesetz, 4. Aufl. 2013, § 3 Rn. 36 ff.; *Thomas/Altrock*, Einsatzmöglichkeiten für Energiespeicher, ZUR 2013, S. 579 (586 ff.); *Wieser*, Energiespeicher als zentrale Elemente eines intelligenten Energieversorgungsnetzes – Rechtliche Einordnung, ZUR 2011, S. 240 (242).

ten Abwägungsvorrang als Regelvermutung.[107] Dass sich aus der unterschiedlichen Ausgestaltung des §11c EnWG einerseits und des §2 EEG 2023 andererseits allerdings im Hinblick auf einen Abwägungsvorrang unterschiedliche Rechtsfolgen ergeben sollen, wenn der Wasserstoff zur Sektorenkopplung genutzt wird, statt rückverstromt zu werden, erscheint nicht sachgerecht. Auch hier ist der Bundesgesetzgeber zu mehr Konsistenz aufzurufen.

30 Schließlich enthält auch das Unionsrecht Gewichtungsregelungen für Elektrolyseure. Art. 3 Abs. 1 Satz 1 der EU-Notfall-Verordnung ordnet mit unmittelbarer Geltung an, dass neben Anlagen zur Erzeugung von erneuerbaren Energien und Netzen auch Speicheranlagen „im öffentlichen Interesse liegen und der öffentlichen Gesundheit und Sicherheit dienen".[108] Durch die Aufnahme der öffentlichen Gesundheit in den Katalog scheint das Gewicht um ein weiteres Anliegen verstärkt zu werden. Die öffentliche Gesundheit ist aber wie die öffentliche Sicherheit eher als Unterfall des öffentlichen Interesses einzuordnen, so dass die

---

[107] Dazu umfassend *Sailer/Militz*, Das überragende öffentliche Interesse und die öffentliche Sicherheit nach §2 EEG 2023, Würzburger Studien zum Umweltenergierecht Nr. 31 v. 02.11.2023, S. 17ff., abrufbar unter https://stiftung-umweltenergierecht.de/wp-content/uploads/2023/11/Stiftung_Umweltenergierecht_WueStudien_31_Ueberragendes_oeffentliches_Interesse_%C2%A72_EEG_2023.pdf; vgl. a. *Zorn*, in: Theobald/Kühling (Hrsg.), Energierecht, 122. EL 08/2023, §2 Rn. 8ff.; *Sailer/Deutinger*, Klimaschutz, Gesundheitsschutz und Versorgungssicherheit beim Ausbau der erneuerbaren Energien, ZUR 2023, S. 604 (610f.); *Attendorn*, Umweltrechtliche Ausnahmeabwägungen über die Zulassung von Wasser- und Windkraftanlagen nach dem „Osterpaket", NVwZ 2022, S. 1586 (1589); *Schlacke/Wentzien/Römling*, Beschleunigung der Energiewende: Ein gesetzgeberischer Paradigmenwechsel durch das Osterpaket?, NVwZ 2022, S. 1577 (1578); eher vage *Greb/Boewe*, in: dies./Sieberg (Hrsg.) BeckOK EEG, 14. Edition 11/2023, §2 Rn. 7, 11; kritisch im Hinblick auf die unionsrechtliche Vereinbarkeit *Versteyl/Marschhäuser*, „Überragendes öffentliches Interesse" als Abwägungsbelang zur Beschleunigung von Klimaschutzvorhaben, KlimR 2022, S. 74 (77f.).

[108] Zu Art. 3 Verordnung (EU) 2022/2577 s. *Schlacke/Thierjung*, Im Dschungel der Beschleunigungsgesetzgebung zum Ausbau von erneuerbaren Energien: EU-Notfall-VO, §6 WindBG und RED III und IV, DVBl 2023, S. 635 (637f.); *Kment/Maier*, EU-Notfallrecht für ein beschleunigtes Genehmigungsverfahren zugunsten erneuerbarer Energien, ZUR 2023, S. 323 (325); vgl. a. *Ruge*, Die EU-Notfallverordnung – Revolution im EU-Umweltrecht?, NVwZ 2023, S. 870 (872f.), der allerdings Speicher nicht erwähnt.

Verstärkung eher symbolischer Natur ist.[109] Dagegen ist diese Gewichtung nicht wie bei § 11c EnWG und § 2 EEG 2023 gegenüber allen Belangen vorgesehen, sondern beschränkt auf die Ausnahmeerteilung nach der Flora-Fauna-Habitat-Richtlinie[110], der Vogelschutzrichtlinie[111] und der Wasserrahmenrichtlinie[112], Art. 3 Abs. 1 Satz 1 der EU-Notfall-Verordnung. Zudem wird man die erfassten Speicheranlagen systematisch auf die in den Begriffsbestimmungen nach Art. 2 Abs. 1 Buchst. a) der EU-Notfall-Verordnung erfassten „Energiespeicheranlagen am selben Standort" begrenzen müssen.[113] Insoweit ist die EU-Notfall-Verordnung räumlich enger als § 11c EnWG und § 2 EEG 2023. Ohne Vorgaben zu einer ausschließlichen Nutzung erneuerbarer Energien ist Art. 3 der EU-Notfall-Verordnung dagegen sachlich weiter ausgestaltet als § 2 EEG 2023. Die EU-Notfall-Verordnung belässt es zudem nicht bei dieser Gewichtungsvorgabe, sondern statuiert in Art. 3 Abs. 2 als Umsetzungsauftrag an die Mitgliedstaaten die Verpflichtung, Priorität sicherzustellen. In Absatz 2 werden Speicheranlagen jedoch nicht erwähnt. Auch bleibt insgesamt unklar, ob und inwieweit eine über Absatz 1 hinausgehende Gewichtung

---

[109] *Sailer/Deutinger*, Klimaschutz, Gesundheitsschutz und Versorgungssicherheit beim Ausbau der erneuerbaren Energien, ZUR 2023, S. 604 (607f.).

[110] Art. 6 Abs. 4 und Art. 16 Abs. 1 Buchst. c) Richtlinie 92/43/EWG des Rates vom 21.05.1992 zur Erhaltung der natürlichen Lebensräume sowie der wildlebenden Tiere und Pflanzen, ABl. EU Nr. L 206 v. 22.07.1992, S. 7.

[111] Art. 9 Abs. 1 Buchst. a) Richtlinie 2009/147/EG des Europäischen Parlaments und des Rates vom 30.11.2009 über die Erhaltung der wildlebenden Vogelarten, ABl. EU Nr. L 20 v. 26.01.2010, S. 7.

[112] Art. 4 Abs. 7 Richtlinie 2000/60/EG des Europäischen Parlaments und des Rates vom 23.10.2000 zur Schaffung eines Ordnungsrahmens für Maßnahmen der Gemeinschaft im Bereich der Wasserpolitik, ABl. EU Nr. L 327 v. 22.12.2000, S. 1.

[113] *Sailer/Militz*, Das überragende öffentliche Interesse und die öffentliche Sicherheit nach § 2 EEG 2023, Würzburger Studien zum Umweltenergierecht Nr. 31 v. 02.11.2023, S. 50, abrufbar unter https://stiftung-umweltenergierecht.de/wp-content/uploads/2023/11/Stiftung_Umweltenergierecht_WueStudien_31_Ueberragendes_oeffentliches_Interesse_%C2%A72_EEG_2023.pdf.

erfolgt.[114] Mit Art. 16f der geänderten Erneuerbare-Energien-Richtlinie[115] wird die Regelung des Art. 3 Abs. 1 der EU-Notfall-Verordnung im Wesentlichen als Umsetzungsauftrag verstetigt.

III. Steuerung eines beschleunigten Zubaus von Elektrolyseuren im Energierecht

31 Die angestrebte Steigerung der Elektrolyseleistung erfordert erhebliche private Investitionen, die nur erfolgen werden, wenn eine Wirtschaftlichkeit zu erwarten ist. Die maßgeblich durch das Energierecht bestimmten Anwendungsfelder und Kostenstrukturen der Elektrolyse haben darauf erheblichen Einfluss. Es finden sich gezielte Anreize für die Errichtung von Elektrolyseuren, die zu einem beschleunigten Ausbau der Wasserstofferzeugung beitragen sollen. Gleichzeitig können sich aus Anforderungen der Netz- und Systemintegration aber auch gegenläufige Wirkungen ergeben. Aus bestehenden und geplanten Regelungen zur verstärkten Nutzung von Wasserstoff ergeben sich dagegen allenfalls mittelbare Impulse für die Errichtung von Elektrolyseuren.

---

[114] Möglicherweise bejahend *Ruge*, Die EU-Notfallverordnung – Revolution im EU-Umweltrecht?, NVwZ 2023, S. 870 (872f.); eher verneinend *Sailer/Militz*, Das überragende öffentliche Interesse und die öffentliche Sicherheit nach § 2 EEG 2023, Würzburger Studien zum Umweltenergierecht Nr. 31 v. 02.11.2023, S. 53f., abrufbar unter https://stiftung-umweltenergierecht.de/wp-content/uploads/2023/11/Stiftung_Umweltenergierecht_WueStudien_31_Ueberragendes_oeffentliches_Interesse_%C2%A72_EEG_2023.pdf.

[115] Richtlinie (EU) 2018/2001 des Europäischen Parlaments und des Rates vom 11. Dezember 2018 zur Förderung der Nutzung von Energie aus erneuerbaren Quellen, ABl. EU L 328 v. 21.12.2018, S. 82 i.d.F. der Richtline (EU) 2023/2413 des Europäischen Parlaments und des Rates vom 18.10.2023 zur Änderung der Richtlinie (EU) 2018/2001, der Verordnung (EU) 2018/1999 und der Richtlinie 98/70/EG im Hinblick auf die Förderung von Energie aus erneuerbaren Quellen und zur Aufhebung der Richtlinie (EU) 2015/652 des Rates, ABl. EU L v. 31.10.2023, S. 1.

1. Anreize für die Errichtung von Elektrolyseuren im Erneuerbare-Energien-Gesetz und Windenergie-auf-See-Gesetz

Mit den Ausschreibungen für innovative Konzepte mit wasserstoffbasierter Stromspeicherung nach § 39o EEG 2023 einerseits und von systemdienlich mit Elektrolyseuren erzeugtem Grünen Wasserstoff nach § 96 Nr. 9 WindSeeG[116] andererseits hat der Gesetzgeber im Jahr 2022 zwei spezielle Fördertatbestände für die Erzeugung von Grünem Wasserstoff im Sinne der ebenfalls 2022 neu geschaffenen Legaldefinition in § 3 Nr. 27a EEG 2023[117] dem Grunde nach festgeschrieben[118] und damit weitere gesetzliche Konkretisierungen für den Hochlauf einer Wasserstoffwirtschaft vorgenommen.[119] Damit soll die Errichtung von Elektrolyseuren mit einer Gesamtleistung von 7,4 GW – fast 75 Prozent des Zielwertes der deutschen Wasserstoffstrategie bis 2030 – gefördert werden. 4,4 GW entfallen auf das EEG 2023 mit aufwachsenden jährlichen Ausschreibungsmengen

32

---

[116] Gesetz zur Entwicklung und Förderung der Windenergie auf See (Windenergie-auf-See-Gesetz – WindSeeG) v. 13.10.2016, BGBl. I S. 2258, 2310, zuletzt geändert durch Art. 14 des Gesetzes v. 22.03.2023, BGBl. 2023 I Nr. 88.

[117] Art. 1 Gesetz zu Sofortmaßnahmen für einen beschleunigten Ausbau der erneuerbaren Energien und weiteren Maßnahmen im Stromsektor v. 20.07.2022, BGBl. I S. 1237. Näher dazu *Smousavi*, in: Greb/Boewe/Sieberg (Hrsg.) BeckOK EEG, 14. Edition 11/2023, § 3 Nr. 27a Rn. 4 ff.

[118] Dazu näher *Brinkschmidt*, Sektorkopplung im Energieregulierungsrecht, 2024, S. 124 ff.; *Hahn*, in: Greb/Boewe/Sieberg (Hrsg.), BeckOK EEG, 14. Edition 11/2023, § 39o Rn. 1 ff.; *Lutz-Bachmann/Liedtke*, Neue Ausschreibungen für Offshore-Windenergie, EnWZ 2022, S. 313 (319); *Hennig/Ekardt/Antonow/Widmann/Gläser/Rath/Gätsch/Bärenwaldt*, Das Osterpaket und andere Neuerungen im deutschen und europäischen Energierecht – ein Update, ZNER 2022, S. 355 (361 f.); *dies.*, Das Osterpaket und andere neue Entwicklungen im Energierecht: Rechts- und Governance-Fragen, ZNER 2022, S. 195 (206); *Kerth*, Die Novellierung des Erneuerbare-Energien-Gesetzes (EEG) – Ein Überblick über das EEG 2021 n.F., das EEG 2023 und das EnFG, KlimaRZ 2022, S. 141 (142 f.); zur vorher geltenden Rechtslage etwa *Kirch/Huth*, Die Erzeugung von grünem Wasserstoff durch Windenergieanlagen auf See, EnWZ 2021, S. 344 (344 ff.).

[119] Zum Rechtsrahmen der Wasserstoffwirtschaft vgl. *Kahl/Gärditz/Lorenzen*, Klimaschutz- und Umweltenergierecht, in: Kahl/Gärditz, Umweltrecht, 13. Aufl. 2023, § 6 Rn. 89 ff. m.w.N.; *Hoffmann/Halbig/Senders/Nysten/Antoni/Müller*, Auf dem Weg zum Wasserstoffwirtschaftsrecht?, Würzburger Studien zum Umweltenergierecht Nr. 21 v. 12.07.2021, abrufbar unter https://stiftung-umweltenergierecht.de/wp-content/uploads/2021/07/Stiftung_Umweltenergierecht_Wuerzburger-Studie-zum-Umweltenergierecht_21_Wasserstoffwirtschaftsrecht_2021-07-12-2.pdf.

von 400 MW im Jahr 2023 auf 1.000 MW im Jahr 2028, § 28f Abs. 2 EEG 2023.[120] Die 3,0 GW im Windenergie-auf-See-Gesetz ergeben sich nach § 96 Nr. 9 WindSeeG aus den jeweils 500 MW umfassenden jährlichen Ausschreibungsmengen in den Jahren 2023 bis 2028. Um die Ausschreibungen durchführen zu können, müssen zunächst Einzelheiten durch Rechtsverordnung festgelegt werden, § 88e EEG 2023, § 96 Nr. 9 WindSeeG. Diese Rechtsverordnungen sind bisher nicht erlassen worden, die für 2023 vorgesehenen Ausschreibungen konnten daher nicht durchgeführt werden.[121] Auch die weitere Entwicklung ist nicht zuletzt angesichts der Diskussionen zur Kraftwerksstrategie und der Einführung eines Kapazitätsmarktes offen.[122] Dem Beihilferecht kommt für die Umsetzung dieser und vergleichbarer finanzieller Anreizstrukturen wie etwa im Rahmen der IPCEI-Förderung[123] für den beschleunigten Aus-

---

[120] Die ebenfalls 2022 neugeschaffenen Ausschreibungen für Anlagen zur Erzeugung von Strom aus Grünem Wasserstoff nach § 39p EEG 2023 adressieren dagegen Elektrolyseure nur mittelbar, da keine konkreten Festlegungen für die Herkunft des grünen Wasserstoffs getroffen werden.

[121] Welche Rechtsfolgen daraus folgen ist unklar. Ob die Nachholungsregelung des § 28 Abs. 4 EEG 2023 auch auf diese Fallkonstellation anwendbar ist, erscheint angesichts des Wortlauts fraglich. Im WindSeeG existiert keine vergleichbare Norm.

[122] Vgl. Bundesregierung, Einigung zur Kraftwerksstrategie, Pressemitteilung v. 05.02.2024, abrufbar unter https://www.bmwk.de/Redaktion/DE/Pressemitteilungen/2024/02/20240205-einigung-zur-kraftwerksstrategie.html; s.a. Antwort der Bundesregierung auf die Kleine Anfrage der Fraktion der CDU/CSU – Drucksache 20/10346 – Kraftwerksstrategie, BT-Drs. 10/10553.

[123] Vgl. hierzu *EU-Kommission*, Mitteilung „Kriterien für die Würdigung der Vereinbarkeit von staatlichen Beihilfen zur Förderung wichtiger Vorhaben von gemeinsamen europäischem Interesse mit dem Binnenmarkt", Abl. EU Nr. C 528/10 v. 30.12.2021, S. 10. Auf dieser Grundlage wurden 76 Projekte mit bis zu 10,6 Mrd. EUR aus öffentlichen Mitteln genehmigt, s. EU-Kommission, Pressemitteilung zu „IPCEI Hy2Tech" v. 15.07.2022, abrufbar unter https://ec.europa.eu/commission/presscorner/detail/de/ip_22_4544; EU-Kommission, Pressemitteilung zu „IPCEI Hy2Use" v. 21.09.2022, https://ec.europa.eu/commission/presscorner/detail/de/ip_22_5676.

bau von Elektrolyseuren eine inhaltlich wie zeitlich wichtige Rolle zu.[124]

2. Unionsrechtliche Anforderungen für grünen Wasserstoff für Verkehr und Industrie

Die Erneuerbare-Energien-Richtlinie sieht vor, dass die Mitgliedstaaten die Kraftstoffanbieter verpflichten, den sektoralen Anteil erneuerbarer Energien am Endenergieverbrauch des Verkehrssektors zu erhöhen.[125] Der Zielwert betrug gemäß Art. 25 Abs. 1 UAbs. 1 Satz 1 EE-RL a. F.[126] mindestens 14 Prozent und hat sich mit der Novelle 2023 auf 29 Prozent erhöht, Art. 25 Abs. 1 UAbs. 1 Buchst. a) i) EE-RL n. F.[127] Mit Inkrafttreten der novellierten Erneuerbare-Energien-Richtlinie bestehen auch Quotenverpflichtungen für den Bereich der Industrie, Art. 22a Abs. 1 UAbs. 5 EE-RL n. F.

33

---

[124] So sind im befristeten Krisen- und Transformationsrahmen explizit sowohl Investitionsbeihilfen als auch Betriebsbeihilfen für Elektrolyseure vorgesehen, EU-Kommission, Mitteilung „Befristeter Rahmen für staatliche Beihilfen zur Stützung der Wirtschaft infolge des Angriffs Russlands auf die Ukraine – Krisenbewältigung und Gestaltung des Wandels", Abl. EU Nr. C 101 v. 17.03.2023, S. 3, Rn. 77 Buchst. a) i) und Rn. 78 Buchst. a) i); dazu *Tax*, Green Deal und Beihilfen – Europäische Kommission reformiert Leitlinien im Kontext des Emissionshandelssystems, EWS 2021, S. 12 (15). Ebenso sind Elektrolyseure im Rahmen der allgemeinen beihilfenrechtlichen Prüfung förderfähig, vgl. EU-Kommission, Mitteilung „Leitlinien für staatliche Klima-, Umweltschutz- und Energiebeihilfen 2022", Abl. EU Nr. C 80 v. 18.02.2022, S. 1, Rn. 82. Zum Beihilferecht auch bei § 96 WindSeeG *Brinkschmidt*, Sektorkopplung im Energieregulierungsrecht, 2024, S. 56, 121, zur Rolle des Beihilferechts beim Hochlauf der Wasserstoffwirtschaft allgemein schon *Burgi/Zimmermann*, Der (künftige) EU-beihilferechtliche Rahmen für die Förderung von grünem Wasserstoff, ZUR 2021, S. 212 ff.

[125] In Deutschland umgesetzt durch § 37a BImSchG, *Buchmüller*, Die energie- und regulierungsrechtlichen Baustellen auf dem Weg zur Wasserstoffwirtschaft, ZUR 2021, S. 195 (201 f.); *Jarass*, BImSchG, 14. Aufl. 2022, § 37a Rn. 3; vgl. zur Entwicklung der unionsrechtlichen Bezüge *Longo*, in: Führ (Hrsg.), GK-BImSchG, 2019, Vorbem. §§ 37a-37g Rn. 23 ff.

[126] Richtlinie (EU) 2018/2001 des Europäischen Parlaments und des Rates vom 11.12.2018 zur Förderung der Nutzung von Energie aus erneuerbaren Quellen, ABl. EU Nr. L 328 v. 21.12.2018, S. 82.

[127] Alternativ können die Mitgliedstaaten auch einen Zielpfad festlegen, der zu einer Verringerung der Treibhausgasintensität um mindestens 14,5 Prozent gegenüber dem in Art. 27 Abs. 1 Buchst. b) genannten Ausgangswert führt, Art. 25 Abs. 1 UAbs. 1 Buchst. a) ii) EE-RL n. F. Zur Rechtsentwicklung *Hoffmann*, Grüner Wasserstoff im Verkehrssektor: Ein Rundflug über aktuelle europarechtliche Entwicklungen, EnWZ 2022, S. 255 ff.

34 Bei der Erfüllung spielen auch strombasierte Brenn- und Kraftstoffe eine Rolle, die aus mittels erneuerbarem Strom erzeugtem grünen Wasserstoff bestehen oder auf der Basis solchen Wasserstoffs hergestellt werden.[128] Zwar adressiert ein solcher nachfrageorientierter Steuerungsansatz den Ausbau von Elektrolyseuren ebenso wie beispielsweise die Ausschreibungen für Anlagen zur Erzeugung von Strom aus Grünem Wasserstoff nach § 39p EEG 2023 nur mittelbar. Ob und in welchem Umfang die Kraftstoffanbieter strombasierte Kraftstoffe aus inländischer Produktion oder aus Importquellen beziehen, entscheiden sie unternehmerisch. In einem nicht näher bestimmbaren Umfang dürfte es aber auch eine inländische Produktion geben.

35 Doch nicht jeder Wasserstoff ist auf die Quotenverpflichtung anrechenbar. Die Erneuerbare-Energien-Richtlinie macht genaue Vorgaben, unter welchen Bedingungen strombasierte Kraftstoffe angerechnet werden können. Grundsätzlich ist der jeweilige nationale Energiemix maßgeblich, Art. 27 Abs. 6 UAbs. 1 EE-RL n. F.[129], so dass in Deutschland derzeit nur rund die Hälfte der erzeugten strombasierten Brenn- und Kraftstoffe auf die Zielerfüllung angerechnet werden könnte. Eine vollständige Anrechnung ist möglich, wenn die Voraussetzungen nach Art. 27 Abs. 6 UAbs. 2 oder 3 EE-RL n.F.[130] vorliegen. Die EU-Kommission ist nach Art. 27 Abs. 6 UAbs. 4 EE-RL n.F.[131] berufen, diese abstrakten Vorgaben der Richtlinie durch einen delegierten Rechtsakt zu ergänzen und damit konkret handhabbar zu machen. Dem ist sie mit der Delegierten Verordnung (EU) 2023/1184[132] verspätet nachgekommen

---

[128] Mit der novellierten Erneuerbare-Energien-Richtlinie wird eine Mindestquote für strombasierte Kraftstoffe von 1 Prozent im Verkehrsbereich, Art. 25 Abs. 1 Buchst. b) EE-RL n.F. und von 1,2 Prozent für den Seeverkehrsbereich, Art. 25 Abs. 1 UAbs. 3 EE-RL n.F. festgeschrieben. Vgl. zu strombasierten Kraftstoffen allgemein *Buchmüller*, Die Rolle synthetischer Kraft- und Brennstoffe in Energie- und Verkehrswende, in: Rodi (Hrsg.), Handbuch Klimaschutzrecht, 2022, § 22 Rn. 7 ff.
[129] Bisher Art. 27 Abs. 3 UAbs. 4 EE-RL a.F.
[130] Bisher Art. 27 Abs. 3 UAbs. 5 und 6 EE-RL a.F.
[131] Bisher Art. 27 Abs. 3 UAbs. 7 EE-RL a.F.
[132] Delegierte Verordnung (EU) 2023/1184 der Kommission v. 10.02.2023 zur Ergänzung der Richtlinie (EU) 2018/2001 des Europäischen Parlaments und des Rates durch die Festlegung einer Unionsmethode mit detaillierten Vorschriften für die Erzeugung flüssiger oder gasförmiger erneuerbarer Kraftstoffe nicht biogenen Ursprungs für den Verkehr.

und hat Anforderungen für die Anrechnung von grünem Wasserstoff auf die Erneuerbaren-Quote der Kraftstoffanbieter für verschiedene Konstellationen festgesetzt.[133]

Auch wenn es ursprünglich weder in Art. 27 EE-RL a. F. noch in der Delegierten Verordnung um eine allgemeingültige Definition von grünem Wasserstoff ging, dienten und dienen sie als Blaupause,[134] etwa im Beihilferecht[135] oder in § 3 Abs. 1 Nr. 13b Gebäudeenergiegesetz.[136] Mit dem novellierten Art. 27 EE-RL n. f. und der nicht mehr auf bestimmte sektorale Anrechnungsvorschriften beschränkten Definition in Art. 2 Abs. 2 Nr. 22a EE-RL n. F. ist rückblickend die Definition für den Verkehrsbereich als Ausgangspunkt für eine allgemeingültige Standardisierung für grünen Wasserstoff zu qualifizieren.[137] Diese schafft einerseits Klarheit und kann damit den Ausbau von Elektrolyseuren unterstützen, andererseits durch das geschaffene Anspruchsniveau aber auch hemmen.

36

---

[133] Dazu detailliert *Hoffmann/Kamm/Pause*, Wie man (k)einen einheitlichen Rechtsrahmen für erneuerbaren Wasserstoff schafft, Würzburger Studien zum Umweltenergierecht Nr. 32 v. 19.11.2023, abrufbar unter https://stiftung-umweltenergierecht.de/wp-content/uploads/2023/11/Stiftung_Umweltenergierecht_WueStudien_32_DA_Wasserstoff.pdf; s.a. *Brinkschmidt*, Sektorkopplung im Energieregulierungsrecht, 2024, S. 139 ff.; *Franzius*, Beschleunigung des Markthochlaufs von Wasserstoff, ZUR 2024, S. 72 (74 f.) ; *Lang*, Grüner Wasserstoff als Baustein der Energiewende – Zum delegierten Rechtsakt der EU, in: Kment/Rossi (Hrsg.), Zeitenwende bei der Energieversorgung, 2024, S. 145 ff.; *Kisker/Buchmüller*, Wann ist Wasserstoff grün? Die Strombezugskriterien für die Erzeugung von erneuerbarem Wasserstoff im delegierten Rechtsakt der Europäischen Kommission nach Art. 27 Abs. 3 UAbs. 7 RED II, 05/2023, abrufbar unter https://www.fh-westkueste.de/fileadmin/Dateien/Forschung/ITE/ite_sief_heft009.pdf.

[134] Eine Vorbildfunktion erwartet *Brinkschmidt*, Sektorkopplung im Energieregulierungsrecht, 2024, S. 141.

[135] *EU-Kommission*, Mitteilung „Befristeter Rahmen für staatliche Beihilfen zur Stützung der Wirtschaft infolge des Angriffs Russlands auf die Ukraine – Krisenbewältigung und Gestaltung des Wandels", Abl. EU Nr. C 101 v. 17.03.2023, S. 3, Rn. 78 Buchst. j).

[136] Vorsichtig zur Blaupausenfunktion *Hoffmann*, Grüner Wasserstoff im Verkehrssektor: Ein Rundflug über aktuelle europarechtliche Entwicklungen, EnWZ 2022, S. 255 ff.

[137] Zur Entwicklung *Hoffmann/Kamm/Pause*, Wie man (k)einen einheitlichen Rechtsrahmen für erneuerbaren Wasserstoff schafft, Würzburger Studien zum Umweltenergierecht Nr. 32 v. 19.11.2023, S. 39 ff., abrufbar unter https://stiftung-umweltenergierecht.de/wp-content/uploads/2023/11/Stiftung_Umweltenergierecht_WueStudien_32_DA_Wasserstoff.pdf.

Durch eine Übertragung der Anforderungen auf den Import von strombasierten Brenn- und Kraftstoffen können Wettbewerbsnachteile einheimischer Erzeuger vermieden werden.

3. System- und Netzdienlichkeit als Herausforderung

37 Die Konversion des Energiewirtschaftssystems im Zuge der Energiewende und die Integration neuer Erzeuger und Verbraucher in die Energienetze sind zentrale Aufgaben dieses Transformationsprozesses.[138] Dies gilt nicht nur für die Anlagen zur Erzeugung von Strom aus erneuerbaren Energien,[139] sondern auch für Speicher[140] sowie Anwendungen der Sektorenkopplung[141] und damit auch für Elektrolyseure. Für die Lokalisierung von Elektrolyseuren im Bundesgebiet, deren netzdienliche Steuerung im Betrieb, aber auch allgemein für die Wirtschaftlichkeit der Investitionen in diese Anlagen[142] kommt der Ausgestaltung der Netzzugangsregelungen und Netzentgelte eine große Bedeutung zu.

38 Dabei genießen Betreiber von Elektrolyseuren eine Reihe von Privilegierungen im Vergleich zu anderen Netznutzern. Nach

---

[138] Zur Relevanz und den unterschiedlichen Dimensionen der Integration am Beispiel der erneuerbaren Energien *Müller*, Entwicklungslinien im Erneuerbare-Energien-Recht, 2022, S. 370 ff., abrufbar unter https://pub-data.leuphana.de/frontdoor/index/index/start/0/rows/10/sortfield/score/sortorder/desc/searchtype/simple/query/Thorsten ı M%C3%BCller ı /docId/1223.

[139] Primär diskutiert am Beispiel der Direktvermarktung, vgl. hierzu etwa *Lehnert*, Direktvermarktung und Netzintegration von Strom aus erneuerbaren Energien im EEG 2014: Gesetzliche Vorgaben und Rechtspraxis, ZUR 2015 S. 277 ff.; *Wustlich*, in: Altrock/Oschmann/Theobald (Hrsg.), Erneuerbare-Energien-Gesetz, 4. Aufl. 2013, §33g Rn. 14 ff.; *Gawel/Purkus*, Markt- und Systemintegration erneuerbarer Energien: Probleme der Marktprämie nach EEG 2012, ZUR 2012, S. 587 ff.; zur Entstehungsgeschichte und den Vorgaben der Direktvermarktung im EEG 2021 im Detail *Lehberg*, Rechtsfragen der Marktintegration Erneuerbarer Energien – Probleme und Perspektiven, 2017, S. 73 ff.

[140] Vgl. etwa schon *Schütte/Preuß*, Die Planung und Zulassung von Speicheranlagen zur Systemintegration Erneuerbarer Energien, NVwZ 2012, S. 535 ff.; *Wieser*, Energiespeicher als zentrale Elemente eines intelligenten Energieversorgungsnetzes – Rechtliche Einordnung, ZUR 2011, S. 240 ff. Zum Unionsrecht *Halbig*, Der neue europarechtliche Rahmen für Speicher, EnWZ 2020, S. 3 ff.

[141] Vgl. Nachweise oben Fn. 31.

[142] Zur Wirtschaftlichkeit im geltenden Rechtsrahmen und möglichen Fortentwicklungsperspektiven etwa *Buchmüller*, Die Rolle synthetischer Kraft- und Brennstoffe in Energie- und Verkehrswende, in: Rodi (Hrsg.), Handbuch Klimaschutzrecht, 2022, §22 Rn. 32 ff., 37 ff.

§ 118 Abs. 6 EnWG gilt übergangsweise eine Befreiung von den Stromnetzentgelten für die bezogene Elektrizität,[143] von der auch Elektrolyseure erfasst sind, § 118 Abs. 6 Satz 7 EnWG. § 25 i. V. m. § 2 Nr. 17 EnFG[144] sieht eine Befreiung von der KWKG-Umlage und der Offshore-Netzumlage für die Herstellung von Grünem Wasserstoff, § 36 EnFG weitergehende Reduzierungen für weitere Wasserstoffhersteller vor.[145] Wasserstoff, der mittels Elektrolyse „weit überwiegend"[146] aus Strom aus erneuerbaren Energien gewonnen wurde, ist in die bestehende Definition für Biogas in § 3 Nr. 10f EnWG einbezogen worden, so dass die für Biogas geltenden Tatbestände zur Anwendung kommen. Durch die definitorische Gleichsetzung profitiert der Betreiber des Elektrolyseurs etwa von den Sondertatbeständen zum Netzanschluss, Netzzugang und erweitertem Bilanzausgleich der §§ 33 bis 35 GasNZV[147],

---

[143] *Wilms/Schäfer*, Synthetische Kraft- und Brennstoffe – Rechtliche Rahmenbedingungen für die Erzeugung, Vermarktung und Nachfrage, in: Rodi (Hrsg.), Handbuch Klimaschutzrecht, 2022, § 23 Rn. 24, zu weiteren Reduzierungstatbeständen ebd., Rn. 25 ff.

[144] Gesetz zur Finanzierung der Energiewende im Stromsektor durch Zahlungen des Bundes und Erhebung von Umlagen (Energiefinanzierungsgesetz – EnFG) v. 20.07.2022, BGBl. I S. 1237, 1272, zuletzt geändert durch Art. 5 des Gesetzes v. 26.07.2023, BGBl. 2023 I Nr. 202.

[145] Näher *Brinkschmidt*, Sektorkopplung im Energieregulierungsrecht, 2024, S. 134 ff.

[146] Worunter laut Gesetzesbegründung ein Mindestanteil von 80 Prozent zu verstehen ist, BT-Drs. 17/6072, S. 50. Ausführlich dazu *Lietz*, Rechtlicher Rahmen für die Power-to-Gas-Stromspeicherung, 2017, S. 231 ff.; vgl. a. *Hellermann*, in: Bourwieg/ders./Hermes (Hrsg.), Energiewirtschaftsgesetz, 4. Aufl. 2023, § 3 Rn. 29; *Hoffmann/Halbig/Senders/Nysten/Antoni/Müller*, Auf dem Weg zum Wasserstoffwirtschaftsrecht?, Würzburger Studien zum Umweltenergierecht Nr. 21 v. 12.07.2021, S. 7 f., 29 ff., abrufbar unter https://stiftung-umweltenergierecht.de/wp-content/uploads/2021/07/Stiftung_Umweltenergierecht_Wuerzburger-Studie-zum-Umweltenergierecht_21_Wasserstoffwirtschaftsrecht_2021-07-12-2.pdf; *Volk*, in: Säcker (Hrsg.), Berliner Kommentar zum Energierecht, Bd. 1, 4. Aufl. 2019, § 3 Rn. 30 f.; *Theobald*, Theobald/Kühling (Hrsg.), Energierecht, 86. EL 09/2015, § 3 Rn 66b.

[147] Verordnung über den Zugang zu Gasversorgungsnetzen (Gasnetzzugangsverordnung – GasNZV) v. 03.09.2010, BGBl. I S. 1261, zuletzt geändert durch Art. 6 des Gesetzes v. 22.12.2023, BGBl. 2023 I Nr. 405. Daneben kann der Anspruch aus § 11 EEG 2023 treten, vgl. *Sieberg/Cesarano*, Rechtsrahmen für eine Wasserstoffwirtschaft, RdE 2020, S. 230 (239).

der Netzentgeltbefreiung nach § 19 Abs. 1 Satz 3 GasNEV[148] und der Zahlung für vermiedene Netzentgelte nach § 20a GasNEV.[149] Eine Befreiung von den Einspeisenetzentgelten sieht zudem auch § 118 Abs. 6 Satz 8 EnWG vor.[150] Zudem kennt das Stromsteuergesetz mit § 9a Abs. 1 Nr. 1 StromStG[151] einen speziellen Befreiungstatbestand für die Elektrolyse.

39 Die bestehenden Sonderregelungen für Speicher allgemein oder Elektrolyse im Besonderen sind eine Momentaufnahme und lediglich ein Baustein für die Ausgestaltung eines sachgerechten Rahmens für den beschleunigten Ausbau von Elektrolyseuren. Hier muss und wird es zukünftig noch zu vielfältigen Rechtsänderungen kommen. Dabei einen konsistenten Rechtsrahmen zu schaffen, dürfte zukünftig schwieriger werden. Nicht nur die zunehmende Regelungstiefe im Unionsrecht, sondern gerade auch die nunmehr alleinige Zuständigkeit der Bundesnetzagentur für die Festlegung der Netzentgelte[152] wird es zukünftig erschweren, einen widerspruchsfreien Steuerungsrahmen für einen netzdienlichen Betrieb der Elektrolyseure zu gestalten.

---

[148] Verordnung über die Entgelte für den Zugang zu Gasversorgungsnetzen (Gasnetzentgeltverordnung – GasNEV) v. 25.07.2005, BGBl. I S. 2197, zuletzt geändert durch Art. 3 der Verordnung v. 27.07.2021, BGBl. I S. 3229.

[149] Zu diesen Privilegierungen s. etwa *Buchmüller/Hemmert-Halswick*, Infrastruktur, in: Rodi (Hrsg.), Handbuch Klimaschutzrecht, 2022, § 24 Rn. 16 ff.; *Borning*, Wasserstoff – Der Schlüssel für die Energiewende wartet auf die passende Regulierung, ER 2020, S. 108 (114 f.); *Buchmüller/Wilms/Kalis*, Der Rechtsrahmen für die Vermarktung von grünem Wasserstoff, ZNER 2019, S. 194 (200 f.).

[150] Zur geringen Relevanz *Missling*, in: Theobald/Kühling (Hrsg.), Energierecht, 122. EL 08/2023, § 118 Rn. 35; *Peiffer*, in: Assmann/ders. (Hrsg.), BeckOK EnWG, 9. Edition, 12/2023, § 118 Rn. 61.

[151] Stromsteuergesetz (StromStG) v. 24.03.1999, BGBl. I S. 378; 2000 I S. 147, zuletzt geändert durch Art. 13 des Gesetzes v. 22.12.2023, BGBl. 2023 I Nr. 412.

[152] *Kreuter-Kirchhof*, Die Stellung der Bundesnetzagentur nach der Novelle des EnWG, NVwZ 2024, S. 9 ff.; *Mohr/Müller*, Die Novelle des Energiewirtschaftsgesetzes und die Unabhängigkeit der Bundesnetzagentur, EuZW 2023, S. 1069 ff.; vgl. schon *Ludwigs*, Paradigmenwechsel in der Energieregulierung. Modelle eines Wandels von der normierenden zur administrativen Regulierung, in: Joost/Oetker/Paschke (Hrsg.), Festschrift für Franz Jürgen Säcker zum 80. Geburtstag, 2021, S. 609 (614 ff.).

IV. Neue Impulse aus dem Unionsrecht?

Zur Erreichung der Ziele des EU-Green Deals sowie als Reaktion auf den russischen Angriffskrieg gegen die Ukraine und die damit einhergehende Energiekrise hat die EU-Kommission mit dem Fit-for-55-Paket[153], dem REPowerEU-Plan[154] und weiteren Legislativvorschlägen ein umfangreiches Maßnahmenbündel vorgelegt.[155] Dieses beinhaltet auch verschiedene Regelungsvorschläge, die auf einen schnelleren Ausbau der Elektrolysekapazitäten abzielen: Regelungen dazu finden sich in der novellierten Erneuerbare-Energien-Richtlinie sowie in den beiden noch im Gesetzgebungsverfahren befindlichen Richtlinien für Industrieemissionen sowie Gase und Wasserstoff.[156] Ein Augenmerk liegt auf der Straffung

40

---

[153] Mitteilung der Kommission an das Europäische Parlament, den Rat, den Europäischen Wirtschafts- und Sozialausschuss und den Ausschuss der Regionen, „Fit für 55": auf dem Weg zur Klimaneutralität – Umsetzung des EU-Klimaziels für 2030, COM(2021) 550 final v. 14.07.2021.

[154] Mitteilung der Kommission an das Europäische Parlament, den Europäischen Rat, den Rat, den Europäischen Wirtschafts- und Sozialausschuss und den Ausschuss der Regionen, REPowerEU-Plan, COM(2022) 230 final v. 18.05.2022.

[155] Dazu etwa *Stäsche*, Reform des EU-Emissionshandelssystems, der Effort-Sharing-Verordnung, der Erneuerbare-Energien-Richtlinie und der Energieeffizienzrichtlinie – „Fit for 55"?, KlimR 2023, S. 171 ff.; *Pause/Nysten/Harder*, Das neue EU-Emissionshandelssystems für Gebäude und Straßenverkehr und die Abfederung von Belastungen durch den EU-Klima-Sozialfonds, EurUP 2023, S. 196 ff.; *Schöngen*, EU-Klimapaket als vorläufiger Höhepunkt der EU-Umweltpolitik, NuR 2022, S: 674; *Schlacke*, Klimaschutzrecht im Mehrebenensystem, NVwZ 2022, S. 905 (907); *Stäsche*, Entwicklungen des Klimaschutzrechts und der Klimaschutzpolitik 2021-2022, EnWZ 2022, S.201 (211 ff.); *Franzius*, Der „Green Deal" in der Mehrebenenordnung, KlimR 2022, S. 2 ff.; *Burgi*, Klimaverwaltungsrecht angesichts von BVerfG-Klimabeschluss und European Green Deal, NVwZ 2021, S. 1401 (1402, 1407).

[156] Ob darüber hinaus auch aus dem Vorschlag der EU-Kommission für eine Verordnung des Europäischen Parlaments und des Rates zur Schaffung eines Rahmens für Maßnahmen zur Stärkung des europäischen Ökosystems der Fertigung von Netto-Null-Technologieprodukten (Netto-Null-Industrie-Verordnung) v. 16.03.2023, COM(2023) 161 final weitere unionsrechtliche Vorgaben für ein one-stop-shop, Gewichtung, Fristen und Beschleunigungsgebieten auch für die Errichtung von Elektrolyseuren folgen, ist angesichts der Definition der Netto-Null-Technologien in Art. 3 Nr. 1 Buchst. a) nicht ausgeschlossen. Dort werden ausdrücklich auch „erneuerbare Kraftstoffe nicht biogenen Ursprungs" ohne Bezug auf die für ihre Herstellung erforderliche Technologien genannt. Dagegen sprechen aber die Systematik der Verordnung und andere Sprachfassungen mit Ausnahme der französischen.

und Beschleunigung des Zulassungsverfahrens auch für Elektrolyseure (dazu sogleich Rn. 41 ff.). Zudem müssen weitreichende Anpassungen im materiellen Prüfprogramm durch die Einführung von Beschleunigungs- und Infrastrukturgebieten geschaffen werden (dazu unten Rn. 44 ff.).

1. Kein Beschleunigungspotenzial durch zentrale Anlaufstelle und neue Verfahrenshöchstfristen

41 Art. 16 EE-RL n.F. regelt Mindeststandards für das Genehmigungsverfahren.[157] Erfasst sind nicht nur Anlagen zur Erzeugung von Energie aus erneuerbaren Energien. Im Rahmen der Novelle sind auch „Energiespeicher am selben Standort" in den Anwendungsbereich des Art. 16 EE-RL n.F. aufgenommen worden. Darunter fallen Energiespeicheranlagen, die mit einer Erneuerbare-Energien-Anlage kombiniert an denselben Netzanschlusspunkt angeschlossen sind, Art. 2 Nr. 44d EE-RL n.F. Insoweit profitieren auch Elektrolyseure von den Neuregelungen. Regelungen für das Genehmigungsverfahren von Elektrolyseuren sind zudem im Kommissionsentwurf für die neuzufassende Gas-Wasserstoff-Richtlinie[158] (Gas-Wasserstoff-RL-KOM-E) enthalten. Art. 7 Gas-Wasserstoff-RL-KOM-E adressiert Wasserstofferzeugungsanlagen ausdrücklich.

42 Ein Mittel der Wahl ist in beiden Richtlinien die Schaffung einer zentralen Anlaufstelle nach dem etwa bereits mit der Dienstleis-

---

[157] Daneben verpflichtet Art. 3 Abs. 4a Satz 2 EE-RL n.F. die Mitgliedstaaten, „verbleibende Hindernisse für einen hohen Anteil an Elektrizität aus erneuerbaren Quellen bei der Stromversorgung" auch im Genehmigungsverfahren abzubauen.

[158] *EU-Kommission*, Vorschlag für eine Richtlinie über gemeinsame Vorschriften für die Binnenmärkte für erneuerbare Gase und Erdgas sowie Wasserstoff v. 23.11.2022, COM(2021) 803 final/2. Mittlerweile ist der informelle Trilog abgeschlossen, die Einigung ist abrufbar unter https://www.europarl.europa.eu/meetdocs/2014_2019/plmrep/COMMITTEES/ITRE/DV/2024/01-22/12_Coreper letterGasH2Dir_EN.pdf.

tungsrichtlinie[159] oder der TEN-E-Verordnung[160] implementierten Modell des „one-stop-shop" zur Erleichterung und Koordination des Genehmigungsverfahrens, Art. 16 Abs. 1 und 3 EE-RL n. F. und Art. 7 Abs. 6 Gas-Wasserstoff-RL-KOM-E. Diese Vorgabe war dem Grunde nach bereits in Art. 16 Abs. 1 und 3 EE-RL a. F. enthalten, die Modifikationen in Art. 16 Abs. 1 und 3 EE-RL n. F. sind ohne Konsequenzen in der Sache. Aufgrund der jedenfalls im immissionsschutzrechtlichen Genehmigungsverfahren ohnehin bestehenden Verfahrenskonzentration, § 13 BImSchG, und der Koordinierungspflicht der Genehmigungsbehörden, § 10 Abs. 5 Satz 4 BImSchG, ist für Deutschland insoweit jedoch keine Beschleunigungswirkung zu erwarten. Auch für nicht genehmigungsbedürftige Elektrolyseure[161] dürfte der Beschleunigungseffekt überschaubar bleiben.

Auch die Normierung maximaler Verfahrensfristen für das Verwaltungsverfahren soll dem Anliegen der Beschleunigung dienen. Mit Art. 7 Abs. 3 Gas-Wasserstoff-RL-KOM-E soll diese für alle Elektrolyseure auf höchstens zwei Jahre mit einer einjährigen Verlängerungsoption festgelegt werden. Mit Art. 16b Abs. 2 UAbs. 2 Sätze 1, 3 EE-RL n. F. ist das Verfahren für Elektrolyseure am Standort einer Erneuerbare-Energien-Anlage bereits im Grundfall[162] auf höchstens zwölf Monate mit der Möglichkeit zur Verlängerung um bis zu drei Monate begrenzt. Konsequenzen bei Fristüberschreitung sind jedoch in beiden Richtlinien nicht

43

---

[159] Art. 6 Richtlinie 2006/123/EG des Europäischen Parlaments und des Rates v. 12.12.2006 über Dienstleistungen im Binnenmarkt, ABl. EU v. 27.12.2006, Nr. L 376, S. 36; dazu etwa *Ludwigs*, E. Niederlassungs- und Dienstleistungsfreiheit, in: Dauses/Ludwigs (Hrsg.), Handbuch des EU-Wirtschaftsrechts, 42. EL 08/2017, Rn. 275 m. w. N.

[160] Art. 8 Abs. 1 Verordnung (EU) 2022/869 des Europäischen Parlaments und des Rates v. 30.05.2022 zu Leitlinien für die transeuropäische Energieinfrastruktur, zur Änderung der Verordnungen (EG) Nr. 715/2009, (EU) 2019/942 und (EU) 2019/943 sowie der Richtlinien 2009/73/EG und (EU) 2019/944 und zur Aufhebung der Verordnung (EU) Nr. 347/2013, ABl. EU 2022 v. 03.06.2022, Nr. L 152, S. 45; dazu *Kupfer*, in: Schoch/Schneider (Hrsg.), Verwaltungsrecht, Grundwerk, 07/2020, Vorbemerkungen § 72, Rn. 76.

[161] Vgl. zu den geplanten Neuregelungen unten Rn. 50 ff.

[162] Zur weitergehenden Fristverkürzung innerhalb von Beschleunigungsgebieten s. sogleich Rn. 45.

vorgesehen.[163] Angesichts der bereits bestehenden Sieben-Monats-Frist in § 10 Abs. 6a BImSchG für das förmliche BImSchG-Genehmigungsverfahren ist zur Umsetzung nicht einmal eine Rechtsänderung erforderlich. Eine Beschleunigungswirkung ist insoweit nicht ersichtlich.

2. Beschleunigungspotenzial durch Beschleunigungs- und Infrastrukturgebiete

44 Erheblich weitergehende Impulse könnten von der Einführung von Beschleunigungsgebieten nach Art. 15c und Infrastrukturgebieten nach Art. 15e EE-RL n.F. ausgehen.[164] Damit werden nicht bloß formelle Aspekte des Verwaltungsverfahrens adressiert, sondern wird das materielle Zulassungsrecht erheblich verändert. In das Konzept der Beschleunigungsgebiete sind Elektrolyseure als Speicher einbezogen, allerdings nur an demselben Standort und Netzverknüpfungspunkt wie die mit ihnen kombinierten Erneuerbare-Energien-Anlagen, Art. 16 EE-RL n.F. Dagegen stehen Infrastrukturgebiete für alle Speicher zur Verfügung, „die für die Integration von erneuerbarer Energie in das Stromnetz erforderlich sind", Art. 15e Abs. 1 UAbs. 1 Satz 1 EE-RL n.F.

---

[163] *Deutinger/Sailer*, Die Beschleunigungsgebiete nach der Erneuerbare-Energien-Richtlinie, Würzburger Studien zum Umweltenergierecht Nr. 35 v. 08.02.2024, S. 29f., abrufbar unter https://stiftung-umweltenergierecht.de/wp-content/uploads/2024/02/Stiftung_Umweltenergierecht_WueStudien_35_Die-Beschleunigungsgebiete-nach-der-Erneuerbare-Energien-Richtlinie.pdf. Unbenommen bleibt die Möglichkeit eines Vertragsverletzungsverfahrens gemäß Art. 258 AEUV, das aber für den individuellen Vorhabenträger keine Abhilfe bietet.

[164] Hierzu und im Weiteren ausführlich *Deutinger/Sailer*, Die Beschleunigungsgebiete nach der Erneuerbare-Energien-Richtlinie, Würzburger Studien zum Umweltenergierecht Nr. 35 v. 08.02.2024, abrufbar unter https://stiftung-umweltenergierecht.de/wp-content/uploads/2024/02/Stiftung_Umweltenergierecht_WueStudien_35_Die-Beschleunigungsgebiete-nach-der-Erneuerbare-Energien-Richtlinie.pdf. Zum zeitlichen und inhaltlichen Zusammenhang zur Ratsverordnung (EU) 2022/2577 für einen beschleunigten Ausbau der Nutzung erneuerbarer Energien *Schlacke/Thierjung*, Im Dschungel der Beschleunigungsgesetzgebung zum Ausbau von erneuerbaren Energien: EU-Notfall-VO, § 6 WindBG und RED III und IV, DVBl 2023, S. 635 (635f.).

Mit der Einführung dieser neuen Gebietskategorien[165] soll für die begünstigten Anlagen eine deutliche Verfahrensbeschleunigung erreicht werden.[166] Dazu werden umweltbezogene Prüfungen aus dem Unionsrecht weitgehend nur noch im Rahmen der Gebietsausweisung durchgeführt. Auf Projektebene entfallen dagegen die Umweltverträglichkeitsprüfung, die FFH-Verträglichkeitsprüfung und verschiedene weitere spezifische Prüfungen aus dem europäischen Umweltrecht oder werden modifiziert. Folglich wird die zulässige Dauer des Verwaltungsverfahrens bei Elektrolyseuren in Beschleunigungsgebieten gegenüber dem Grundfall von 12 Monaten außerhalb von Beschleunigungsgebieten auf sechs Monate verkürzt, Art. 16a Abs. 2 Satz 1, 3 EE-RL n. F., so dass eine Änderung von § 10 Abs. 6a BImSchG für Genehmigungen im förmlichen Verfahren erforderlich ist.[167]

45

Beschleunigungsgebiete werden in einem zweistufigen Verfahren ausgewiesen: Zunächst werden nach Art. 15b Abs. 1 EE-RL n. F. die verfügbaren Flächenpotenziale ermittelt, die für die Erreichung des jeweiligen mitgliedstaatlichen Erneuerbaren-Ausbauziels erforderlich sind. Dabei sind auch die für Speicheranlagen erforderlichen Flächen einzubeziehen, Art. 15b Abs. 1 UAbs. 1 Satz 1 EE-RL n. F. Im zweiten Schritt werden aus diesem Flächenpool dann die Beschleunigungsgebiete festgelegt. Dabei sind bestimmte Flächen bevorzugt zu berücksichtigen, andere dagegen ausgeschlossen und letztlich solche Flächen auszuwählen, bei denen in Anbetracht der Besonderheiten des ausgewählten Gebiets voraussichtlich keine erheblichen Umweltauswirkungen durch die Nutzung einer bestimmten Art erneuerbarer Energien zu erwarten sind, Art. 15c Abs. 1 UAbs. 1

46

---

[165] Dabei handelt es sich nicht um Gebietskategorien im planungsrechtlichen Sinn. Beschleunigungsgebiete dienen nicht der Flächensicherung und -bereitstellung, sondern setzen auf vorhandenen Gebietsausweisungen auf und ordnen diesen Flächen lediglich eine für das Genehmigungsverfahren relevante besondere Qualität zu.

[166] Im Hinblick auf Elektrolyseure skeptisch *Franzius*, Beschleunigung des Markthochlaufs von Wasserstoff – Fördermöglichkeiten und Beschleunigungsaspekte für Infrastrukturen und Erzeugungsanlagen, ZUR 2024, S. 72 (76).

[167] Die Umsetzungsfrist endet am 21.05.2025, Art. 5 Abs. 1 UAbs. 1 Richtlinie (EU) 2023/2413 des Europäischen Parlaments und des Rates vom 18.10.2023 zur Änderung der Richtlinie (EU) 2018/2001, der Verordnung (EU) 2018/1999 und der Richtlinie 98/70/EG im Hinblick auf die Förderung von Energie aus erneuerbaren Quellen und zur Aufhebung der Richtlinie (EU) 2015/652 des Rates, ABl. EU L v. 31.10.2023, S. 1.

Satz 3 Buchst. a) EE-RL n. F. Gleichzeitig sind bereits bei der Ausweisung von Beschleunigungsgebieten „geeignete Regeln für wirksame Minderungsmaßnahmen" für die dort vorgesehenen Erneuerbare-Energien-Anlagen und Energiespeicher am selben Standort festzusetzen, Art. 15c Abs. 1 UAbs. 1 Satz 3 Buchst. b) EE-RL n. F.[168] Zudem ist die Durchführung einer Strategischen Umweltprüfung zwingende Voraussetzung für die Ausweisung als Beschleunigungsgebiet, Art. 15c Abs. 2 EE-RL n. F. Infrastrukturgebiete sind dagegen ohne vorgeschaltete Potenzialermittlung einstufig auszuweisen, wobei auch hierbei Gebietsausschlüsse beachtet werden müssen und eine Strategische Umweltprüfung durchgeführt werden muss, Art. 15e Abs. 1 UAbs. 1 EE-RL n. F.

47 Im Gegenzug zu den gegenüber der heutigen Flächenausweisung zusätzlichen Anforderungen an die Ausweisung der Beschleunigungsgebiete wird das materielle Prüfprogramm im Genehmigungsverfahren für die in den Beschleunigungsgebieten anvisierten Anlagen und Speicher deutlich reduziert. Dadurch soll die namensgebende Beschleunigung der Verfahren erreicht werden. Voraussetzung dafür ist, dass die Vorhabenträger die für das jeweilige Beschleunigungsgebiet festgesetzten Regeln für wirksame Minderungsmaßnahmen beachten und umsetzten.[169] Die Umweltverträglichkeitsprüfung und eine gegebenenfalls durchzuführende FFH-Verträglichkeitsprüfung entfallen dann, Art. 16a Abs. 3 EE-RL n. F. Nach Art. 15c Abs. 1 UAbs. 3 EE-RL n. F. wird zudem die Vereinbarkeit mit den Anforderungen des habitatschutzrechtlichen Vermeidungsgebotes nach Art. 6 Abs. 2

---

[168] Vgl. zur Auslegung *Deutinger/Sailer*, Die Beschleunigungsgebiete nach der Erneuerbare-Energien-Richtlinie, Würzburger Studien zum Umweltenergierecht Nr. 35 v. 08.02.2024, S. 21 ff., abrufbar unter https://stiftung-umweltenergierecht.de/wp-content/uploads/2024/02/Stiftung_Umweltenergierecht_Wue Studien_35_Die-Beschleunigungsgebiete-nach-der-Erneuerbare-Energien-Richtlinie.pdf; missverständlich insoweit *Lutz-Bachmann/Zywitz*, Beschleunigung für Offshore-Windenergie, EnWZ 2023, S. 445 (451), wenn sie eine „dauerhafte Verfestigung der Regelungen der EU-Notfallverordnung" feststellen, denn dort gab es gerade keine Festlegung von Minderungsmaßnahmen auf Planebene.

[169] Vgl. *Deutinger/Sailer*, Die Beschleunigungsgebiete nach der Erneuerbare-Energien-Richtlinie, Würzburger Studien zum Umweltenergierecht Nr. 35 v. 08.02.2024, S. 34, abrufbar unter https://stiftung-umweltenergierecht.de/wp-content/uploads/2024/02/Stiftung_Umweltenergierecht_WueStudien_35_Die-Beschleunigungsgebiete-nach-der-Erneuerbare-Energien-Richtlinie.pdf.

FFH-RL (Vermeidung von Verschlechterung und Störung), der artenschutzrechtlichen Zugriffsverbote für FFH-Arten nach Art. 12 Abs. 1 FFH-RL und für Vögel nach Art. 5 VS-RL (jeweils unter anderem Tötungs-, Störungs- und Zerstörungsverbot) sowie des wasserrechtlichen Verschlechterungsverbotes und des Verbesserungsgebotes in Bezug auf Oberflächengewässer nach Art. 4 Abs. 1 Buchst. a) Ziff. i) und ii) WRRL vermutet. Die Prüfung im Verfahren beschränkt sich daher zunächst auf die Einhaltung der festgesetzten Regeln für wirksame Minderungsmaßnahmen.

Eine weitergehende Prüfung von Umweltbelangen erfolgt dann für Vorhaben in Beschleunigungsgebieten nur noch mittels eines im Umfang erheblich reduzierten und innerhalb äußerst kurzer Fristen von 45 bzw. 30 Tagen durchzuführenden Screenings[170], Art. 16a Abs. 4 und Abs. 5 EE-RL n.F. Nur im Ausnahmefall[171], wenn im Rahmen des Screenings „auf der Grundlage eindeutiger Beweise […] höchstwahrscheinlich erhebliche unvorhergesehene nachteilige Auswirkungen", festgestellt wurden, die im Rahmen der Strategischen Umweltprüfung nicht ermittelt worden sind und die nicht durch die in den Plänen zur Ausweisung der Beschleunigungsgebiete festgelegten oder vom Projektträger darüber hinaus vorgeschlagenen Maßnahmen gemindert werden können, erfolgt eine weitergehende Prüfung. In diesem Fall müssen gemäß Art. 16a Abs. 5 UAbs. 1 Satz 3 EE-RL n.F. eine Umweltverträglichkeitsprüfung und eine „Prüfung gemäß der Richtlinie 92/43/EWG"[172] durchgeführt werden, soweit der Mitgliedstaat nicht von der Möglichkeit nach Art. 16a Abs. 5 UAbs. 2 und 3 EE-RL n.F. Gebrauch gemacht und damit das Nachprüfverfahren für Wind-

48

---

[170] Passend als „abgekürztes Verfahren der Überprüfung" bezeichnet von *Sobotta*, REPowerEU – Quo vadis Naturschutz?, NVwZ 2023, S. 1609 (1612).

[171] Von „sehr hohen Anforderungen" spricht *Hendrischke*, Bewältigung naturschutzrechtlicher Konflikte beim Ausbau erneuerbarer Energien, NVwZ 2023, S. 965 (970); im Übrigen spricht auch der Wortlaut in Art. 16a Abs. 5 UAbs. 1 Satz 1 („es sei denn", „auf der Grundlage eindeutiger Beweise") für ein Regel-Ausnahme-Verhältnis, wonach sich dem Screening im Regelfall die Genehmigung unter Umweltgesichtspunkten anschließt.

[172] Hierzu *Deutinger/Sailer*, Die Beschleunigungsgebiete nach der Erneuerbare-Energien-Richtlinie, Würzburger Studien zum Umweltenergierecht Nr. 35 v. 08.02.2024, S. 40 ff., abrufbar unter https://stiftung-umweltenergierecht.de/wp-content/uploads/2024/02/Stiftung_Umweltenergierecht_WueStudien_35_Die-Beschleunigungsgebiete-nach-der-Erneuerbare-Energien-Richtlinie.pdf.

und PV-Projekte ausgeschlossen hat. Nutzt ein Mitgliedstaat diese Option, muss er im Gegenzug vorsehen, dass der Vorhabenträger primär weitergehende angemessene Minderungsmaßnahmen, oder falls solche nicht verfügbar sind, Ausgleichsmaßnahmen, die nachrangig auch in Form eines finanziellen Ausgleichs möglich wären, ergreift, um den im Screening festgestellten nachteiligen Auswirkungen entgegenzuwirken.

49 Für die Vorhaben in Infrastrukturgebiete können die Mitgliedstaaten nach Art. 15e Abs. 2-5 EE-RL n.F. ebenfalls einen Entfall der Umweltverträglichkeitsprüfung, FFH-Verträglichkeitsprüfung sowie klassischer Artenschutzprüfungen bzw. deren Modifikationen vorsehen.[173] Die Prüfung des EU-Gewässerschutzrechts kann jedoch nicht abbedungen werden, Art. 15e Abs. 2 EE-RL n.F. Ein Nachprüfungsverfahren ist im Gegensatz zu den Beschleunigungsgebieten an dieser Stelle nicht vorgesehen.[174] Wenn im Rahmen des Screenings mit hoher Wahrscheinlichkeit erhebliche unvorhergesehene nachteilige Auswirkungen festgestellt werden, müssen primär zusätzliche Minderungsmaßnahmen, soweit dies nicht möglich ist, Ausgleichsmaßnahmen ergriffen oder ein finanzieller Ausgleich für Artenschutzprogramme geleistet werden, Art. 15e Abs. 4 EE-RL n.F.

3. Zurücknahme des Anwendungsbereichs der Industrieemissionsrichtlinie

50 Mittlerweile hat auch der Unionsgesetzgeber erkannt, dass der weite Anwendungsbereich der Industrieemissionsrichtlinie ein Hemmnis für den Ausbau der Elektrolysekapazität darstellt.[175] Im Zuge der Reform der Industrieemissionsrichtlinie ist daher geplant, die Wasserstoffelektrolyse aus dem Katalog der Nr. 4.2 Buchst. a) Industrieemissionsrichtlinie ausdrücklich auszuneh-

---

[173] Vgl. zu Gemeinsamkeiten und Unterschieden auch *Sobotta*, REPowerEU – Quo vadis Naturschutz?, NVwZ 2023, S. 1609 (1611, 1612f.).
[174] *Sobotta*, REPowerEU – Quo vadis Naturschutz?, NVwZ 2023, S. 1609 (1613).
[175] Zur Willensbildung *Neumann*, Das Genehmigungsregime für Elektrolyseure zur Herstellung von Wasserstoff, UWP 2023, S. 164 (168f.).

men[176] und damit das Regel-Ausnahme-Verhältnis zum Anwendungsbereich der Richtlinie für Elektrolyseure umzukehren. Der Anwendungsbereich der Richtlinie soll nur noch für größere Elektrolyseure nach Abschnitt 6 des Anhangs I eröffnet sein. Dessen Ziffer 6.6 soll neu gefasst werden und zukünftig die Wasserstoffelektrolyse regeln. Danach wäre die Industrieemissionsrichtlinie für Elektrolyseure nur noch dann eröffnet, wenn deren Produktionskapazität 50 Tonnen am Tag[177] übersteigt.

Die Bundesregierung als Verordnungsgeber ist bereits in Erwartung der sich ändernden unionsrechtlichen Vorgaben tätig geworden und hat einen Novellierungsprozess der Vierten Verordnung zur Durchführung des Bundes-Immissionsschutzgesetzes angestoßen. Am 22.11.2023 hat das Bundesumweltministerium einen Referentenentwurf für eine „Dritte Verordnung zur Änderung der Verordnung über genehmigungsbedürftige Anlagen" veröffentlicht.[178] Analog zur geplanten Regelung in der Industrieemissionsrichtlinie soll die Erzeugung von Wasserstoff durch Elektrolyse nicht länger in den Anwendungsbereich der Nr. 4.1.12 Anhang 1 der 4. BImSchV fallen[179]. Stattdessen soll im Abschnitt „10. Sonstige Anlagen" eine neue Nummer 26 speziell für die Wasserstofferzeugung durch Elektrolyse aufgenommen werden. Darin ist vorgesehen, dass für Elektrolyseure erst ab 5 MW[180] elektrischer Nennleistung überhaupt ein immissionsschutzrechtliches Genehmigungsverfahren durchzuführen ist, Nr. 10.26.2 Anhang 1 der 4.

51

---

[176] Vgl. die Einigung im Trilog zu Anhang I: „(f) point 4.2 (a) is replaced by the following: (a) gases, such as [...] hydrogen except when produced by electrolysis of water, [...];" Europäisches Parlament, 2022/0104(COD), abrufbar unter https://www.europarl.europa.eu/meetdocs/2014_2019/plmrep/COMMITTEES/ENVI/DV/2024/01-11/Item10-IED_provisionalagreement_20220104COD_EN.pdf.

[177] Beispielsweise wird in einer Produktbeschreibung für einen 1 MW-Elektrolyseur die tägliche Produktionsmenge von 450 kg genannt, vgl. https://www.h-tec.com/produkte/detail/h-tec-pem-elektrolyseur-me450/me450, so dass der neue Schwellenwert bei der heutigen Technik einer installierten Leistung von über 100 MW entsprechen könnte.

[178] Abrufbar unter https://www.bmuv.de/gesetz/referentenentwurf-einer-dritten-verordnung-zur-aenderung-der-verordnung-ueber-genehmigungsbeduerftige-anlagen.

[179] 4.1.12 Anhang 1 der 4. BImSchV-E soll zukünftig lauten: „... Wasserstoff (sofern die Herstellung nicht durch die Elektrolyse von Wasser erfolgt), [...]".

[180] Zur Herleitung des Schwellenwertes *Neumann*, Das Genehmigungsregime für Elektrolyseure zur Herstellung von Wasserstoff, UWP 2023, S. 164 (169).

BImSchV-E.[181] Das förmliche Verfahren soll nur dann zur Anwendung kommen, wenn die Produktionskapazität mehr als 50 Tonnen Wasserstoff je Tag beträgt und die elektrische Nennleistung des Elektrolyseurs mindestens 68 Megawatt beträgt, Nr. 10.26.1 Anhang 1 der 4. BImSchV-E.[182] Zwischen diesen beiden Schwellenwerten soll das vereinfachte Verfahren Anwendung finden.

52 Durch die geplanten Änderungen rückt das Gesetz zur Umweltverträglichkeitsprüfung[183] stärker als bisher in den Fokus. Zwar ist ein Elektrolyseur isoliert betrachtet keine „integrierte chemische Anlage" im Sinne der Nr. 4.1 der Anlage 1 zum UVPG,[184] so dass ohne Hinzutreten weiterer Anlagenteile keine allgemeine Pflicht zur Durchführung einer Umweltverträglichkeitsprüfung besteht. Es besteht aber nach Nr. 4.2 der Anlage 1 zum UVPG die Pflicht zur Durchführung einer allgemeinen Vorprüfung nach § 7 Abs. 1 UVPG, soweit ein industrieller Umfang vorliegt.[185] Um möglichst sicherzustellen, dass dieses Tatbestandsmerkmal auch im Gesetz zur Umweltverträglichkeitsprüfung entsprechend der zukünf-

---

[181] Davon unberührt bleibt eine mögliche Genehmigungspflicht nach § 23b BImSchG, wenn der konkrete Elektrolyseur als Störfallanlage zu qualifizieren ist. Vgl. hierzu *Altenschmidt/Hensen*, Genehmigungsrechtlicher Rahmen der Wasserstoffwirtschaft, EurUP 2021, S. 228 (230f.) und allg. *Jarass*, BImSchG, 14. Aufl. 2022, § 23b Rn. 1ff.

[182] Die leistungsbezogene Schwelle soll der Vereinfachung dienen, weil in diesen Fällen „mit Sicherheit ausgeschlossen werden" kann, dass die täglichen Produktionskapazität 50 Tonnen Wasserstoff am Tag überschreitet, vgl. Referentenentwurf des Bundesministeriums für Umwelt, Naturschutz, nukleare Sicherheit „Dritte Verordnung zur Änderung der Verordnung über genehmigungsbedürftige Anlagen" Begründung S. 11, abrufbar unter https://www.bmuv.de/gesetz/referentenentwurf-einer-dritten-verordnung-zur-aenderung-der-verordnung-ueber-genehmigungsbeduerftige-anlagen. Trotzdem wird dieses Element deutlich kritisiert, vgl. die Stellungnahmen etwa des BDEW (S. 3f.), des BDI (S. 2), des Niedersächsisches Ministerium für Umwelt, Energie und Klimaschutz (S. 1), abrufbar: ebd.

[183] Gesetz über die Umweltverträglichkeitsprüfung (UVPG) v. 12.02.1999, BGBl. I S. 205, zuletzt geändert durch Art. 2 des Gesetzes v. 04.10.2023, BGBl. I Nr. 344.

[184] Vgl. hierzu *Peters/Balla/Hesselbarth*, Gesetz über die Umweltverträglichkeitsprüfung, 4. Aufl. 2019, § 1 Rn. 10.

[185] In Kombination mit Wasserstoffspeichern kommen auch andere Einordnungen in Frage, *Allolio/Ohle/Schäfer*, Studie zum Rechtsrahmen einer zukünftigen Wasserstoffwirtschaft, v. 01.10.2022, S. 17, abrufbar unter https://www.wasserstoff-leitprojekte.de/lw_resource/datapool/systemfiles/elements/files/F02FC5953C99412DE0537E695E86264B/live/document/20221219_THY_Regulatorik_Studie_final_mit_Deckblatt.pdf.

tigen Schwellenwerte der Industrieemissionsrichtlinie und der Vierten Verordnung zur Durchführung des Bundes-Immissionsschutzgesetzes verstanden wird und nicht die so erreichten Verfahrenserleichterungen durch eine allgemeine Vorprüfung und eine etwaig durchzuführende Umweltverträglichkeitsprüfung in Teilen wieder konterkariert werden,[186] sollte geprüft werden, ob auch eine entsprechende Änderung der Anlage 1 zum Gesetz zur Umweltverträglichkeitsprüfung möglich und sachgerecht ist.[187]

V. Gesamtbetrachtung: Einordnung der Reformansätze zum Ausbau der Wasserstofferzeugung im Kontext allgemeiner Beschleunigungsbemühungen

Ansätze zur Beschleunigung der Energiewende finden sich derzeit in verschiedenen Bereichen des Unions-, Bundes- und Landesrechts.[188] Ein übergreifendes, allgemeingültiges Patentrezept zur Beschleunigung existiert dabei nicht.[189] Insbesondere scheint es sehr zweifelhaft, ob das häufig als Blaupause für das „Deutschlandtempo" angeführte LNG-Beschleunigungsgesetz[190] dieser Erwartungshaltung gerecht werden kann. Die Beschleunigungswirkung scheint hier sehr deutlich weniger den Gesetzesänderungen zuzuschreiben zu sein, als vielmehr einer Konzentration personeller Ressourcen in den Bundesländern auf die entsprechenden

53

---

[186] Vgl. § 2 Abs. 1 S. 1 Nr. 1c der 4. BImSchV.
[187] Vgl. *Deutscher Anwaltsverein – Ausschuss Umweltrecht*, Möglichkeiten der Beschleunigung von Genehmigungsverfahren bei der Herstellung von grünem Wasserstoff und zur Vereinfachung im Störfallrecht, NuR 2022, S. 469 (472); allgemein für eine stärkere gesetzliche Konkretisierung der Maßstäbe der Vorprüfung statt einer Beschränkung des Anwendungsbereichs des UVPG dagegen *Balla/Sangenstedt*, Umweltverträglichkeitsprüfung in beschleunigten Zeiten, ZUR 2023, S. 387 (389).
[188] Überblick bei *Schütte/Langstädtler*, Deutschlandtempo als „new normal"?, ZUR 2024, S. 3 (5 ff.); s.a. *Ewer*, Grundelemente einer nachhaltigen und unabhängigen Energieversorgung, NVwZ 2023, S. 951 ff.
[189] Zur Beschleunigungsgesetzgebung allgemein s. etwa *Groß*, Beschleunigungsgesetzgebung – Rückblick und Ausblick, ZUR 2021, S. 75 ff.
[190] Gesetz zur Beschleunigung des Einsatzes verflüssigten Erdgases (LNG-Beschleunigungsgesetz – LNGG) v. 24.05.2022, BGBl. I S. 802, zuletzt geändert durch Art. 1 des Gesetzes v. 12.07.2023, BGBl. 2023 I Nr. 184. Hierzu *Verheyen/Bohlmann*, Beschleunigter Ausbau der Nutzung verflüssigtem Erdgases, in: Kment/Rossi (Hrsg.), Zeitenwende bei der Energieversorgung, 2024, S. 117 (119 ff.).

Verfahren und einem politischen Willen zur Überwindung aller Hindernisse.[191] Daher müssen die für den jeweiligen Regelungsgegenstand wirkungsvollen Maßnahmen weiterhin anhand einer sachbereichsspezifischen Analyse von Hemmnissen und Lösungsansätzen zielgenau entwickelt werden.

54 Änderungen des materiellen Prüfprogramms[192] besonders durch eine Reduzierung des Prüfungsumfangs infolge klarer Priorisierungsentscheidungen und präziser Konkretisierung von Maßstäben[193] können tendenziell stärker beschleunigend wirken als bloße Anpassungen der Verfahrensregelungen und des Prozessrechts[194]. Die Definition eines eindeutigen Prüfprogramms durch Beseitigung von Unklarheiten ist ein wichtiger Faktor für zügige Genehmigungsverfahren und rechtssichere Entscheidungen. Mit Blick auf den aufgezeigten Rechtsbestand für die Genehmigung von Elektrolyseuren scheint ein gezielt neu entwickeltes Zulassungsrecht geboten zu sein. Dieses sollte sich dabei von den vorgefundenen Strukturen eines aus anderen Motiven und für andere Gegebenheiten entwickelten Rahmens soweit wie möglich emanzipieren und nicht lediglich auf dem heutigen Rechtsstand aufsetzend einzelne Tatbestandsmerkmale im absolut erforderli-

---

[191] *Schütte/Langstädtler*, Deutschlandtempo als „new normal"?, ZUR 2024, S. 3 (14); *Verheyen/Bohlmann*, Beschleunigter Ausbau der Nutzung verflüssigtem Erdgases, in: Kment/Rossi (Hrsg.), Zeitenwende bei der Energieversorgung, 2024, S. 117 (142).

[192] Vgl. hierzu *Otter/Eh*, Materiell-rechtliche Instrumente zur Beschleunigung von Infrastrukturvorhaben als Motor der Energiewende? – Teil II einer Bestandsaufnahme, EnWZ 2023, S. 122 ff.

[193] Am Beispiel der Windenergie an Land *Schmidt/Sailer*, Reformansätze zum Genehmigungsrecht von Windenergieanlagen, Würzburger Studien zum Umweltenergierecht Nr. 25 v. 28.01.2022, S. 6 ff., 16 ff., abrufbar unter https://stiftung-umweltenergierecht.de/wp-content/uploads/2022/01/Stiftung-Umweltenergierecht_Reformansaetze-Genehmigungsrecht-Windenergie_2022-01-28-1.pdf; *Schmidt/Wegner/Sailer/Müller*, Gesetzgeberische Handlungsmöglichkeiten zur Beschleunigung des Ausbaus der Windenergie an Land, Würzburger Berichte zum Umweltenergierecht Nr. 53 v. 28.10.2021, S. 11 ff., abrufbar unter https://stiftung-umweltenergierecht.de/wp-content/uploads/2022/01/Stiftung_Umweltenergierecht_WueBerichte_53_Beschleunigung_Windenergieausbau_2021-12-16.pdf.

[194] Vgl. hierzu *Otter/Eh*, Prozessuale Instrumente zur Beschleunigung von Infrastrukturvorhaben als Motor der Energiewende? – Teil I einer Bestandsaufnahme, EnWZ 2023, S. 51 ff.; kritisch etwa jüngst *Schwerdtfeger*, Beschleunigung durch Beschränkung des Rechtsschutzes?, ZUR 2023, S. 451 ff.

chen Mindestumfang anpassen. So dürfte die Wahrscheinlichkeit deutlich steigen, dass ein konsistenter Rahmen entsteht. Das von der Bundesregierung angekündigte Wasserstoffbeschleunigungsgesetz[195] eröffnet ein entsprechendes Gelegenheitsfenster. Gewichtungsvorgaben wie in §2 EEG 2023 und §11c EnWG können für die verbleibenden Entscheidungsspielräume der Verwaltung und Gerichte ein hilfreicher sekundärer Beschleunigungsansatz sein, eignen sich aber nicht als alleiniger Weg.[196]

Auch wenn im Vergleich zu den erneuerbaren Energien der Flächenbedarf für Elektrolyseure und deren Raumbedeutsamkeit insgesamt erheblich geringer sind, kommt der Verfügbarkeit geeigneter und bauplanungsrechtlich bebaubarer Flächen für den Zubau ausreichender Elektrolysekapazitäten eine wichtige Rolle zu. Die bisherigen Schritte zur Öffnung des Außenbereichs scheinen auch vor dem Hintergrund der sich aus den bestehenden tatsächlichen Abhängigkeiten zu Erneuerbare-Energien-Anlagen, Stromnetzen oder zukünftigen Wasserstoffnetzen ohnehin ergebenden räumlichen Lenkungseffekten sehr zurückhaltend zu sein. Durch eine umfassendere Nutzung der planersetzenden Wirkung einer Außenbereichsprivilegierung könnten Beschleunigungspotenziale gehoben und gleichzeitig begrenzte kommunale Planungs- und Entscheidungskapazitäten stärker auf komplexere Raumnutzungskonflikte der Energiewende ausgerichtet werden.

Nicht jeder Beschleunigungsansatz ist gleichermaßen geeignet, vielmehr sind die verschiedenen Alternativen sorgfältig gegeneinander abzuwägen. So wirkt der unionsrechtliche Ansatz der Beschleunigungs- bzw. Infrastrukturgebiete besonders effektiv, wenn und soweit das Genehmigungsrecht und dabei insbesondere das unionsrechtlich vorgeprägte Umweltrecht maßgeblich für einen als zu langsam bewerteten Ausbau verantwortlich

---

[195] *Bundesministerium für Wirtschaft und Klimaschutz*, Fortschreibung der Nationalen Wasserstoffstrategie (NWS 2023), 2023, S. 18, abrufbar unter https://www.bmwk.de/Redaktion/DE/Publikationen/Energie/fortschreibung-nationale-wasserstoffstrategie.html.

[196] *Sailer/Militz*, Das überragende öffentliche Interesse und die öffentliche Sicherheit nach §2 EEG 2023, Würzburger Studien zum Umweltenergierecht Nr. 31 v. 02.11.2023, S. 56f., abrufbar unter https://stiftung-umweltenergierecht.de/wp-content/uploads/2023/11/Stiftung_Umweltenergierecht_WueStudien_31_Ueberragendes_oeffentliches_Interesse_%C2%A72_EEG_2023.pdf.

ist.[197] Der Ansatz kollidiert – wenn auch nicht prinzipiell – mit der flächenbezogenen Beschleunigung mittels umfassender Öffnung des Außenbereichs, weil mit letzterer gerade auf die für Beschleunigungsgebiete konstitutive planerische Flächenausweisung verzichtet würde. Auch für eine Entscheidung zwischen diesen beiden Ansätzen ist eine genaue Analyse der Beschleunigungswirkungen und alternativer Regelungsansätze erforderlich. Mit klaren Entscheidungen kann der Gesetzgeber einen Rahmen schaffen, der Vorhabenträgern schnelle und effiziente Genehmigungsverfahren eröffnet. Damit kann er eine wesentliche Voraussetzung schaffen, die selbstgesetzten Ausbauziele für Elektrolysekapazitäten zu erreichen.

---

[197] Dies verneint *Franzius*, Beschleunigung des Markthochlaufs von Wasserstoff – Fördermöglichkeiten und Beschleunigungsaspekte für Infrastrukturen und Erzeugungsanlagen, ZUR 2024, S. 72 (76).

Gesundheitliche Lärmwirkungen in Deutschland
Aktuelle Erkenntnisse und Perspektiven

Prof. Dr. med. *Claudia Hornberg*

I. Lärm und die Situation in Deutschland

Lärm ist unerwünschter hörbarer Schall (bspw. Sprachschall, Töne, Maschinengeräusche), der als störend oder beeinträchtigend wahrgenommen wird und die Gesundheit schädigen sowie das körperliche und/oder seelische Wohlbefinden des Menschen beeinträchtigen kann. Bereits im 18. Jahrhundert beschäftigte sich die Lärmwirkungsforschung mit Gehörschädigungen, insbesondere bei Minen- und Fabrikarbeitern (Hong et al., 2013). Allerdings wurde der Arbeitsschutz im Hinblick auf Lärmminderung erst in der Mitte des 20. Jahrhunderts verstärkt (Thurston, 2012). Bereits in den letzten Jahrzehnten erhärteten sich die wissenschaftlichen Nachweise, dass auch weniger extreme Lärmexpositionen zu physischen und psychischen Beeinträchtigungen führen können. Diese reichen von chronischer Belästigung und Schlafstörungen bis hin zu depressiven Symptomen und ischämischen Herzerkrankungen (Seidler et al., 2023; WHO Regional Office for Europe, 2018; Basner et al., 2014). Insgesamt trägt Lärm erheblich zur umweltbedingten Krankheitslast in Deutschland bei (Tobollik et al., 2019).

In Deutschland sind laut der neuesten Lärmkartierung aus dem Jahr 2022 große Bevölkerungsanteile gegenüber gesundheitsschädlichem Lärm exponiert (UBA, 2023): Etwa 18,4 Millionen Menschen (22,1 %) waren Lärm über 55 Dezibel (dB) im Tagesmittel (L_{DEN}) und circa 12,6 Millionen Menschen (15,2 %) Nachtlärm über 50 dB(L_{Night}) ausgesetzt. Straßenverkehr stellt die Hauptquelle für Lärm dar, drei Viertel der Bevölkerung in Deutschland fühlt sich durch Straßenverkehrslärm gestört oder belästigt (Schmid et al. 2020, UBA, 2020a). Meistens treten Lärmbelastungen jedoch nicht isoliert auf, 73 Prozent der Menschen fühlen sich von zwei und 51 Prozent von drei unterschiedlichen Lärmquellen belästigt (UBA, 2020b).

II. Auswirkungen von Lärm auf die Gesundheit

3   Lärm kann eine Vielzahl von physischen und psychischen Beeinträchtigungen verursachen, die sich gegenseitig beeinflussen (Abb. 1). So können Veränderungen im vegetativen Nervensystem und im Hormonsystem ausgelöst werden, die wiederum mit der Entstehung von Herz-Kreislauf-Erkrankungen und Stoffwechselstörungen in Verbindung stehen. Während des Schlafs sind Menschen für Lärmwirkungen besonders empfindlich. Psychische Stressreaktionen treten auf, wenn Menschen sich in Ruhe- oder Konzentrationsphasen oder aber in der Kommunikation gestört oder belästigt fühlen. Sie können die physischen Auswirkungen von Lärm verstärken. Zudem wird vermutet, dass Gesundheitsprobleme wie Verhaltensauffälligkeiten bei Kindern oder depressive Symptome bei Erwachsenen mit erhöhter Lärmbelastung in Verbindung stehen (Seidler et al., 2023; Wothge & Niemann, 2020). Es gibt zunehmend auch Hinweise darauf, dass eine höhere Lärmbelastung die mentale Gesundheit und die neurologische Entwicklung von Kindern beeinflussen kann (Zare Sakhvidi, 2018, Lejeune et al.2016).

4   Die *Noise Guidelines 2018* der Weltgesundheitsorganisation (WHO), die den vorhandenen Forschungsstand systematisch zusammengetragen und Gesundheitsrisiken statistisch ausgewertet haben zeigen auf, dass insbesondere dauerhafter Straßenverkehrslärm (mit $L_{DEN} \geq 53$ dB(A) und $L_{Night} \geq 45$ dB(A)) schädliche Auswirkungen auf die Gesundheit hat (WHO, 2018). So zeigen die Ergebnisse der Meta-Analyse ein erhöhtes Risiko für chronische Belästigungen, Schlafstörungen und ischämische Herzerkrankungen (WHO, 2018).

5   Die Auswirkungen von Lärm unterscheiden sich innerhalb der Bevölkerung, wobei besonders Kinder, Ältere, chronisch Kranke und Gehörgeschädigte gefährdete Gruppen sind (van Kamp & Davies, 2013). Darüber hinaus kann die Exposition gegenüber Lärm zwischen Personengruppen variieren. Sozial benachtei-

ligte Personengruppen und Stadtquartiere, in denen vermehrt sozial benachteiligte Personen wohnen, sind tendenziell überdurchschnittlich stark von Lärm und den gesundheitlichen Auswirkungen betroffen (Dreger et al., 2019).

Die subjektive Wahrnehmung von Schall als Lärm hängt nicht nur von akustischen Faktoren wie Lautstärke, Tonhöhe oder Pegelschwankungen ab, sondern auch von psychophysiologischen Prozessen. Dazu gehören der Kontext, in dem der Lärm auftritt (z. B. zu Hause, am Arbeitsplatz), sowie individuelle Faktoren wie Lärmempfindlichkeit und Einstellung zur Lärmquelle. Diese Faktoren beeinflussen, ob Schall physische und psychische Stressreaktionen bei Individuen auslöst. So treten psychische Stressreaktionen besonders dann verstärkt auf, wenn Personen ein fehlendes Kontrollgefühl über die Situation und Lärmquelle haben.

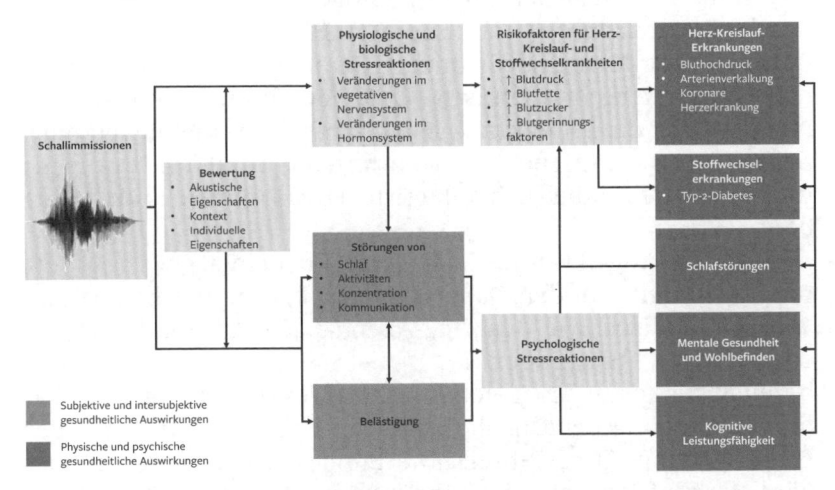

Abb. 1 Physische und psychische Gesundheitswirkungen von Schallimmissionen. (SRU, 2020)

III. Physikalische und technische Grundlagen

7 Die physikalischen Grundlagen der Akustik sind hilfreich, um die Bewertung von Lärmbelastungen zu verstehen. Schall entsteht durch mechanische Schwingungen von Schallquellen wie Lautsprecher-Membranen, Stimmbändern im Kehlkopf oder Teilen eines Fahrzeugs. Diese Schwingungen breiten sich wellenförmig in Boden, Wasser oder Luft aus. Die Wahrnehmung von Schall durch Menschen hängt von Tonhöhe und Lautstärke ab.

8 Die Tonhöhe eines Tons wird durch seine Frequenz (f) bestimmt, die in Hertz (Hz) gemessen wird. Je höher die Frequenz, desto höher ist der Ton. Der Schalldruckpegel in dB gibt die physikalische Energie des Schalls an. Je größer der Schalldruck, umso lauter ist das Geräusch. Die menschliche Hörschwelle liegt bei 0 dB(A) und die Schmerzschwelle bei 120 dB(A), angepasst durch die logarithmische Frequenzbewertungskurve (A) (HLNUG, o.J.).

9 Hinsichtlich der unterschiedlichen Geräuscharten unterscheidet man kontinuierliche Geräusche (z.B. Verkehr auf Autobahnen), intermittierende Geräusche (z.B. Luftverkehr, Schienenverkehr), tieffrequente Geräusche (z.B. Transformatoren, Wärmepumpen) und vielfältige Geräuschcharakteristik (z.B. Industrie und Gewerbe).

10 Lärmbelastungen werden in der Regel über einen gewissen Zeitraum gemittelt, um den Dauerschallpegel zu bestimmen. Dieser wird mit Indizes, wie dem Tag-Abend-Nacht-Lärmindex (L_{DEN}) oder dem Nachtlärmindex (L_{Night}), beurteilt, um Schlaf- und Ruhezeiten stärker zu gewichten. Diese Indizes sind zentrale Größen für die Messung der Lärmbelastung in Deutschland gemäß der EU-Umgebungslärmrichtlinie. Die bundesweite Lärmkartierung wird alle fünf Jahre durchgeführt. Dabei ist wichtig zu beachten, dass diese nur Ballungsräume, Hauptverkehrsstraßen, Haupteisenbahnstrecken, Großflughäfen und Industriegebiete einbezieht.

V. Schlussfolgerungen und Ausblick

11 Millionen von Menschen in Deutschland sind gesundheitsschädlichem Lärm ausgesetzt, der ihre physische und psychische Gesundheit beeinträchtigt. Lärmbelastungen und -wirkungen sind in der Gesellschaft ungleich verteilt, wobei bestimmte Bevölke-

rungsgruppen besonders gefährdet sind. Vor allem Mehrfachbelastungen spielen dabei eine wichtige Rolle (Wothge & Niemann, 2020). Viele wesentliche Aspekte und Zusammenhänge der Lärmwirkungen sind inzwischen geklärt und es gibt vielfältige Ansätze zur Lärmminderung, die angesichts fortschreitender Lärmbelastung jedoch nicht ausreichen. Daher bleibt der Schutz vor Lärm eine entscheidende Aufgabe im Bereich des vorsorgenden Umweltschutzes, insbesondere im Hinblick auf die Gesundheit.

Der Sachverständigenrat für Umweltfragen (SRU) hat in seinem Umweltgutachten 2020 das Thema Verkehrslärm behandelt und Empfehlungen an die Bundesregierung formuliert. Diese Empfehlungen umfassen die Einführung einer Lärmaktionsplanungsverordnung mit einheitlichen Lärmschwellen, deren Überschreitung zu Minderungsmaßnahmen führt (SRU, 2020). Zusätzlich sollten verbindliche Lärmgrenzwerte für bestehende Straßen und Schienenwege festlegt und Kommunen langfristig finanziell bei der Umsetzung von Lärmminderungsmaßnahmen unterstützt werden. Schließlich betont der SRU die Notwendigkeit einer verbesserten Kommunikation der Ergebnisse aus der Lärmwirkungsforschung und die Nutzung von Synergien zwischen diesen Erkenntnissen und einer nachhaltigen Mobilitätswende. Damit soll ein umfassender Ansatz zur Reduzierung von Lärm und zur Förderung der Gesundheit und Umwelt geschaffen werden.

Bestehende Forschungslücken der bislang überwiegend monodisziplinär aufgestellte Lärmwirkungsforschung betreffen vor allem Mehrfachbelastungen und Wechselwirkungen von Lärm mit anderen Umweltfaktoren, wie Luftschadstoffen und Erschütterungen sowie den Lebensbedingungen der Betroffenen. Darüber hinaus sollten auch qualitative Dimensionen urbaner Klanglandschaften bei der Entwicklung neuer Schallindikatoren beachtet werden (Moebus et al., 2020). Weitere offene Fragen ergeben sich bezüglich der Effekte von tieffrequenten Geräuschen und deren Langzeitwirkungen (SRU, 2022).

Anzustreben ist ein inter- und transdisziplinäres Forschungsverbundprogramm, um die Wissenslücken auraler und extraauraler Lärmwirkungen unter besonderer Berücksichtigung von Mehrfachbelastungen zu schließen. Dabei gilt es, lokale Belästigungen und Belastungen detailliert zu charakterisieren und ihre auralen und extraauralen Wirkungen zu erfassen und zu verstehen, um daraus im Sinne des individuellen und bevölkerungsbezogenen Gesundheitsschutzes wissenschaftliche Grundlagen für ordnungspolitische wie raum- und umweltplanerische Entscheidungen abzuleiten. Dabei gilt es in Betracht zu ziehen, dass auch subjektive Lärmwirkungen gesundheitsrelevant sind und das gleiche Gewicht wie somatische Gesundheitseffekte haben sollten. Ziel ist die Entwicklung einer sozial gerechten und effizienten Lärmminderungsplanung und damit die Gestaltung einer gesunden Lebensumwelt, insbesondere in verdichteten Lebensräumen und Stadtquartieren.

VI. Literaturverzeichnis

Basner, M., Babisch, W., Davis, A., Brink, M., Clark, C., Janssen, S. et al. (2014). Auditory and non-auditory effects of noise on health. The Lancet, 383(9925), 1325–1332. https://doi.org/10.1016/S0140-6736(13)61613-X.

Dreger, S., Schüle, S. A., Hilz, L. K., & Bolte, G. (2019). Social inequalities in environmental noise exposure: A review of evidence in the WHO European Region. International Journal of Environmental Research and Public Health, 16(6), 1011.

Hessisches Landesamt für Naturschutz, Umwelt und Geologie (o.J.). Akustische Grundlagen. Abgerufen am 18.09.2023, unter: https://www.hlnug.de/themen/laerm/akustische-grundlagen.

Hong, O., Kerr, M. J., Poling, G. L., & Dhar, S. (2013). Understanding and preventing noise-induced hearing loss. Disease-a-month, 59(4), 110–118.

Fleur Lejeune, F., Parra, J., Berne-Audéoud, F., Marcus, L., Barisnikov, K., Gentaz, E., Debillon T. (2016). Sound Interferes with the Early Tactile Manual Abilities of Preterm Infants. Scientific Reports 6, 23329.

Moebus, S., Gruehn, D., Poppen, J., Sutcliffe, R., Haselhoff, T., & Lawrence, B. (2020). Akustische Qualität und Stadtgesundheit–Mehr als nur Lärm und Stille. Bundesgesundheitsblatt-Gesundheitsforschung-Gesundheitsschutz, 63(8), 997–1003.

Sachverständigenrat für Umweltfragen (SRU) (2020). Weniger Verkehrslärm für mehr Gesundheit und Lebensqualität. In: Umweltgutachten 2020: Für eine entschlossene Umweltpolitik in Deutschland und Europa. Berlin: SRU.

Sachverständigenrat für Umweltfragen (SRU) (2022). Klimaschutz braucht Rückenwind: Für einen konsequenten Ausbau der Windenergie an Land. Stellungnahme. Februar 2022. Berlin.

Schmid, E., Salomon, M., Wiehn, J., Hornberg, C. (2020) Weniger Verkehrslärm für mehr Gesundheit und Lebensqualität. Immissionsschutz 3; 108 –115.

Seidler, A., Schubert, M., Romero, K., Hegewald, J., Riedel-Heller, S. G., Zülke, A., Becker, U., Schmidt, W., Gerlach, J., Friedemann, D., Schumacher, B., Zeeb, H. (2023). Einfluss des Lärms auf psychische Erkrankungen des Menschen. Dessau-Roßlau: Umweltbundesamt.

Thurston, F. E. (2013). The worker's ear: A history of noise-induced hearing loss. American journal of industrial medicine, 56(3), 367–377.

Tobollik, M., Hintzsche, M., Wothge, J., Myck, T., & Plass, D. (2019). Burden of disease due to traffic noise in Germany. International journal of environmental research and public health, 16(13), 2304.

Umweltbundesamt (UBA) (2020a). Belästigung durch einzelne Lärmquellen. Abgerufen am 05.10.2023, unter: https://www.umweltbundesamt.de/bild/belaestigung-durch-einzelne-laermquellen-2020.

Umweltbundesamt (UBA) (2020b). Gesundheitliche Belastungen durch Umweltverschmutzung und Lärm – Ergebnisse der Umweltbewusstseinsstudien. Abgerufen am 05.10.2023, unter: https://www.umweltbundesamt.de/sites/default/files/medien/2378/dokumente/ubs-2018-factsheet-gesundheitliche_belastungen_laerm_barrierefrei.pdf.

Umweltbundesamt (UBA) (2023). Indikator: Belastung der Bevölkerung durch Verkehrslärm. Abgerufen am 05.10.2023, unter: https://www.umweltbundesamt.de/daten/umweltindikatoren/indikator-belastung-der-bevoelkerung-durch#die-wichtigsten-fakten.

Van Kamp, I., & Davies, H. (2013). Noise and health in vulnerable groups: a review. Noise and health, 15(64), 153.

World Health Organization (WHO) Regional Office for Europe (2018). Environmental Noise Guidelines for the European Region. Kopenhagen: WHO Regional Office for Europe.

Wothge, J., Niemann, H. (2020). Gesundheitliche Auswirkungen von Umgebungslärm im urbanen Raum. Bundesgesundheitsbl 63, 987–996. https://doi.org/10.1007/s00103-020-03178-9.

Zare Sakhvidi, F., Zare Sakhvidi, M. J., Mehrparvar, A. H., & Dzhambov, A. M. (2018). Environmental Noise Exposure and Neurodevelopmental and Mental Health Problems in Children: A Systematic Review. Current Environmental Health Reports, 5(3), 365–374. https://doi.org/10.1007/s40572-018-0208-x.

Rechtliche Bewertung gesundheitsgefährdenden Lärms de lege lata und de lege ferenda

Dr. Franziska Heß[1]

I. Einleitung

In unserer zunehmend urbanisierten und technologisch fortgeschrittenen Welt steht die Menschheit vor einer Vielzahl von Umweltbelastungen, von denen Lärm eine der allgegenwärtigsten und potenziell schädlichsten ist. Lärm, definiert als unerwünschter oder schädlicher Schall, ist nicht nur eine Quelle der Belästigung, sondern auch ein ernstzunehmendes Gesundheitsrisiko. Studien haben gezeigt, dass langfristige Lärmbelastung zu einer Reihe von gesundheitlichen Problemen führen kann, darunter Herz-Kreislauf-Erkrankungen, Schlafstörungen und psychische Belastungen. In diesem Kontext ist es von entscheidender Bedeutung, den gesundheitsgefährdenden Lärm rechtlich zu bewerten und zu regulieren, um die öffentliche Gesundheit und das Wohlbefinden zu schützen.

Die rechtliche Bewertung des Lärmschutzes stellt eine komplexe Herausforderung dar. Sie erfordert nicht nur ein tiefes Verständnis der physikalischen Eigenschaften von Lärm und seiner Auswirkungen auf den Menschen, sondern auch eine gründliche Kenntnis der rechtlichen Rahmenbedingungen und Vorschriften. Die aktuelle Rechtslage, de lege lata, bietet einen Rahmen für den Lärmschutz, zeigt jedoch auch deutliche Schwächen und Lücken auf. Dieser Aufsatz zielt darauf ab, sowohl die bestehenden rechtlichen Mechanismen als auch die potenziellen Entwicklungen

---

[1] Die Verfasserin ist Rechtsanwältin und Fachanwältin für Verwaltungsrecht in der Kanzlei Baumann Rechtsanwälte Partnerschaftsgesellschaft mbB (Würzburg/Leipzig). Dieser Beitrag beruht auf einem Vortrag anlässlich der Jahrestagung der Gesellschaft für Umweltrecht im November 2023. Besonderer Dank für die Unterstützung bei der Recherche und der Erstellung des Beitrages gilt Frau Fanny Hafenmair und Frau Lisa Ney.

und Verbesserungen, de lege ferenda, zu untersuchen und zu bewerten.

3   Im Laufe dieser Untersuchung wird eine detaillierte Analyse der bestehenden Gesetze und Vorschriften vorgenommen, um die Stärken und Schwächen des aktuellen Lärmschutzrechts aufzuzeigen. Es wird erörtert, inwieweit das bestehende Recht in der Lage ist, einen adäquaten Schutz vor gesundheitsgefährdendem Lärm zu bieten, und wo Verbesserungsbedarf besteht. Darüber hinaus wird ein Blick in die Zukunft geworfen, um mögliche rechtliche Entwicklungen und Innovationen im Bereich des Lärmschutzes zu diskutieren. Dies umfasst die Einführung neuer Konzepte und Methoden zur Bewertung und Regulierung von Lärm sowie die Überlegung, wie diese in das bestehende rechtliche System integriert werden könnten.

II. Aktuelle Rechtslage (de lege lata):

4   Die aktuelle Rechtslage im Bereich des Lärmschutzes ist von einer hohen Komplexität bei gleichzeitiger Inkonsistenz geprägt, die eine effektive Handhabung und Durchsetzung erschwert. Besonders hervorzuheben ist hierbei die Feststellung, dass das geltende Recht nicht ausreichend in der Lage ist, den Schutz der Bevölkerung vor gesundheitsgefährdendem Lärm sicherzustellen, insbesondere in Bezug auf bereits bestehende Lärmkonflikte. Dieser Befund ergibt sich aus einer Zusammenschau der derzeit geltenden Regelungen und ihrer Auswirkungen in der Praxis. Das geltende Regelungsregime in Bezug auf den Lärmschutz in Deutschland ist geprägt durch eine Vielzahl von Gesetzen, Verordnungen und Richtlinien, die darauf abzielen, die Bürger vor gesundheitsgefährdendem Lärm zu schützen. Diese rechtlichen Instrumente sind sowohl auf nationaler als auch auf europäischer Ebene angesiedelt und decken ein breites Spektrum von Lärmquellen ab, von Verkehrslärm über Industrielärm bis hin zu Freizeitlärm.

5   Die einzelnen Regelungen sollen nachfolgend näher in den Blick genommen werden.

6   Die Lärmermittlung und -bewertung im deutschen Recht zeigt eine deutliche Quellenbezogenheit, welche sich in der differenzierten Behandlung verschiedener Lärmarten widerspiegelt. Die-

se Herangehensweise hat weitreichende Implikationen für die rechtliche Bewertung und das Verständnis von Lärmbelastung.

1. Berechnung und Messung von Lärm:

Lärm wird in der Regel berechnet und gegebenenfalls nachträglich gemessen, wobei diese Methoden nicht für alle Lärmarten anwendbar sind. Unterschiedliche Lärmarten erfordern spezifische Bewertungsmethoden, was zu einer komplexen und fragmentierten rechtlichen Behandlung von Lärmquellen führt.

2. Maßgeblicher Immissionsort und maßgeblicher Beurteilungspegel

Der maßgebliche Immissionsort, also der Ort, an dem der Lärm beurteilt wird, ist in der Regel eine speziell definierte Stelle am jeweiligen betroffenen Gebäude. Bei der gesundheitlichen Beurteilung von Lärm, insbesondere in Bezug auf Artikel 2 Absatz 2 Satz 1 des Grundgesetzes, muss hingegen auf die Lärmwerte innerhalb eines Gebäudes, die sogenannten Innenpegel, abgestellt werden, um die individuelle Betroffenheit des Grundrechtsträger beurteilen zu können. Entscheidend sind hier die am Ohr der schlafenden Person festzustellenden Werte, insbesondere zur Nachtzeit. Dieser Ansatz wurde durch das Bundesverfassungsgericht in seinen bisherigen Entscheidungen zu grundrechtsrelevantem Lärm betont.[2]

3. Unterscheidung zwischen Tag- und Nachtzeit

Das deutsche Recht unterscheidet üblicherweise zwischen Tag- und Nachtzeiten hinsichtlich der Lärmbewertung, wobei der Schutz des Abends kaum Beachtung findet. Diese Unterscheidung hat wichtige Implikationen für die rechtliche Bewertung und die damit verbundenen Schutzmaßnahmen.

4. Spezifische Lärmquellen und deren rechtliche Behandlung

Die Quellenbezogenheit der Lärmermittlung zeigt sich etwa bei einer näheren Betrachtung der Behandlung der einzelnen Lärm-

---

[2] Vgl. BVerfG, Beschl. v. 24.06.2015 – 1 BVR 467/13 – Rn. 26; Beschl. V. 29.07.2009 – 1 BvR 1606/08 – Rn. 30.

quellen. Dabei ist in einer industrialisierten Welt offenkundig, dass auf den Menschen eine Vielzahl von Lärmquellen täglich einwirken.

11 So kennt praktisch jede und jeder die Belastung durch Baulärm. Der Baulärm wird nach Maßgabe der Allgemeinen Verwaltungsvorschrift Baulärm ermittelt. Diese sog. AVV Baulärm gilt für den Betrieb von Baumaschinen auf Baustellen, soweit die Baumaschinen gewerblichen Zwecken dienen oder im Rahmen wirtschaftlicher Unternehmungen Verwendung finden. Sie enthält Bestimmungen über Richtwerte für die von Baumaschinen auf Baustellen hervorgerufenen Geräuschemissionen, das Messverfahren sowie über Maßnahmen, die von den zuständigen Behörden bei Überschreiten der Immissionsrichtwerte angeordnet werden sollen. Insbesondere in den Anhängen zur AVV Baulärm finden sich auch konkrete Maßnahmen zur Lärmminderung. Kennzeichnend für die Verwaltungsvorschrift ist, dass sie lediglich Lärmrichtwerte, aber keine strikten Grenzwerte enthält. Neben der Verwaltungsvorschrift wird mit der 32. BImSchV zur Durchführung des BImSchG eine zweite maßgebende gesetzliche Vorgabe zur Konkretisierung von Lärmschutzvorgaben im Zusammenhang auch mit Bauarbeiten geregelt. Die 32. BImSchV setzt die Richtlinie 2000/14/EG um und regelt in erster Linie schallbezogene technische Vorgaben für eine Vielzahl von Baugeräten und Baumaschinen, die im Zusammenhang mit der Erbringung von Bauleistungen nach dem Stand der Technik Verwendung finden.

12 Neben dem Baulärm können für die menschliche Gesundheit auch Lärmauswirkungen durch Hafenanlagen relevant werden. Die rechtliche Bewertung von Hafenlärm ist umstritten und folgt im Wesentlichen einer modifizierten Anwendung der Technischen Anleitung Lärm (TA Lärm). Die Lärmemissionen eines Hafens werden in Betriebs- und Verkehrslärm unterschieden. Betriebslärm sind dabei alle Emissionen, welche auf dem Betriebsgelände des Hafens entstehen, auch der durch auf dem Gelände verkehrende Fahrzeug und Züge entstehende Lärm. Hafenbezogener Verkehrslärm ist hingegen der Lärm, der durch Fahrzeuge auf öffentlichen Straßen entsteht. Für den Hafenbetrieb wird dieser Lärm durch die Zu- und Abfahrt von LKW und Zügen zum Hafen beschrieben. Die TA Lärm unterscheidet zwischen genehmigungsbedürftigen und nicht genehmigungsbedürftigen Anlagen, nimmt aber Seehäfen von der Vorschrift aus und gilt damit nur für solche Häfen, die ausschließlich Binnenschiffen zugänglich sind. Für diese Häfen gelten grundsätzlich die Immissionsrichtwerte nach Nr. 6.1 TA Lärm.[3] Die Frage danach, wer bezogen auf ein Hafengelände für die Einhaltung von Immissionsgrenzwerten zuständig ist, richtet sich danach, ob die Belästigung aus anlagenbezogenem oder verhaltensbezogenem Lärm resultiert. Anlagenbezogener Lärm ist derjenige Lärm, der mit der Errichtung oder dem Betrieb von Anlagen im Zusammenhang steht sowie der Lärm von Menschen, der in betriebstechnischem oder funktionellem Zusammenhang mit dem Betrieb der Anlage steht.[4] Verhaltensbezogener Lärm ist hingegen der Lärm, der durch menschliches Verhalten verursacht wird und auf den der Anlagenbetreiber keinen Einfluss hat. Der anlagenbezogene Lärm betrifft im gewerblichen Bereich im Allgemeinen die Zuständigkeit staatlicher Umweltämter und Verkehrsbehörden. Verhaltensbezogener Lärm betrifft hingegen die Zuständigkeit der Ordnungsbehörden und erst subsidiär der Polizei.[5]

Neben den bisher genannten Lärmarten spielt vor allem der Industrielärm eine wesentliche Rolle. Der Lärm aus Industrieanlagen wird in erster Linie durch das BImSchG in Verbindung mit der TA Lärm geregelt. Diese enthalten strikte Grenzwerte, deren Einhaltung bei Überschreitung durch entsprechende Anordnungen durchgesetzt werden kann und gegebenenfalls auch durchgesetzt werden muss.[6] Kennzeichnend für die TA Lärm sind dynamische Betreiberpflichten entsprechend dem sich stetig fortentwickelnden Stand der Technik.[7] Das Schutzniveau der Vorschriften wird relativiert durch Abschläge und große Spielräume bei der Zuerkennung beispielsweise von Zuschlägen oder Abschlägen sowie durch einen hohen Einfluss der Vorbelastung.[8]

13

---

[3] *Hansmann*, in: Landmann/Rohmer, Umweltrecht, TA Lärm 1 Rn. 20.
[4] *Kloepfer*, Umweltrecht § 15 Immissionsschutzrecht, Rn. 218.
[5] Leiser Hafen – Effiziente und stadtverträgliche Maßnahmen zur Lärmreduzierung in logistischen Knoten im Binnenland, S. 91.
[6] *Hansmann/Ohms*, in: Landmann/Rohmer, Umweltrecht, BImSchG, § 17 Rn. 4; *Hansmann/Röckinghausen*, in: Landmann/Rohmer, Umweltrecht, BImSchG, § 20 Rn. 1, 33, 33a, 52, 71.
[7] Vgl. Modell zur Gesamtlärmbewertung in Bezug auf § 5 Abs. 1 Nr. 1 BImSchG, S. 153.
[8] *Jarass*, BImSchG § 48 Rn. 21, 22, 27.

14   Der Lärm von Flugzeugen als maßgebliche weitere Lärmquelle wird im deutschen Recht vor allem durch das Luftverkehrsgesetz (LuftVG)[9] in Verbindung mit dem Gesetz zum Schutz gegen Fluglärm (FluglärmG)[10] in Verbindung mit der 1.[11] und 2.[12] Fluglärmverordnung (FluglVO) in Verbindung mit der Anleitung zur Berechnung von Fluglärm 2008 (AzB 2008)[13] näher geregelt. Diese Bestimmungen enthalten keine strikten Immissionsgrenzwerte in § 2 Abs. 2 FluglG, die nicht überschritten werden dürfen, sondern normieren in erster Linie Auslösewerte für Maßnahmen des aktiven oder passiven Schallschutzes. Lärmphysikalisch wird der Fluglärm in einem Dauerschallpegel mit ergänzendem NAT-Kriterium, also einem ergänzenden Spitzenpegel, ausgedrückt. Die Lärmwerte werden nach dem Fluglärmgesetz in Verbindung mit der Fluglärmverordnung in Verbindung mit der AzB 2008 berechnet. Ein Spezifikum des Fluglärms ist, dass hier die Möglichkeiten des aktiven Schallschutzes natürlicherweise begrenzt sind und der Schutz in erster Linie über passiven Schallschutz erfolgt. Die Schutzqualität – und damit der eigentliche Grenzwert verstanden als Innenpegel – wird definiert durch das untergesetzliche Regelwerk der 2. FluglVO, die letztlich Innenschallpegelbereiche vorgibt, die nach dem Einbau von Schallschutzmaßnahmen einmalig auf Kosten des Betreibers hergestellt werden müssen.[14]

---

[9]   Luftverkehrsgesetz vom 10. Mai 2007 (BGBl. I S. 698), zuletzt geändert durch Artikel 6 des Gesetzes vom 22. Dezember 2023 (BGBl. 2023 I Nr. 409).

[10] Gesetz zum Schutz gegen Fluglärm, neugefasst durch Bekanntmachung vom 31.10.2007 (BGBl. I, S. 2550).

[11] Erste Verordnung zur Durchführung des Gesetzes zum Schutz gegen Fluglärm (Verordnung über die Datenerfassung und das Berechnungsverfahren für die Festsetzung von Lärmschutzbereichen – 1. FluglSV) vom 27.12.2008 (BGBl. I, S. 2980), zuletzt geändert durch Art. 11 Abs. 9 des Gesetzes vom 18.07.2017 (BGBl. I, S. 2745).

[12] Zweite Verordnung zur Durchführung des Gesetzes zum Schutz gegen Fluglärm (Flugplatz-Schallschutzmaßnahmenverordnung – 2. FluglSV) vom 08.09.2009 (BGBl. I, S. 2992).

[13] Anleitung zur Berechnung von Lärmschutzbereichen vom 19. November 2008 (BAnz. Nr. 195a vom 23.12.2008 S. 2).

[14] *Ekardt/Heß*, Nomos-BR, FluglärmG § 12 Rn. 1.

Der Eisenbahnlärm wird wiederum nach dem BImSchG in Verbindung mit der 16. BImSchV[15] und mit der sog. Schall 03[16] berechnet. Maßgeblich ist hier vor allem der Dauerschallpegel bezogen jeweils auf den Tag- oder Nachtzeitraum, während Spitzenpegel keine eigenständige Bedeutung haben. Trotz des fehlenden unmittelbaren[17] Einflusses der Spitzenpegel auf die Lärmbewertung[18] enthalten die Vorschriften echte Immissionsgrenzwerte für den Neubau und die wesentliche Änderung entsprechender Eisenbahninfrastrukturen, sodass die jeweils geltenden Lärmwerte durch aktiven oder passiven Schallschutz rechnerisch eingehalten werden müssen.[19]

15

Der Straßenlärm wird ebenfalls nach dem BImSchG und der 16. BImSchV, allerdings in Verbindung mit der RLS 90[20] oder der RLS 19[21] berechnet. Ebenso wie beim Schienenlärm ist hier der Dauerschallpegel maßgeblich und Spitzenpegel haben keine eigenständige Bedeutung, allerdings existieren auch hier echte Immissionsgrenzwerte.[22]

16

Bei Wasserstraßen ist die geltende Rechtslage derzeit nicht durch verbindliche rechtliche Regelungen für die Betrachtung und Bewertung des von Wasserstraßen ausgehenden Lärms gekennzeichnet. Für Wasserstraßen des Bundes, die dem allgemeinen Verkehr dienen, wird als Bewertungsmaßstab vorrangig die

17

---

[15] Sechzehnte Verordnung zur Durchführung des Bundes-Immissionsschutzgesetzes (Verkehrslärmschutzverordnung – 16. BImSchV) vom 12. Juni 1990 (BGBl. I, S. 1036), die zuletzt durch Artikel 1 der Verordnung vom 4. November 2020 (BGBl. I, S. 2334) geändert worden ist.
[16] Sechzehnte Verordnung zur Durchführung des Bundes-Immissionsschutzgesetzes (Verkehrslärmschutzverordnung – 16. BimSchV) Anlage 2 (zu § 4) – Berechnung des Beurteilungspegels für Schienenwege (Schall 03) (BGBl. I 2014, S. 2271-2313).
[17] Mittelbar gehen die Spitzenpegel in die Berechnung des Dauerschallpegels ein.
[18] Vgl. zur Kritik am Schienenbonus: *Sparwasser/Rombach*: Reformbedarf beim „Schienenbonus" – Überlegungen zur Änderung der 16. BImSchV, NVwZ 2007, 1135.
[19] *Bracher*, in: Landmann/Rohmer, Umweltrecht, BImSchG, § 41 Rn. 1, 2; *Bracher*, in: Landmann/Rohmer, Umweltrecht, BImSchG, § 42 Rn. 1.
[20] Richtlinien für den Lärmschutz an Straßen, Ausgabe 1990 — RLS-90, Allgemeines Rundschreiben Straßenbau Nr. 8/1990 vom 10. April 1990, Bonn (VkBl 1990 S. 258).
[21] Richtlinie für den Lärmschutz an Straßen, Ausgabe 2019 – RLS-19 vom 31. Oktober 2019 (VkBl. 2019, Heft 20, S. 698).
[22] *Jarass*, BImSchG, § 41 Rn. 48, 53.

16. BImSchV herangezogen und ergänzend gegebenenfalls ein Vergleich der Schallsituation mit den Orientierungswerten der DIN 18005[23], die üblicherweise für die städtebauliche Planung und damit im Rahmen der Bauleitplanung Anwendung findet,[24] angestellt. Als Grundlage für die Ermittlung und Betrachtung des durch die Schifffahrt ausgehenden Lärms werden die „Empfehlungen für die Durchführung schalltechnischer Untersuchungen als Teil der Wasserbaurechtlichen Planung" des ehemaligen BMVBS 2006[25] herangezogen, die eine Analyse des durch den Schiffsverkehr verursachten Lärms sowie eine Berücksichtigung des Lärms anderer Verkehrsträger, speziell Straße und Schiene, vorsehen. Die Berechnungen des Lärms der Wasserstraße erfolgen gemäß dieser Empfehlung für den Straßenverkehr nach den Vorgaben für den Straßenverkehrslärm und damit nach der 16. BImSchV und für den Schiffsverkehr in Anlehnung an die „Anleitung zur Berechnung der Schallausbreitung an Wasserstraßen"[26]. Die Betrachtung wird dabei häufig aufgrund vieler Kilometer langer Ausbauvorhaben nicht gebäudescharf, sondern flächenhaft anhand von Lärmkarten vorgenommen. Für die Ausgangsdaten der Schallemissionen der Schiffe, also deren Schallleistungspegel, liegen oft keine exakten Angaben vor und es wird auf Schätzungen zurückgegriffen.[27]

18 Die vorstehend genannten Lärmquellen Hafen, Industrie, Flughäfen, Straße und Schicnc bilden gemeinsam den sog. Umgebungslärm[28], der nach den Vorgaben der Richtlinie 2002/49/EG[29] ermittelt wird. Seit Stufe 4 der Lärmkartierung im Jahr 2021 erfolgen die Berechnungen nach den EU-weit harmonisierten Be-

---

[23] DIN 18005:2023-07 „Schallschutz im Städtebau – Grundlagen und Hinweise für die Planung", Juli 2023; DIN 18005 Bbl 1:2023-07 Beiblatt 1: „Schalltechnische Orientierungswerte für die städtebauliche Planung", Juli 2023.
[24] Lärmschutz im Schienenverkehr, BMDV, S. 21.
[25] Empfehlungen für die Durchführung schalltechnischer Untersuchungen als Teil der Wasserbaurechtlichen Planung vom 23.06.2006, Hrsg: Bundesministerium für Verkehr, Bau und Stadtentwicklung.
[26] Anleitung zur Berechnung der Schallausbreitung an Wasserstraßen (ABSAW)- Berlin, Januar 2022.
[27] Bundeswasserstraße Donau: Ausbau Straubing – Vilshofen, Verkehrslärmauswirkungen, Bericht Nr. M103125/02, S. 17.
[28] Art. 3 lit. a) der Richtlinie.
[29] Richtlinie 2002/49/EG des Europäischen Parlaments und des Rates vom 25. Juni 2002 über die Bewertung und Bekämpfung von Umgebungslärm.

rechnungsmethoden „CNOSSOS-EU" und der in diesem Zusammenhang gültigen Berechnungsvorschriften (siehe 34. BImSchV[30] i.V.m. Berechnungsmethode für den Umgebungslärm von Bodennahen Quellen[31], Datenbank für die Berechnungsmethode für den Umgebungslärm von Bodennahen Quellen[32], Berechnungsmethode für den Umgebungslärm von Flugplätzen[33], Datenbank für die Berechnungsmethode für den Umgebungslärm von Flugplätzen[34] und Berechnungsmethode zur Ermittlung der belasteten Zahlen durch Umgebungslärm[35]). Bei der Umgebungslärmrichtlinie handelt es sich eher um eine Bündelung von Vorschriften zur Datensammlung, ohne dass die Richtlinie selbst Grenzwerte enthält. Sie gibt vielmehr lediglich sog. Lärmindizes vor, die detailliert beschreiben, in welcher Art von Lärmpegelbeschreibung die Mitgliedstaaten Lärm zu ermitteln und zu bewerten haben.[36]

Betrachtet man diese sehr individuell auf die jeweilige Lärmquelle bezogenen Vorgaben zur Ermittlung und Bewertung des Lärms und die hiermit verbundene hohe Komplexität, welche die Rechtsanwendung zweifelsfrei erschwert, stellt sich die Frage, ob diese Differenzierungen eigentlich erforderlich sind oder ob sie „ohne Not" erfolgen. Letzteres ist zu verneinen, denn der wesentliche Grund all dieser unterschiedlichen Berechnungsvorschriften ist, dass Lärmwerte immer nur in Verbindung mit den jeweiligen Berechnungsvorgaben einen konkreten Aussagewert haben.[37] Das bedeutet, dass es lärmphysikalische Gründe dafür gibt, Lärm

---

[30] Vierunddreißigste Verordnung zur Durchführung des Bundes-Immissionsschutzgesetzes (Verordnung über die Lärmkartierung) (34. BImSchV) vom 06.03.2006 (BGBl. I, S. 516) zuletzt geändert durch Art. 1 Erste ÄndVO vom 28.05.2021 /BGBl. I, S. 1251).
[31] Berechnungsmethoden für den Umgebungslärm von bodennahen Quellen (Straßen, Schienenwege, Industrie und Gewerbe) (BUB) vom 07.09.2021 (BAnz AT 05.10.2021 B4).
[32] Datenbank für die Berechnungsmethode für den von bodennahen Quellen (Straßen, Schienenwege, Industrie und Gewerbe) (BUB-D).
[33] Berechnungsmethode für den Umgebungslärm von Flugplätzen (BUF) vom 07.09.2021 (BAnz AT 05.10.2021 B4).
[34] Datenbank für die Berechnungsmethode für den Umgebungslärm von Flugplätzen (BUF-D).
[35] Berechnungsmethoden zur Ermittlung der Belastetenzahlen durch Umgebungslärm (BEB).
[36] Vgl. Art. 5 i.V.m. Anhang I der Richtlinie 2002/49/EG.
[37] Modell zur Gesamtlärmbewertung, S. 127.

aus unterschiedlichen Quellen nach jeweils konkreten Vorgaben zu ermitteln. Damit hat etwa ein Pegel, der nach der TA Lärm berechnet wurde, einen anderen Aussagewert als ein Lärmpegel berechnet nach der 16. BImSchV.

20   Diese Quellenbezogenheit der Lärmermittlung setzt sich sodann in einer Einzelanteilsbetrachtung bei neuen und geänderten Lärmquellen fort. Hier gilt der Grundsatz, dass bei der Zulassung neuer oder geänderter Infrastrukturen oder sonstigen Vorhaben nur der Anteil der neuen oder geänderten Lärmquelle in den Blick genommen wird. Daraufhin erfolgt eine Bewertung der Vorbelastung, der Zusatzbelastung und der Gesamtbelastung, wobei insbesondere für die Zusatzbelastung sog. Irrelevanzregeln zur Anwendung kommen. Die auf dieser Grundlage errechnete Zusatzbelastung der neuen oder geänderten Lärmquelle wird anhand der Vorsorgewerte der oben bereits genannten Fachgesetze (also etwa 16. BImSchV, FluglG, etc.) bewertet, ohne dass es auf weitere etwa vorhandene oder geplante Lärmquellen ankäme. Das Bundesverwaltungsgericht hat noch weitergehend zum Beispiel der 16. BImSchV für den Regelfall ein Verbot entnommen, Summenpegel zu bilden[38], ähnliches gilt für die 18. BImSchV[39]. Durchbrochen wird dieses Prinzip der Einzelanteilsbetrachtung und des Verbots der Summenpegelbildung zum Beispiel bei Sonderfallprüfungen nach Nummer 3.2 TA Lärm oder auch bei Sonderfallprüfungen im Anwendungsbereich der 18. BImSchV.[40] Der Grundsatz der Einzelanteilsbetrachtung gilt auch dann nicht und es wird eine Gesamtlärmbetrachtung zwingend erforderlich, wenn die Lärmbelastung des neuen Vorhabens zusammen mit der Vorbelastung die sog. grundrechtliche Zumutbarkeitsschwelle überschreitet. Diese grundrechtliche Zumutbarkeitsschwelle wurde historisch vom Bundesgerichtshof anhand von Art. 14 Grund-

---

[38] BVerwG, Urt. v. 21.03.1996 – 4 C 9/95 – Rn. 35; BVerwG, Urt. v. 29.06.2017 – 3 A 1.16 – Rn. 85.

[39] Achtzehnte Verordnung zur Durchführung des Bundes-Immissionsschutzgesetzes (Sportanlagenlärmschutzverordnung – 18. BImSchV) vom 14. Mai 1990 (BGBl. I S. 880); *Reidt/Schiller*, in: Landmann/Rohmer, Umweltrecht, 18. BImSchV § 2 Rn. 10.; BVerwG, Urt. v. 21.03.1996 – 4 C 9/95 – Rn. 35; BVerwG, Urt. v. 29.06.2017 – 3 A 1.16 – Rn. 85.

[40] Modell zur Gesamtlärmbewertung, S.26, 136; *Reidt/Schiller*, in: Landmann/Rohmer, Umweltrecht, 18. BImSchV § 2 Rn. 10.

gesetz entwickelt. Der BGH hat hier ausgehend von den damals geltenden Richtlinien des Bundes zur freiwilligen Lärmsanierung an Straßen aus den 1980er Jahren Lärmwerte abgeleitet, bei deren Überschreitung eine Entwertung der privatnützigen Wohnqualität von Grundstücken und damit eine Entwertung des privaten Eigentums im Sinne des Art. 14 Grundgesetz anzunehmen ist.[41] Diese Lärmwerte wurden bei 70 bis 75 dB(A) am Tage bzw. 60 bis 65 dB(A) zur Nachtzeit, abhängig von der Vorbelastung und der Gebietsart, eingeordnet. Das Bundesverwaltungsgericht hat sodann diese zur Eigentumsgarantie entwickelten Lärmwerte ohne nähere lärmmedizinische Beurteilung auf den Schutz der körperlichen Unversehrtheit und damit auf Art. 2 Abs. 2 Satz 1 Grundgesetz übertragen und angenommen, dass diese Lärmwerte auch bezogen auf die menschliche Gesundheit die „grundrechtliche Zumutbarkeitsschwelle" definierten. Aufgrund des Umstandes, dass es für diese Annahme keinerlei lärmmedizinische Begründung gibt, ist diese Vorgehensweise nicht bedenkenfrei. Erste Zweifel hat das Bundesverwaltungsgericht selbst im Jahre 2018 erkennen lassen und bei Gelegenheit einer straßenrechtlichen Planfeststellung offen gelassen, ob die genannten Lärmwerte jedenfalls für die Wohnbebauung noch angemessen sind oder nicht zur Nachtzeit für Wohngebiete etwa auf 57 dB(A) herabgesetzt werden müssen.[42] Veröffentlichungen der Lärmwirkungsforschung weisen jedenfalls bereits seit mehreren Jahren darauf hin, dass schon bei Lärmeinwirkungen ab 65 dB(A) am Tage beziehungsweise 55 dB(A) zur Nachtzeit mit hoher Wahrscheinlichkeit eine Risikoerhöhung für Herz-Kreislauf-Erkrankungen eintritt.[43] Die WHO empfiehlt, die Lärmbelastung ganztags auf weniger als 53 dB(A) für den Straßenverkehr bzw. 54 dB(A) für den Schienenverkehr sowie nachts auf weniger als 45 bzw. 44 dB(A) zu verringern, um schädliche gesundheitliche Auswirkungen sowie Beeinträchtigungen des Schlafes zu vermeiden. Zu beachten ist in diesem Zusammenhang, dass der Gesundheitsbegriff der WHO nicht deckungsgleich mit dem Begriff der körperlichen Unversehrtheit nach dem Grundgesetz ist.[44] Der diesbezügliche Streit mag dahin-

---

[41] BGH, Urt. v. 20.03.1975 – III ZR 215/51 – Rn. 12, 32.
[42] vgl. BVerwG, Beschl. v. 25.04.2018 – 9 A 16.16 – Rn. 87.
[43] Modell zur Gesamtlärmbewertung, S. 59 ff.
[44] *Jarass*, in: Jarass/Pieroth (Hrsg.), GG, Art. 2 Rn. 99.

stehen, da jedenfalls in der Lärmwirkungsforschung aufgrund der hohen Differenz zwischen der bisherigen Rechtsprechung und den hohen Anforderungen der WHO ein gesundheitsbezogenes Schutzziel von 65 dB(A) tags und 55 dB(A) nachts als gesundheitsbezogener Grenzwert vorgeschlagen wurde, der geeignet erscheint, die Vorgaben des Art. 2 Abs. 2 Satz 1 GG umzusetzen. Wenn im Weiteren die Rede von der grundrechtlichen Zumutbarkeitsschwelle ist, wird auf diese Werte Bezug genommen.

21 Abgesehen von dem Gebot, bei Überschreiten der grundrechtlichen Zumutbarkeitsschwelle eine Gesamtlärmbetrachtung vorzunehmen, kann in Abweichung vom Prinzip der Einzelanteilsbetrachtung der Gesamtlärm in einigen Fällen freiwillig betrachtet werden, zum Beispiel im Bereich der Bauleitplanung oder der Lärmaktionsplanung.[45] Hier stellt sich sodann das Problem der (genauen) Berechnungsweise einer Summation. Hierzu ist festzustellen, dass bisher kein einheitlicher Umgang mit Mehrfachbelastungen bzw. Gesamtlärm existiert. Dies bedeutet, dass in der Praxis die Berechnung und Bewertung letztlich einzelfallbezogen, aber ohne feste Vorgaben erfolgt. Häufig wird eine sog. energetische Addition als einfaches, aber eher ungenaues Verfahren zur Anwendung gebracht, weil wie oben gezeigt „nicht vergleichbare" Pegel grundsätzlich nicht ohne weiteres addiert werden können. Die NOHRA-Studie zu Krankheitsrisiken für das Rhein-Main-Gebiet hat etwa gezeigt, dass die energetische Summation von Geräuschpegeln zum Beispiel Herz-Kreislauf-Erkrankungsrisiken, aber auch Depressionsrisiken deutlich unterschätzt. Um den Berechnungsschwierigkeiten zu begegnen wurde als erster Ansatz die VDI 3722-2[46] entwickelt, die Kenngrößen beim Einwirken mehrerer Quellenarten von Verkehrsgeräuschen zur Verfügung stellt. Diese VDI funktioniert einfach ausgedrückt so, dass die nach den jeweiligen Fachvorschriften berechneten Einzelpegel umgerechnet werden in einen Straßenpegel (sog. renormierter Ersatzpegel) mit dem Effekt, dass diese Ersatzpegel sodann energetisch addiert werden können. Für den hier relevanten gesundheitsgefährdenden Lärm ist allerdings zu beachten, dass die bishe-

---

[45] Modell zur Gesamtlärmbewertung, S. 45.
[46] VDI 3722-2, 2013. „Wirkung von Verkehrsgeräuschen – Kenngrößen beim Einwirken mehrerer Quellenarten", Mai 2013.

rige VDI 3722-2 hinsichtlich der Wirkgrößen nur die Belästigung und Schlafstörungen abbildet, aber keine Aussagen für Gesundheitswirkungen erlaubt, weil die dafür zugrunde liegenden Wirkungsbeziehungen nicht Bestandteil des Berechnungsverfahrens sind. Hier wirkt sich letztlich aus, dass Studien der Lärmwirkungsforschung sich immer auf eine bestimmte Wirkgröße also etwa Belästigung, Schlafstörung, Herzinfarkt, Herzinsuffizienz, Depression etc. beziehen und versuchen, eine Korrelation zur Lärmexposition zu finden. Studien darüber, wie die Wirkungsgrößen untereinander korrelieren, also etwa Belästigung mit Herzinfarkt oder einem anderen gesundheitsbezogenen Wirkungsendpunkt, scheint es bisher nicht zu geben.[47] Rechtswissenschaft und Praxis behelfen sich hier letztlich mit einer pragmatischen Herangehensweise und lassen in Kenntnis der Defizite sogar die energetische Addition etwa für die Ableitung von Maßnahmen der Lärmaktionsplanung genügen.

Insgesamt betrachtet ist damit festzustellen, dass Lärmbelastungen, die aufgrund verschiedener Lärmquellen entstehen, bisher letztlich nur in Ausnahmefällen erfasst werden und hierbei aktuell weder bei der Ermittlung noch bei der Bewertung solcher Belastungen eine einheitliche Methode zur Anwendung kommt. 22

5. Privilegierung bestimmter Emittenten

Als dritte Komponente neben der Quellenbezogenheit des Lärms und der Einzelanteilsbetrachtung als Bestandteil der geltenden Rechtslage und als weiterer Grund für deren mangelnde Eignung, einen effektiven Schutz vor gesundheitsgefährdendem Lärm zu gewährleisten, ist die Privilegierung einzelner Emittenten zu benennen. Betrachtet man etwa die rechtlichen Regelungen für den Lärm aus Industriequellen ist festzustellen, dass hier, wie oben gezeigt, strikte Grenzwerte und dynamische Betreiberpflichten sicherstellen, dass eine bestimmte Lärmhöhe auch nach Abschluss etwaiger Zulassungsverfahren für eine Anlage nicht überschritten wird. Die Durchsetzung geltender Grenzwerte ist auch im laufenden genehmigten Betrieb mit nachträglichen Anordnungen nach §§ 17 ff. BImSchG möglich. Auch zivilrechtliche Abwehransprüche gegen zu laute Industrieanlagen, etwa nach § 906 BGB, sind grund- 23

---

[47] Modell zur Gesamtlärmbewertung, S. 130.

sätzlich denkbar, sofern sie nicht im Einzelfall nach § 14 BImSchG ausgeschlossen sind.[48] Man kann sich hier bereits fragen, ob diese strikten Regelungen ein Grund dafür sind, dass der Industrielärm, wie noch gezeigt wird, nur in geringem Umfang zu Lärm beiträgt, der gesundheitsgefährdend ist. Betrachtet man nämlich im Gegensatz dazu die rechtliche Behandlung der nachträglichen Steigerung des Lärms von Infrastrukturen, also etwa Flughäfen, Eisenbahnstrecken oder Straßen, fällt unmittelbar auf, dass gegenüber einer nachträglichen Steigerung des Lärms Schutzansprüche nur nach Maßgabe von § 75 Abs. 2 Satz 2 VwVfG in Frage kommen. Absatz 2 Satz 1 der genannten Vorschrift beinhaltet eine Duldungspflicht der Auswirkungen bestandskräftig zugelassener Infrastrukturen. Ein Ausgleich erfolgt nur bei unvorhersehbaren Wirkungen, wobei die Grenze grundsätzlich bei der oben bereits erläuterten grundrechtlichen Zumutbarkeitsschwelle gezogen wird, § 75 Abs. 2 Satz 2 VwVfG. Ein zivilrechtlicher Anspruch nach § 906 BGB ist im Wege der Gesetzeskonkurrenz ausgeschlossen.[49] Bei Flughäfen, Straße und Schiene ist auch der vollständige Anspruchsausschluss nach 30 Jahren, der in § 75 Abs. 3 Satz 2, 2. Halbsatz VwVfG vorgesehen ist, ein wesentlicher Grund dafür, dass nachträgliche Schutzansprüche nicht erfolgreich durchgesetzt werden können. Eine Verminderung von Lärmauswirkungen, die die grundrechtliche Zumutbarkeitsschwelle überschreiten, erfolgt ausschließlich im Rahmen einer freiwilligen Lärmsanierung nach verfügbaren Haushaltsmitteln. Ein Sonderfall für Infrastrukturen im Bestand kommt nur dann in Frage, wenn es um solche geht, die bereits vor Inkrafttreten des Verwaltungsverfahrensgesetzes bestandskräftig planfestgestellt wurden.[50] Ein weiterer Sonderfall kommt in Betracht, wenn eine alte Zulassungsentscheidung etwa einen Auflagenvorbehalt enthält, der nachträglichen Lärmschutz möglich macht, was in der Praxis aber nur in seltenen Ausnahmefällen auftritt. Im Übrigen bleiben Lärmbetroffene hier gegenüber steigenden Lärmauswirkungen vorhandener Infrastrukturen schutzlos.

24 Diese Aspekte verdeutlichen, dass die derzeitige Herangehensweise an die Lärmermittlung und -bewertung wesentliche De-

---

[48] *Rehbinder*, in: Landmann/Rohmer, Umweltrecht, BImSchG, § 14 Rn. 1, 2.
[49] Vgl. ausführlich *Wysk*, Festschrift für Ulrich Ramsauer, 2023, 347 ff.
[50] Kritisch dazu *Wysk*, Festschrift für Ulrich Ramsauer, 2023, 347, 362 ff.

fizite aufweist. Es fehlt an einer ganzheitlichen Betrachtung, die sowohl die kumulative Wirkung verschiedener Lärmquellen als auch die Gesamtsituation am Immissionsort berücksichtigt. Die aktuelle rechtliche Praxis begünstigt somit eine fragmentierte und oft unzureichende Lärmbewertung, die den Anforderungen eines modernen und effektiven Lärmschutzes nicht gerecht wird. Insbesondere der Vergleich zwischen Industrielärm und Lärm aus Infrastrukturen zeigt zudem, dass eine historisch gewachsene Privilegierung der ehemals staatlichen Infrastrukturen letztlich eine Verbesserung der Lärmsituation nach Abschluss des Zulassungsverfahrens strukturell behindert. Diese Privilegierung, die ursprünglich das Anliegen verfolgte, die Zulassung von Vorhaben im öffentlichen Interesse nicht zu behindern, sollte grundlegend hinterfragt werden.

III. Zukünftige Rechtsentwicklung (de lege ferenda):

Die Notwendigkeit einer Reform des Lärmschutzrechts wird zunehmend erkannt, um den Schutz der Bevölkerung vor gesundheitsgefährdendem Lärm effektiver zu gestalten. Im Folgenden werden Vorschläge und Perspektiven für eine solche zukünftige Rechtsentwicklung erörtert.   *25*

1. Gesellschaftlicher Konsens und Systemwechsel:

Ein grundlegender Ansatzpunkt für die Reform des Lärmschutzrechts ist die Schaffung eines gesellschaftlichen Konsenses darüber, dass gesundheitsgefährdender Lärm konsequent bekämpft und schrittweise beseitigt werden muss. Dies erfordert einen Systemwechsel hin zu einer Betrachtung des Gesamtlärms am Immissionsort sowie die Aufgabe von Privilegierungen für bestimmte Lärmemittenten. Ein solcher Wechsel würde eine umfassendere und gerechtere Lärmbewertung ermöglichen und ist somit ein zentraler Schritt in Richtung eines effektiveren Lärmschutzes.   *26*

2. Lösungsansätze für Lärmquellen und Lärmbelastungen:

Es müssen Lösungen sowohl für die Anlage neuer Lärmquellen als auch für die wesentliche Änderung bestehender Lärmquellen   *27* gefunden werden. Dabei sollten insbesondere jene Lärmquellen im Fokus stehen, die maßgeblich zu gesundheitsgefährdendem Lärm beitragen. Dies erfordert eine umfassende Analyse und Identifizierung der Hauptlärmquellen und deren Auswirkungen.

28 Damit stellt sich die Frage welche Lärmquellen für gesundheitsgefährdenden Lärm maßgeblich verantwortlich sind. Betrachtet man die Anzahl der Menschen in den EU-Mitgliedstaaten, die einem Umgebungslärm von über 55 dB(A) (als Ganztagspegel L_{DEN}) ausgesetzt sind (2007, 2012 und 2017), wird unmittelbar deutlich, dass der Industrielärm nur in sehr geringem Umfang zu Lärm beiträgt, der als gesundheitsrelevant eingestuft werden kann.[51] Straße, Schiene und Flughäfen bilden eindeutig die Hauptlärmquellen in Europa und tragen maßgeblich und in ganz entscheidender Weise zu starken Belästigungen, starken Schlafstörungen, Fällen von Ischämischer Herzerkrankung und vorzeitigen Todesfällen, als den Hauptindikatoren für gesundheitsrelevantem Lärm bei. Sachdienliche Überlegungen, wie im Interesse der Verbesserung des Gesundheitsschutzes Änderungen der rechtlichen Lage vorgenommen werden können, sollten sich auf die Hauptlärmquellen fokussieren und zugleich das vergleichsweise hohe Schutzniveau, das etwa nach BImSchG und TA Lärm für die dort erfassten Nutzungen greift, beibehalten.

29 Dabei werden in der Wissenschaft bereits vielfältige Konzepte diskutiert, wie den oben skizzierten Problemen adäquat Rechnung getragen werden kann. Die Überlegungen gehen vor allem dahin, Gesamtlärmschutzkonzepte einzuführen. Eine Möglichkeit besteht darin, eine Verwaltungsvorschrift „TA Gesamtlärm" zu etablieren, in der Regelungen für Grenzwerte für Gesamtlärm nach dem Vorbild der TA Lärm auf Grundlage von § 48 Abs. 1 BImSchG getroffen werden könnten. Vorteil einer solchen Lösung wäre ein vergleichsweise einfaches Erlassverfahren, da es nicht um ein formelles Gesetz, sondern nur eine Verwaltungsvorschrift ginge. Dagegen spricht, dass auch eine TA Gesamtlärm, die alle Hauptlärmquellen erfassen will, ohne eine Änderung des BImSchG nicht sinnvoll wäre, da anderenfalls der Fluglärm nicht erfasst wäre. Zu-

---

[51] Interne Berechnungen der Europäischen Umweltagentur für den Lärmindex, „Health impacts of exposure to noise from transport", Europäische Umweltagentur, 2022.

dem kann gegen eine Verwaltungsvorschrift angebracht werden, dass es immerhin um die Regelung der Schwelle für die Beeinträchtigung der körperlichen Unversehrtheit geht und damit die Grenzwertfestlegung sich im grundrechtsrelevanten Bereich bewegt, sodass der Wesentlichkeitsgrundsatz für ein Lösung durch formelles Gesetz sprechen würde.

Ein formelles Gesetz zur Bewertung des Gesamtlärms ist wiederum in grundsätzlich zwei Varianten denkbar. So könnte ein „allgemeines Lärmschutzgesetz" eine Regelung quellenspezifischer Lärmgrenzwerte für alle Lärmarten und zugleich Gesamtlärmwerte („große Lösung") enthalten. Vergleichbar dem Ansatz des nicht zustande gekommenen Umweltgesetzbuches könnte durch Bündelung aller Lärmgrenzwerte in einem einheitlichen Gesetz eine leichtere Handhabung für die Praxis gegenüber der bisher durch umfangreiche Einzelgesetze und untergesetzliche Regelwerke zersplitterten Rechtslage ermöglicht werden. Die jeweiligen Berechnungsverfahren wären in Anhängen darstellbar und zugleich könnten Gesamtlärmwerte aufgenommen werden. Dies würde eine kohärentere und umfassendere Herangehensweise an die Lärmbewertung ermöglichen und könnte helfen, die Komplexität und Fragmentierung im aktuellen Rechtssystem zu reduzieren. Diese „große Lösung" erfordert freilich tiefe Eingriffe in die bisherige Systematik und lässt aufgrund der unterschiedlichen Ressortzuständigkeit der einzelnen Ministerien für notwendige rechtlichen Anpassungen einen sehr langwierigen parlamentarischen Prozess erwarten.

30

Als zweite, abgespeckte Variante käme ein „Gesamtlärmgesetz" in Frage, das nur Regelungen von Grenzwerten für Gesamtlärm enthält. Wie oben bereits angesprochen, stoßen die bestehenden Methoden zur Lärmbewertung, insbesondere die VDI 3722-2, in Bezug auf eine umfassende und wirkungsgerechte Gesamtlärmbetrachtung an ihre Grenzen. Probleme bestehen insbesondere wegen der ungenauen energetischen Addition von Lärmpegeln. Ein belästigungseffektbezogener Gesamtpegel lässt sich nach aktuellem Kenntnisstand nicht in einen gesundheitseffektbezogenen Gesamtpegel umrechnen. Daher können solche Pegel nicht an Gesundheitsgrenzwerten gemessen werden.[52] Zudem sind

31

---

[52] Modell zur Gesamtlärmbewertung, S. 130.

Maße wie Maximalpegel oder einzelereignisorientierte Maße für eine Gesamtlärmbetrachtung nicht geeignet, da hierzu kaum Studien aus der Lärmwirkungsforschung vorliegen. Allerdings gibt es für diese Problematik bereits geeignete Methodenvorschläge aus der Wissenschaft. So hat etwa ein Projekt des Umweltbundesamts zur Gesamtlärmbewertung Bewertungen der VDI 3722-2 unter Gesundheitsschutzaspekten vorgenommen und Vorschläge zur Verbesserung unterbreitet, um neben der Lärmbelästigung und lärmbedingten Schlafstörungen auch weitere Gesundheitsschutzaspekte zu berücksichtigen und alle betrachteten Wirkungen in einem Index darstellen zu können. Dabei werden konkrete Aktualisierungen der Expositions-Wirkungsbeziehungen für die Quellenarten Flug-, Schienen- und Straßenverkehrslärm vorgeschlagen, um die Gesundheitsbeeinträchtigungen mit abbilden zu können, und Kurven für Industrie- und Gewerbelärm und Lärm von Windenergieanlagen eingeführt. Das UBA-Modell zur Gesamtlärmbewertung setzt auf eine wirkungsgerechte Gesamtlärmbetrachtung auf Grundlage einer Betrachtung des Gesamtlärms in Form einer Art der Addition, die entweder rein energetisch, mit Korrekturverfahren oder Dosis-wirkungsbezogen vorgenommen werden kann.[53] Wirkungsbezogene Gesamtlärmpegel für den Gesundheitsschutz können damit tatsächlich berechnet werden.

32   Zusammenfassend lässt sich damit zu TA Gesamtlärm bzw. zu cincm allgcmcincn Lärmschutzgesetz oder zumindest einem Gesamtlärmgesetz sagen, dass aus Sicht der Lärmphysik und der Lärmmedizin die notwendigen fachlichen Voraussetzungen für wirkungsbezogene Gesamtlärmpegel vorhanden sind. Eine Ableitung wirkungsbezogener Gesamtlärmpegel für den Gesundheitsschutz durch die Verwaltung oder den Gesetzgeber sind damit möglich und deren Festschreibung als „absolute" Grenzwerte für die Vorhabenzulassung denkbar. Praktisch käme zugleich die Einführung einer quellenartübergreifenden Gesamtlärmprüfung in Frage, wenn ein Vorhaben nach Einschätzung der zuständigen Behörde eine schädliche Umwelteinwirkung durch Gesamtlärm mitverursachen kann.[54] Dabei erscheint zugleich die Etablierung einer Gesamtlärm-Vorprüfung unter dem Gesichtspunkt der Ver-

---

[53] Vgl. UBA-Projekt, S. 54.
[54] vgl. UBA, Modell zur Gesamtlärmbewertung, S. 152.

hältnismäßigkeit sinnvoll, weil nicht jedes Vorhaben relevant zu einer Gesamtlärmbelastung beiträgt, sondern letztlich eine Prüfung der Lärmkumulation erst ergibt, ob überhaupt mehrere Quellen relevant zu einer Gesamtlärmsituation beitragen.

Der Befund, dass eine rechtliche Regelung auch des Gesamtlärms möglich ist, darf aber nicht darüber hinwegtäuschen, dass mit einer entsprechenden Regelung wie gezeigt ein Systemwechsel verbunden ist, der eine Vielzahl zu lösender Fragen auslöst, die um den Rahmen des vorliegenden Beitrags nicht zu sprengen, nur beispielhaft erwähnt werden können. Unübersehbar birgt aber ein Gesamtlärmgrenzwert etwa die Problematik, dass bisher eine hohe Vorbelastung das neu hinzutretende Vorhaben (z. B. nach Nr. 3.2.1 Abs. 2 und 3 TA Lärm) privilegiert. Ein wirkungsbezogener Gesamtlärmpegel als absoluter Grenzwert für die Vorhabenzulassung kann eine „Vorhabensperre" bewirken und damit erhebliche Beschränkungen insbesondere des Eigentums an Grundstücken mit sich bringen. Hier müssen Lösungen diskutiert werden, die ggf. auch darin bestehen können, den bisherigen Umgang mit passivem Schallschutz als Mittel der Lösung von Lärmkonflikten im BImSchG zu diskutieren und ggf. bei industriellen Gesamtlärmlagen den Vorrang des aktiven Schallschutzes zu überdenken. Spezifisch für die Einbindung des Industrielärms in eine Gesamtlärmbetrachtung besteht zusätzlich die Schwierigkeit, dass fachwissenschaftlich die gesundheitlichen Wirkungen speziell von Industrielärm noch nicht vollständig geklärt sind und damit ggf. weiterer Forschungsbedarf hinsichtlich der Gesundheitswirkungen besteht. Dem kann jedenfalls kurz- und mittelfristig durch eine Konzentration auf die „Hauptlärmquellen" der verkehrlichen Infrastrukturen begegnet werden. Nicht übersehen werden darf zudem, dass die Berechnungsverfahren für Gesamtlärm bisher noch eher aufwändig und kostenintensiv sind, sodass ggf. besondere Belastungen gerade bei kleineren Vorhaben im Raum stehen. Im Hinblick auf den Berechnungsaufwand kann allerdings positiv vermerkt werden, dass Analysen der Lärmaktionspläne und Lärmkartierungen in einem BAST-Forschungsbericht gezeigt haben, dass in der Regel der Einfluss von höchstens zwei Quellen auf einen Immissionsort maßgeblich ist, während das gleichzeitige Einwirken von drei Quellen in gleicher relevanter Höhe an einem Immissionsort eher selten anzutreffen ist.[55] Modellrechnungen haben dabei gezeigt, dass im Wesentlichen der Schienen- und Straßenverkehr zu einer gemeinsamen Lärmbelastung führen. Der Flugverkehr kann, insbesondere aufgrund der hohen Lage der Quellen und einer Berechnung ohne Abschirmung, bei entsprechenden Geräuschemissionen vor allem in räumlicher Nähe zu An- und Abflugrouten an den Flughäfen, ebenfalls relevant beitragen.[56]

3. Lärmmanagement und Lärmbewirtschaftung als aktiver Lösungsansatz

34 TA Gesamtlärm und Gesamtlärmgesetz, egal in welcher Ausprägung, bieten allerdings keine Lösung für die Lärmbelastung im Bestand, da entsprechende Lärmgrenzwerte stets an die Neuerrichtung oder wesentliche Änderung einer Lärmquelle anknüpfen. Lärm ist letztlich ein Mengenproblem, das nach dem Vorbild anderer Immissionen (z. B. Luftschadstoffe, stoffliche Einwirkungen in Boden und Wasser, etc.) im Wege eines Lärmmanagements oder einer „Lärmbewirtschaftungsplanung" adressiert werden sollte.

35 Dabei kann zunächst überlegt werden, ob mit der EU-RL 2002/49/EG bzw. den nationalen Umsetzungsbestimmungen in §§ 47a bis 47f BImSchG bereits ein geeignetes System für ein Lärmmanagement vorhanden ist. Die Umgebungslärmrichtlinie harmonisiert in erster Linie die Ermittlung und Bewertung der Lärmbelastung durch verbindliche Lärmindizes gemäß ihrem Anhang 3. Die Harmonisierung dient aber vor allem der Vergleichbarkeit der Lärmwerte auf europäischer Ebene. Mit dem Ansatz einer verpflichtenden Datenermittlung für alle Quellen der Richtlinie 2002/49/EG wird allerdings auch national eine geeignete Datengrundlage für die Identifizierung von Lärmkonflikten geschaffen, da durch die Lärmkartierung bekannt ist, welche Lärmwerte durch die einzelnen erfassten Arten des Umgebungslärms wo erreicht werden. Mit der Pflicht zur Aufstellung von Lärmaktionsplänen mit konkreten Lärmminderungsmaßnahmen stellt die Richtlinie grundsätzlich auch ein System bereit, um über einen planerischen Ansatz

---

[55] BAST-Bericht, S. 38.
[56] BAST-Bericht, S. 38.

Lärmminderungsziele zu definieren und Maßnahmen zur Zielerreichung vorzusehen. Hier besteht aber das eigentliche Problem in der Durchsetzung insb. bei planungsrechtlichen Maßnahmen nach § 47d Abs. 6 BImSchG i. V. m. § 47 Abs. 3 Satz 2 und Abs. 6, die sich an andere Hoheitsträger als die die Lärmminderungsplanung betreibende Stelle richten und die bei deren Entscheidungen nur zu berücksichtigen, aber nicht strikt verbindlich umzusetzen sind. Zudem behindert gerade bei den Hauptlärmquellen die letztlich ineffektive Zuständigkeit für die Lärmminderungsplanung bei den Gemeinden eine tatsächlich wirksame Umsetzung von Lärmminderungszielen, wie die EU-Kommission in ihrer Evaluation der Umgebungslärmrichtlinie festgestellt hat. Schließlich sieht die Richtlinie zwar eine Pflicht zur Ausweisung und zum Schutz sog. „ruhiger Gebiete" vor einer Zunahme des Lärms vor, enthält aber gleichzeitig keine verbindlichen Grenzwerte und keine konkreten Minderungsvorgaben. Die EU-Richtlinie 2002/49/EG bietet damit in der bisherigen Ausgestaltung gerade kein hinreichend effektives und verbindliches System zur Lärmbewirtschaftung an. Die mit der Richtlinie erlangte Datengrundlage bietet aber einen geeigneten Ansatz zur Identifizierung von Lärmkonflikten im Bestand.

4. Eigener Lösungsansatz

Auf Grundlage der Umgebungslärmkartierungen kann erwogen werden, ein eigenständiges nationales Lärmmanagementsystem zu entwickeln, das mit der Einführung einer behördlichen Pflicht zur aktiven Beseitigung gesundheitsschädlichen Lärms einen proaktiven Handlungsansatz zur Beseitigung solcher Lärmbelastungen beschreitet. Als Grundlage können die Daten der Umgebungslärmkartierung dienen, die Kenntnis über die Höhe der Lärmbelastung und die verantwortlichen Quellen mit ihren jeweiligen Einzelbeiträgen liefert. Gleichwohl ist der Aufwand erheblich, da zur Konfliktlösung absehbar Nachermittlungen erforderlich sind. Aufgrund der Tatsache, dass ausgehend von den Ergebnissen der Umgebungslärmkartierung eine Vielzahl von Lärmkonflikten besteht, erscheint für die behördliche Pflicht zur aktiven Beseitigung eine entsprechende Priorisierung erforderlich, die z. B. nach Schwere des Konflikts vorgenommen werden

36

kann. So könnte etwa eine Pflicht zur Beseitigung von Lärmbelastungssituationen über 75/65 dB(A) tags bzw. nachts binnen 5 Jahren, über 70/60 dB(A) binnen 10 Jahren und über 65/55 dB(A) binnen 15 Jahren angestrebt werden. Dieser Priorisierungsvorschlag ist nur ein „gegriffener" Vorschlag, der sich an der Wesentlichkeit der Belastung orientiert und zugleich die aktuellsten Vorschläge der Lärmwirkungsforschung für einen gesundheitsbezogenen Lärmsummationspegel zugrunde legt. Auch die Fristvorschläge sind nur Vorschläge, ob sie realistisch sind, müsste die Praxis zeigen.

37   Eine aktive Analyse der Lärmkonflikte erfordert es sodann im Detail, die jeweils zur einer Gesamtlärmsituation beitragenden Emittenten konkret zu ermitteln und geeignete Maßnahmen zur Lärmminderung zu entwickeln, wobei die – noch zu bestimmende – zuständige Behörde notwendig über ein Auswahlermessen verfügen müsste. Dabei können verschiedene Situationen eintreten. Liegt eine gesundheitsgefährdende Lärmbelastung im Sinne des o.g. Stufenmodells durch nur eine Lärmquelle vor, müssten entsprechende Maßnahmen an dieser Quelle ansetzen. Handelt es sich um eine Kumulation mehrerer Quellen, dann ist eine Auswahl zwischen Maßnahmen gegenüber unterschiedlichen Verursachern erforderlich. Damit erhebt sich unmittelbar das Problem der gerechten Verteilung der Beseitigungslasten. Denn bei einer durch mehrere Quellen hervorgerufenen Gesamtlärmbelastung sind mehrere „Störer" vorhanden, sodass in der Terminologie des Ordnungsrechts eine sachgerechte Störerauswahl erfolgen muss. Diese sieht sich von vornherein mit der Schwierigkeit konfrontiert, dass in der Regel für verschiedene, zu einem Gesamtlärmkonflikt beitragende Anlagen verschiedene Behörden zuständig sind, sodass für ein aktives Lärmmanagement ggf. auch Zuständigkeiten verändert werden müssten, um eine quellenartübergreifende Gesamtlärmbewertung zu gewährleisten. Die Frage, welcher Anlagenträger bei mehreren Mitverursachern Adressat einer Lärmminderungsanordnung wird (Störerauswahl, Primärebene), ist dabei streng zu trennen von der Frage, wie die Kosten der Lärmsanierung unter den Störern verteilt werden (Kostenzurechnung, Sekundärebene). Auf der Ebene der Anordnung von Lärmminderungsmaßnahmen (Primärebene) sollte es vor allem um die Effektivität der Lärmminderung selbst gehen. Ein

finanzieller Ausgleichsmechanismus zwischen mehreren Störern, sofern nicht die Behörde alle Störer ordnungsrechtlich in Anspruch nimmt, ist zwar zwingend erforderlich, aber auf Ebene der Maßnahmenauswahl noch nicht relevant. Für die Identifizierung geeigneter Maßnahmen kann auf ein aktuelles BASt-Forschungsvorhaben zurückgegriffen werden, das eine Methodik für eine Gesamtlärmbetrachtung entwickelt hat, die unabhängig von konkreten Rechenvorschriften, Additionsverfahren und Bewertungsgrundlagen ist.[57] In einer Vorprüfung und dem eigentlichen Verfahren zur Lärmkumulation werden dabei mehrere Schritte durchlaufen, um eine Lärmkumulation zu identifizieren, einen Maßnahmenbedarf abzuleiten und Maßnahmen – in einem iterativen Verfahren – zu prüfen. Dies erlaubt es, in einem vergleichsweise einfachen Verfahren zwischen der potentiellen Vielzahl von Maßnahmen in verschiedenen Situationen eine sinnvolle Auswahl zu treffen. Der genannte Leitfaden zur Lärmkumulation schlägt für die Bewertung einer verkehrsträgerübergreifenden Lärmkumulation in komplexen Situationen konkret eine zweistufige Vorgehensweise vor. Zuerst wird das Vorliegen einer Lärmkumulation sowie die Voraussetzungen für eine Anwendung des Verfahrens geprüft. Wenn die Voraussetzungen gegeben sind, wird im Anschluss ein Prüfverfahren für zwei relevante Quellen zur Maßnahmenfindung durchlaufen. Da sich die Immissionssituation zwischen dem Tag- und Nachtzeitraum unterscheiden kann, ist das Verfahren grundsätzlich getrennt für alle relevanten Beurteilungszeiträume anzuwenden (diese ergeben sich in der Regel aus dem Schutzziel).[58]

Entsprechend identifizierte Maßnahmen können dann seitens der zuständigen Behörde gegenüber dem jeweiligen Verursacher oder mehreren Verursachern angeordnet werden. Dem steht bisher die Bestandskraft und der Ausschluss von Ansprüchen bei „privilegierten" Emittenten weitgehend entgegen, sodass der notwendige Systemwechsel auch die Einführung einer Rechtsgrundlage für nachträgliche Anordnungen gegenüber diesen Emittenten erfordern würde und damit eine dynamische Pflicht zur Einhaltung der Lärmgrenzwerte für alle Lärmquellen statuiert

38

---

[57] BAST-Bericht, S. 89 ff.
[58] BAST-Bericht, S. 94.

werden müsste. Die hiermit verbundene Aufgabe der Privilegierung für die Hauptlärmquellen ist ggf. mit Eingriffen in Art. 14 GG, insbesondere bei Flughäfen und Schienenwegen, verbunden. Allerdings ist die Grundrechtsberechtigung der weit überwiegend unter staatlicher Kontrolle stehenden Unternehmen aus hiesiger Sicht ohnehin fraglich[59], letztlich dürften entsprechende Eingriffe in grundrechtsrelevante Positionen jedenfalls mit Blick auf das hohe Gut der individuellen Gesundheit, aber auch der Volksgesundheit, rechtfertigungsfähig sein.

39   Die effektive Umsetzung von Lärmschutzmaßnahmen erfordert aber selbstredend eine durchdachte Verteilung der damit verbundenen Kosten. Das UBA-Gesamtlärmprojekt schlägt vor, dabei Aspekte wie das Verursacherprinzip, Kommutativität, Stichtags- und Gebietsunabhängigkeit zu berücksichtigen. Basierend auf diesen Überlegungen wurden folgende Finanzierungsmodelle entwickelt:

40   Modell „Lärmanteil Bestand": Kostenverteilung gemäß des Anteils einer Lärmquelle an der Gesamtlärmbelastung vor Umsetzung der Schallschutzmaßnahme.

41   Modell „Anteil Lärmpegelminderung": Verteilung der Kosten anhand des Verhältnisses der Lärmminderung einer Quelle zur Gesamtlärmminderung.

42   Modell „Gewichteter Anteil Lärmpegelminderung": Kostenverteilung basierend auf dem Anteil an der Lärmminderung, gewichtet mit dem Beitrag zur Gesamtlärmbelastung.

43   Hier bedürfte es entsprechender Entscheidungen des Gesetzgebers, welches Zurechnungsmodell für die Lösung von Gesamtlärmkonflikten gewählt werden soll, entsprechende Modelle sind jedenfalls vorhanden und könnten zur Anwendung kommen.

44   Da es sich bei den Hauptlärmquellen wie gezeigt jedenfalls weit überwiegend um staatliche Infrastrukturen handelt, ist neben der „individuellen" Zurechnung der Minderungslasten an die Verursacher die Frage, wer das im Ergebnis denn eigentlich alles bezahlen soll, natürlich von herausragender Relevanz. Hier scheint es lohnenswert, zunächst im Wege einer Kostenanalyse die Kosten gesundheitsschädlichen Lärms für das Gesundheitssystem zu ermitteln. Sodann könnte ggf. eine Bereitstellung von Mitteln

---

[59] Siehe etwa BVerfG, Beschl. vom 29.07.2009 – 1 BvR 1606/08 – Rn. 24.

im Haushalt unter Berücksichtigung der zu erwartenden jährlichen Gesundheitskosten erwogen werden. In der Bundesrepublik Deutschland werden bisher Informationen über Gesundheitskosten von Lärm jedenfalls nicht systematisch erfasst, sie können aber berechnet werden. Die lärmbedingten gesundheitlichen Wirkungen lassen sich mithilfe des Konzepts der umweltbezogenen Krankheitslast (Environmental Burden of Disease – EBD) als Gesundheitseinbußen auf Bevölkerungsebene quantitativ darstellen.[60] Die ermittelten Gesundheitsfolgen können in einem zweiten Schritt im Wege gesundheitsökonomischer Untersuchungen unter Einbeziehung von direkten und indirekten Kosten monetarisiert werden. Direkte Kosten sind mit der Krankheit verbundenen Kosten, die sich unmittelbar aus der medizinischen Behandlung ergeben (z.B. für Diagnostik und Therapie, Medikamente, Operationen, Rehabilitation, Pflegekosten, ambulante und stationäre Behandlungen etc). Indirekte Kosten berechnen sich über den Verlust an Ressourcen als Folge von Morbidität und vorzeitiger Mortalität im Erwerbsalter (insbesondere Arbeitsunfähigkeit, Invalidität, Erwerbsunfähigkeit). Diese Kosten sind, differenziert nach Diagnose-, Alters- und Geschlechtsgruppen, grundsätzlich in Datenbeständen des Robert-Koch-Instituts und des Statistischen Bundesamtes verfügbar und können teils auch in aufbereiteter Form Berichten dieser Einrichtungen direkt entnommen werden. Entsprechende Berechnungen sind damit möglich, ein volkswirtschaftlicher Nutzen aktiver Lärmminderung ist ohne weiteres nachweisbar. Im Übrigen zeigen auch ganz pragmatische Überlegungen, dass die anspruchsvolle Aufgabe einer aktiven Beseitigung von gesundheitsschädigendem Lärm finanziell machbar ist. Legt man etwa eine aktuelle Studie von „Transport & Environment" zur Wirtschaftlichkeit der Neu- und Ausbauvorhaben des Bundesverkehrswegeplans 2030 zugrunde, zeigt sich, dass eine Kosten-Nutzen-Analyse unter Berücksichtigung der Klimawirkungen der einzelnen Vorhaben gemäß den aktuellen Empfehlungen des UBA dazu führen würde, dass ca. 2/3 der Vor-

---

[60] Es gibt bislang in Deutschland nur wenige Studien, die die umweltbedingte Krankheitslast durch Umgebungslärm untersuchen. Zuletzt berechneten Tobollik et al. 2019 die Krankheitslast, welche Straßen-, Schienen- und Luftverkehrslärm zuzurechnen ist, auf Basis der Lärmkartierung in Kombination mit den Expositions-Wirkungsbeziehungen aus den WHO-Leitlinien von 2018.

haben des vordringlichen Bedarfs unter ein Kosten-Nutzen-Verhältnis von 1 sinken würde und damit als nicht förderfähig gelten würde.[61] Nimmt man die für diese Vorhaben kalkulierten Kosten in Höhe von mehr als 20 Mrd. EUR bis 2030 in den Blick, wird offenkundig, dass allein durch den Verzicht auf volkswirtschaftlich unsinnige Straßenneu- und -ausbauten Gelder in erheblichem Umfang etwa in die Sanierung von Brücken aber eben auch in den aktiven Lärmschutz fließen könnten.[62] Letztlich ist die Finanzierbarkeit des Lärmschutzes eine Frage des politischen Willens.

45 Hinsichtlich der Umsetzung einer aktiven behördlichen Pflicht zur Auflösung gesundheitsbeeinträchtigender Gesamtlärmsituationen müsste zudem eine entsprechende Zuständigkeit geregelt werden. Hierbei bietet sich eine Verortung bei den Umweltfachbehörden der Länder an, die sowohl über die notwendige fachliche Kompetenz als auch entsprechende Unabhängigkeit von regionalen Singularinteressen verfügen. Letztlich könnte hier auch ein Bestimmungsrecht der Länder erwogen werden.

46 Für die Effektivität des Vollzuges der Pflicht zur Beseitigung von gesundheitsschädigendem Lärm gemäß des oben genannten Stufenmodells erscheint es zudem sinnvoll, verbindliche Fristvorgaben vorzusehen und die behördliche Pflicht zur Lärmminderung ggf. mit einem subjektiv-öffentlichen Recht auf Lärmminderung sowie einem entsprechenden Kontrollrecht der anerkannten Umweltvereinigungen zu verbinden.

IV. Zusammenfassung

47 Nach eingehender Analyse der aktuellen Rechtslage (de lege lata), der identifizierten Problematiken in der Lärmermittlung und -bewertung, sowie der Betrachtung zukünftiger Entwicklungen (de lege ferenda) lassen sich wesentliche Schlussfolgerungen ziehen und Empfehlungen für die Weiterentwicklung des Lärmschutzrechts formulieren.

---

[61] Studie „*Fast eine Größenordnung daneben Die Verkehrsprognose für neue Autobahnen unterschätzt den induzierten Verkehr massiv*" – Transport & Environment, Oktober 23, S. 2.

[62] Vgl. Zahlen aus dem BVWP 2030, S. 14.

Angesichts der signifikanten Lücken und Inkonsistenzen der bestehenden rechtlichen Lärmschutzregelungen, die eine effektive Bekämpfung gesundheitsgefährdenden Lärms erschweren, konnte die Notwendigkeit einer umfassenden Reform aufgezeigt werden. Dabei ist ein ganzheitlicher Ansatz gefordert: Eine Gesamtlärmbetrachtung ist entscheidend, um die kumulativen Effekte verschiedener Lärmquellen adäquat zu bewerten und zu regulieren. Die Einbindung eines Modells zur Gesamtlärmbewertung in das bestehende Immissionsschutzrecht ist ein wesentlicher Schritt, um die Lärmbewertung zu verbessern und effektive Schutzmaßnahmen zu ermöglichen. *48*

Gesundheitsgefährdender Lärm ist nicht nur eine Belastung für die natürliche Umwelt, sondern auch ein direktes Gesundheitsrisiko für den Menschen. Er ist zugleich ein gutes Beispiel dafür, dass der Mensch bei seiner Lebensweise nicht nur auf Natur und Umwelt keine Rücksicht nimmt, sondern auch auf den Menschen selbst. *49*

Historisch gewachsene Lärmkonflikte, die oft aus einer Zeit stammen, in der öffentliche Interessen absoluten Vorrang vor individuellen Interessen wie körperlicher und geistiger Gesundheit genossen, zeigen die Notwendigkeit eines Umdenkens. Früher erfolgte der Ausgleich zwischen diesen Interessen und dem Schutz der Bevölkerung vornehmlich durch Duldungspflichten und monetäre Entschädigung. Heute jedoch sind wir technisch und fachlich in der Lage, auf Privilegien und die Inkaufnahme erheblicher Gesundheitsschäden zu verzichten. *50*

Die aktuellen Herausforderungen im Lärmschutzrecht erfordern einen Paradigmenwechsel hin zu einem aktiven Lärmmanagement. Dieser Ansatz würde nicht nur die Lebensqualität der Bevölkerung verbessern, sondern könnte auch volkswirtschaftlich sinnvoll sein, indem mittel- bis langfristig Kosten für die Behandlung von Lärmfolgeerkrankungen eingespart werden. *51*

Arbeitskreis A
Diskussionszusammenfassung: Regulierung der Produktion und Verteilung von Wasserstoff

Dr. *Susan Krohn*

1 Mit ihren Vorträgen zur „Regulierung der Produktion und Verteilung von Wasserstoff" beleuchteten die Referent*innen verschiedene Dimensionen dieses Themenfeldes. Während *Christian Maaß* mit den aktuellen politischen Rahmenbedingungen für den Wasserstoffmarkthochlauf weitgehend noch dem vorrechtlichen Bereich zuzuordnende Weichenstellungen beleuchtete, widmeten sich die Vorträge von *Christiane Rövekamp* zur Zulassung von Wasserstoffleitlinien und von *Thorsten Müller* zu Beschleunigungsansätzen im Genehmigungsrecht für Elektrolyseure schon heute konkret bestehenden rechtlichen Fragestellungen. Die Plenumsdiskussion zeichnete diese thematische Breite nach, widmete sich im Kern aber den nachfolgenden drei Themenbereichen:

I. Umweltauswirkung der Wasserstofferzeugung im In- und Ausland

2 Anknüpfend an die Vorträge der Referent*innen begann die Diskussion mit den Fragen nach möglichen Umweltauswirkungen von Erzeugung, Transport und Verwendung von Wasserstoff sowie einem damit verbundenen umweltrechtlichen Regelungsbedarf.

3 Im Hinblick auf die Erzeugung von Wasserstoff fokussierte der Austausch dabei auf ihre Folgen für den Wasserhaushalt. Da die Elektrolyse neben Strom Wasser zur Herstellung von Wasserstoff benötigt, kann sie zu einer Verknappung von Wasserressourcen führen. Aus den Diskussionsbeiträgen war indes noch keine einheitliche Einschätzung der Auswirkungen einer Wasserstoffproduktion auf den Wasserhaushalt ableitbar. Einerseits wurde da-

rauf verwiesen, dass die Trinkwasserversorgung schon infolge des Klimawandels nicht mehr dauerhaft in allen Teilen Deutschlands gewährleistet sei. Eine Ansiedlung von Elektrolyseanlagen in Regionen mit abnehmender Wasserverfügbarkeit würde dortige Nutzungskonkurrenzen erhöhen und lasse Beeinträchtigungen des Wasserhaushalts erwarten. Um derartige Nutzungskonflikte in den Blick zu nehmen und zu bewältigen, wäre auf der politisch-strategischen Ebene eine Verknüpfung der Nationalen Wasserstoffstrategie zum Ausbau der Wasserstoffwirtschaft mit der Nationalen Wasserstrategie geboten. An dieser fehle es aber. Andere teilten diese Bedenken nicht. Elektrolyseure würden sich ohnehin in Küstennähe ansiedeln und könnten zur Erzeugung von Wasserstoff letztlich auf Meereswasser zurückgreifen. Ob dies in Anbetracht der Kosten von Meerwasserentsalzungsanlagen und der mit ihnen verbundenen Umweltprobleme (Umgang mit salzhaltigem Abwasser) realistisch ist, wurde dabei allerdings nicht näher diskutiert. Jenseits einer räumlichen Nähe zu Meeresgebieten sei eher von einem Einsatz mobiler Anlagen zur Wasserstoffproduktion auszugehen, die ihren Standort auch angesichts sich verändernder Umweltbedingungen verlagern könnten.

Im Hinblick auf den Transport von Wasserstoff durch Leitungen wurden die damit verbundenen Umweltgefährdungen und -risiken nicht grundsätzlich anders beurteilt als beim Einsatz anderer leitungsgebundener Energieträger wie insbesondere Gas. Keinen Diskussionsgegenstand bildete allerdings der Transport von Ammoniak als Wasserstoff- und Energieträger per Schiff. *4*

Kritisiert wurde aus dem Auditorium der bislang unzureichende Blick auf die internationalen Dimensionen der Wasserstoffnutzung. Die aus Klimaschutzgründen wünschenswerte Menge an grünem Wasserstoff könne nur zu einem kleinen Teil in Deutschland produziert werden. Selbst nach dem Ausbau nationaler Kapazitäten werde die Bundesrepublik einen Großteil des benötigten Wasserstoffs noch importieren müssen. Damit sei neben dem Problem neuer Importabhängigkeiten auch zu betrachten, welche Umweltauswirkungen mit der Nachfrage nach Wasserstoff in anderen Ländern induziert würden. *5*

Insgesamt sei für die Herstellung, den Transport, die Speicherung und die Verwendung von Wasserstoff die Erarbeitung von Nachhaltigkeitskriterien erforderlich. Ein erster Schritt in diese *6*

Richtung sei eine derzeit angedachte ISO-Norm für Wasserstoff und seine Deriverate.

II. Aufbau eines Wasserstoffnetzes: Transformation der Gasleitungsinfrastruktur

7 Mit Blick auf die Erzeugung und Verteilung von Wasserstoff wurde gemeinhin betont, dass es einer bundesweiten Planung bedürfe. Diese müsse die Ausgangsbedingungen für die Herstellung von Wasserstoff in Gestalt der Verfügbarkeit von Wasser und Energie, die nach Umfang und räumlicher Verteilung existierenden Bedarfe an Wasserstoff sowie die Erzeugung und Nutzung verbindende Infrastruktur möglichst optimal in Bezug setzen. Die Einbettung des Themenfelds Wasserstoff in die energiewirtschaftsrechtliche Regulierung des EnWG führe hierbei allerdings zu Problemen. Das Gesetz verhalte sich mit Blick auf räumliche Steuerungsziele nämlich sehr zurückhaltend. Auch sei der Einsatz von Fördermitteln zum Zwecke einer solchen Steuerung europarechtlich zweifelhaft.

8 Im Hinblick auf die erforderliche Leitungsinfrastruktur für die Nutzung von Wasserstoff als Energieträger wurde kritisiert, dass sich der Gesetzgeber für eine künstliche Trennung von Gas- und Wasserstoffnetzen entschieden habe, die an einem schnellen und in sich stimmigen Aufbau einer Wasserstoffinfrastruktur zweifeln lasse. Die rechtlichen Vorgaben unterschieden drei Arten von Leitungen bzw. Netzen: die herkömmlichen Gasleitungen, die Wasserstoffleitungen, bei denen sich Netzbetreiber entscheiden können, diese energiewirtschaftlich unreguliert zu lassen oder sie den Sonderregelungen der §§ 28 j–q EnWG zu unterwerfen („Opt In"), und den Wasserstoffleitungen in Gestalt von reinen Industrieleitungen, die nicht in den Anwendungsbereich des EnWG fallen. Da der zukünftige Schwerpunkt der Energietransformation perspektivisch nicht auf neuer Infrastruktur aufbauen solle, sondern Wasserstoff aus Klimaschutzgründen ja gerade Erdgas ersetzen solle, müsse auch das Gasnetz transformiert werden. Rechtlich ausdifferenzierte Netze mit unterschiedlichen Entflechtungs- und Netzentgeltregelungen würden die Verwirklichung dieser Zielsetzung aber eher erschweren.

III. Räumliche Steuerung von Anlagen zur Herstellung von Wasserstoff

Einen weiteren Diskussionspunkt bildete die Frage der räumlichen Ansiedlung von Anlagen zur Herstellung von Wasserstoff, v.a. zur Elektrolyse. Ihre Zuordnung im Raum müsse in einer für das zukünftige Energiesystem zuträglichen Weise gesteuert werden. Die Ausgangssituation sei daher mit derjenigen vergleichbar, die bei den Standortentscheidungen für Windenergieanlagen vorgefunden worden sei. 9

Auf der *vorhabenbezogenen Ebene* trage die bauplanungsrechtliche Außenbereichsprivilegierung zu einer räumlichen Zuordnung von Anlagen der Wasserstofferzeugung und -speicherung bei. Ob derartige Anlagen im Einzelfall unter die herkömmlichen Privilegierungstatbestände des § 35 Abs. 1 BauGB fallen können (Versorgungsprivileg nach Nr. 3 bei Ortsgebundenheit der Anlagen oder als untergeordnete Nebenanlagen zu privilegierten Hauptanlagen gemäß Nr. 5), wurde unterschiedlich beurteilt. Einigkeit bestand indes, dass selbst im Falle einer Einschägigkeit von § 35 Abs. 1 BauGB mit der Sonderregelung des § 249a BauGB eine deutliche Erweiterung der Außenbereichsprivilegierung für Vorhaben zur Herstellung oder Speicherung von Wasserstoff aus erneuerbaren Energien geschaffen worden sei. Die Norm adressiert die Erzeugung oder Speicherung von (grünem) Wasserstoff im räumlich-funktionalen Zusammenhang mit den nach § 35 Abs. 1 BauGB privilegierten Windenergie- oder Photovoltaikanlagen. Sie enthält eine gesetzliche Fiktion, wonach die Anlagen zur Wasserstofferzeugung oder -speicherung bei Vorliegen der näheren Voraussetzungen des § 249a Abs. 1, 2 und 4 BauGB an der Privilegierung des § 35 Abs. 1 Nr. 5, 8 oder 9 BauGB teilhaben, ohne dass es noch auf die dort statuierten Erfordernisse ankäme. Darüber hinaus schafft die Vorschrift des § 249a Abs. 3-5 BauGB einen spezifischen, von § 35 BauGB losgelösten Privilegierungstatbestand. Zwar sei die privilegierte Ansiedlung v.a. von Elektrolyseuren durch § 249a Abs. 1 und 2 BauGB mit dem gesetzlich statuierten Zusammenhang zwischen einer Anlage zur Herstellung oder Speicherung von grünem Wasserstoff und einer Windenergie- oder Photovoltaikanlage sachgerecht, um das gesetzgeberische Ziel, überschüssigen Strom im Falle einer Netzüberlastung 10 für die Erzeugung von Wasserstoff zu nutzen. Durch die Regelung werde eine Standortansiedlung von Elektrolyseuren in einer dem Energiesystem zuträglichen und effizienten Weise aber noch nicht sichergestellt, da sie die Frage nach dem Verwendungsort des Wasserstoffs bzw. nach der Art und Weise seiner Einspeisung in ein (Gas-)Leitungsnetz unbeachtet lasse.

11 Daran anknüpfend wurde die Frage der räumlichen Steuerung von Elektrolyseanlagen auf der *Planungsebene* betrachtet. Verwiesen wurde dabei auf die Möglichkeit – ebenso wie einst bei Windenergieanlagen (s. aber auch den mit dem Gesetz zur Erhöhung und Beschleunigung des Ausbaus von Windenergieanlagen an Land im Jahre 2022 eingefügten §249 Abs. 1 BauGB) – Konzentrationsflächen für die Erzeugung von Wasserstoff mit der Folge der Unzulässigkeit anderenorts geplanter Vorhaben gemäß §35 Abs. 3 S. 3 BauGB zu nutzen. Ein entsprechender Regelungsansatz finde sich in der novellierten Erneuerbaren-Energien-Richtlinie (Richtlinie (EU) 2023/2413 im Hinblick auf die Förderung von Energie aus erneuerbaren Quellen; sog. RED III). So sieht Art. 15c der Richtlinie zunächst die Ausweisung von Beschleunigungsgebieten für erneuerbare Energien vor, in denen Erleichterungen für Genehmigungsverfahren zur Anwendung kommen sollen. Daran anknüpfend können gemäß Art. 15e der Richtlinie (in Fortentwicklung des Art. 6 der sog. Notfallverordnung, Verordnung (EU) 2022/2577 zur Festlegung eines Rahmens für einen beschleunigten Ausbau der Nutzung erneuerbarer Energie, vgl. auch §43m EnWG) auch Gebiete für Netz- und Speicherinfrastruktur für die Integration erneuerbarer Energien in das Stromsystem eingerichtet werden. Ziel dieser Gebiete ist es, die Beschleunigungsgebiete für erneuerbare Energien „zu unterstützen und zu ergänzen" (Art. 15e Abs. 1 S. 2 der RL). Von diesen Infrastrukturgebieten könnten auch Elektrolyseure aufgrund ihrer Funktion für die Entlastung und Stabilisierung des Stromnetzes profitieren. Auch hier bleibe indes die Frage unbeantwortet, wo der erzeugte Wasserstoff letztlich Verwendung finden und mit Hilfe welcher Leitungsnetze er dorthin gelangen solle. Ob Beschleunigungs- und Infrastrukturgebiete einen schnelleren Ausbau Erneuerbarer Energien und daran anknüpfender Wasserstoffanlagen herbeiführen können als eine umfassendere, über §249a BauGB hinausgehende Öffnung des Außenbereichs wurde nicht eindeutig beantwortet (vgl. die Öffnung für Windkraftanlagen nach § 249 Abs. 1 BauGB). Deutlich wurde auch, dass ungeachtet der Abhängigkeit der Herstellung grünen Wasserstoffs von der Erzeugung erneuerbarer Energien Flächenkonkurrenzen zwischen den betreffenden Anlagetypen entstehen können. Diese ließen sich nur über planerische Instrumente lösen.

IV. Fazit

Die Diskussion der vorhandenen Regelungen zur Produktion und Verwendung von Wasserstoff machte deutlich, dass bislang noch kein kohärenter gesetzlicher Ordnungsrahmen für die Herstellung und Verwendung von Wasserstoff besteht. Sie bestätigte damit den eingangs von *Christian Maaß* verwendeten Vergleich des Regulierungssystems mit einer „weißen Leinwand mit ersten Farbtupfern und Strichen", die noch zu einem stimmigen Gesamtbild zu komplettieren sei. Viele Beiträge legten nahe, dass ein eigenständiges Wasserstoffrecht gegenüber den jetzt in verschiedenen Regelungsmaterien geschaffenen Sondervorschriften favorisiert wird. Der Markthochlauf von Wasserstoff verlangt rechtliche Rahmenbedingungen, die angesichts immer dringender werdender Klimaschutzerfordernisse zu einem beschleunigten Umbau der Energieversorgung beitragen können. Zugleich müssen sie aber auch Investoren die notwendige Planungssicherheit vermitteln und höhere volkswirtschaftliche Kosten durch „Fehlansiedlungen" von Wasserstoffinfrastruktur möglichst vermeiden. Diesen Anforderungen wird angesichts vieler noch offener Fragen nur ein „lernendes System" der Regulierung von Wasserstoff hinreichend gerecht werden können.

Arbeitskreis B
Diskussionszusammenfassung: Lärmschutz – Stand und Perspektiven

Prof. Dr. *Peter Wysk*

I. Einleitung

1 Einer der Schwerpunkte der 46. Umweltrechtlichen Fachtagung der GfU lag auf dem Thema „Lärmschutz". Die beiden Vorträge hierzu hielten aus ihren jeweiligen Perspektiven die Lärmmedizinerin und Leiterin des Sachverständigenrates für Umweltfragen Prof. Dr. *Claudia Hornberg* und die Rechtsanwältin Dr. *Franziska Heß*. Frau Professor *Hornberg* stellt vor allem Erkenntnisse aus dem Lärmteil des Umweltgutachtens 2020 vor, Frau Dr. *Heß* befasste sich mit der Notwendigkeit, das geltende Lärmschutzregime zu verbessern und beleuchtete dazu die aus ihrer Sicht bestehenden Unzulänglichkeiten des Lärmschutzregimes, schwerpunktmäßig die Defizite bei der Gesamtlärmbewältigung und schlug einen radikalen Systemwechsel vor.

II. Diskussion

2 In der Diskussion des Arbeitskreises B wurde zuerst Frau Professor *Hornberg* befragt, die am zweiten Diskussionstag nicht mehr teilnehmen konnte. Im Zentrum der Fragen standen die umweltbezogenen Krankheitslasten, die Gesamtlärmbewertung und die Gründe für Verbesserungen des Lärmschutzes. Es kam die Frage auf, ob die Studienlage es überhaupt hergebe, aus ihr medizinisch zwingende, klare Grenzwerte abzuleiten. Die Referentin bejaht dies, weil es möglich sei, die Grenzwerte so zu setzen, dass keine relevanten Reaktionen auf Lärm mehr auftreten würden. Das seien dann sehr viel niedrigere Werte, als sie heute festgesetzt seien. Die Medizin könne Grenzwerte aber nur empfehlen und auch gut begründen, aber die letzte Entscheidung, ob und wie genau Werte

gesetzt und erreicht werden sollen, müsse die Politik treffen. Aus dem Auditorium wurde mehrfach eingewandt, dass die Setzung von Grenzwerten immer in Abwägung mit anderen Zielen und Rechtsgütern erfolgen müsse und medizinische Überlegungen daher kein alleiniges Kriterium für die Festlegung von Grenzwerten sein könnten. Das räumte die Referentin ein, wies aber darauf hin, dass bei nicht an medizinischen Zusammenhängen orientierten Grenzwertfestsetzungen in Kauf genommen werden müsse, dass unnötig viele lärmbedingte Krankheiten in der Bevölkerung aufträten. Soweit es um die Kostenfrage gehe, müssten die durch Lärmminderungsmaßnahmen entstehenden Kosten den Folgekosten nicht vermiedener Lärmbelastungen gegenübergestellt werden. Dieser Vergleich zeige, dass es auch volkswirtschaftlich sinnvoll sei, viel wirksamere Lärmminderungsmaßnahmen zu ergreifen. Aus ihrer Sicht müsse daher die Bedeutung des Verkehrslärms für den Gesundheitsschutz viel stärker hervorgehoben werden. Dazu seien zur Unterstützung der Lärmminderungsplanung auch Verschärfungen bei den Lärmgrenzwerten sowie verschiedene sektorbezogene Lärmminderungsmaßnahmen beim Straßen-, Schienengüter- und Luftverkehr notwendig.

Am Folgetag diskutierte das Auditorium die rechtlichen Themen des zweiten Vortrags mit der jetzt nur noch anwesenden Referentin Dr. *Heß*. Es wurde darauf hingewiesen, dass es sich um ein schwieriges Thema handele, das seit Jahrzehnten immer wieder intensiv diskutiert und behandelt werde, ohne dass sich die Lärmsituation in Deutschland grundlegend verbessert habe. Hier habe der Vortrag von Frau Dr. *Heß* mit dem Vorschlag eines „radikalen Systemwechsels" einen bemerkenswerten Mut bewiesen, neue Wege zu beschreiten. Das wurde allseits geteilt. Widerspruch regte sich bei einigen Teilnehmern aber gegen die These der Referentin, dass das derzeitige System des Lärmschutzes letztlich untauglich sei, ausreichenden Lärmschutz zu bewirken. Vielmehr dürfe das derzeitige Lärmschutzsystem nicht schlecht geredet werden. Zum einen versuche der Gesetzgeber mit der individuellen Bewertung von Lärmquellen der jeweiligen Wirkung einer Quelle gerecht zu werden; zum anderen strebe er einen Ausgleich des Lärmschutzes mit anderen Rechtsgütern und Interessen an, was unumgänglich sei. Damit gehe einher, dass mehr Lärm in der Gesellschaft emittiert und von der Bevölkerung ertragen werde müsse, als wenn der Schutz vor Lärm verabsolutiert und das Interesse an einer funktionierenden, allgemein verfügbaren Infrastruktur zurückgestellt werde. Das sei aber die notwendige Konsequenz eines angemessenen Interessenausgleichs. Ebenfalls stieß auf Widerspruch, dass die Referentin in den Bestandsschutz von Anlagen eingreifen wolle, wenn der Lärmschutz dies erfordere. Der hohe Bestandsschutz, den das geltende Recht bestehenden planfestgestellten Anlagen gewähre, sei auch dem Grundrechtsschutz der Betreiber geschuldet. Dieser Schutz dürfe nicht gering geschätzt und nicht leichthin durchbrochen werden. Demgegenüber wies die Referentin darauf hin, dass besonders dieser Betreiberschutz effektiven Schutz verhindere, wenn es zu einem ungeplanten nachträglichen Lärmanstieg komme, der in der jeweiligen Planungsentscheidung nicht vorhergesehen und abgewogen worden sei. Ohne Eingriffe in den Bestandsschutz von Anlagen unter anderem durch dynamische Betreiberpflichten und nachträgliche Schutzauflagen könne auf Dauer keine Lärmminderung herbeigeführt werden. Das leitete über zu dem Thema des Gesamtlärms, also der Belastung durch mehrere, gleichzeitig einwirkende Lärmquellen. Zu viele Menschen seien mehreren Lärmquellen und dadurch einer viel zu hohen Lärmbelastung ausgesetzt, das müsse sich ändern. Die Problematik sei seit Jahrzehnten bekannt und doch ungelöst, mittlerweile seien aber überzeugende Lösungsmodelle erarbeitet worden, die jetzt in die Praxis umgesetzt werden müssten. Das gelte insbesondere für die Berechnungsverfahren. Hier stehe das System der Richtlinie VDI 3722 Blatt 2 zur Verfügung. Es gelte allerdings nur für begrenzte Lärmarten und Belastungen, müsse und könne aber auf alle Lärmquellen ausgedehnt werden. Es wurde dazu darauf hingewiesen, dass in der Schweiz beeindruckende neue Wege beschritten und praktiziert werden würden. Hiergegen wurde eingewendet, dass in der Schweiz besondere Verhältnisse herrschten, die auf Deutschland nicht übertragbar seien. Die Referentin betonte demgegenüber die Notwendigkeit eines allgemeinen Lärmschutzgesetzes für Deutschland, das alle Aspekte in sich vereine und die Berechnungsverfahren und die Gesamtlärmbewertung und dabei endlich auch den Kostenausgleich zwischen den unterschiedlichen Verursachern sowie die Lärmsanierung regele. Abschließend wurden die möglichen Maßnahmen angesprochen, mit denen der Lärmschutz grundlegend verbessert werden könnte. Ein Teilnehmer erläuterte, dass auch Elektroautos beim innerstädtischen PKW-Verkehr aus sich heraus keine ausreichende Lärmminderung bewirken könnten, weil die Roll- und Luftgeräusche bei einer höheren Geschwindigkeit als 30 km/h dominierten und die Motorgeräusche überlagerten, die ja auch im normalen PKW-Verkehr keine Rolle mehr spielten. Es müssten ergänzend Geschwindigkeitsbegrenzungen eingeführt werden, auch wenn in den Innenstädten nur noch Elektroautos fahren sollten. Die Referentin schlug als eine weitere mögliche Maßnahme vor, staatliche Finanzmittel umzuschichten und diese statt z. B. in neue Autobahnen in einen stärkeren Schallschutz durch Lärmschutzwände zu investieren. Die zur Verfügung stehende Restzeit verhinderte, dass die Frage geeigneter Maßnahmen weiter vertieft werden konnte.

Die Doppelte Rechtskraft im verwaltungsgerichtlichen Verfahren

Dr. *Nicole Krellmann*[1]

I. Einleitung

1 Wenn ein Planfeststellungsbeschluss durch ein Gericht für rechtswidrig und nicht vollziehbar erklärt wird, ist die Rechtskraft des Urteils nicht auf seinen Tenor begrenzt, sondern erstreckt sich nach der Rechtsprechung des BVerwG zumindest teilweise auf die Entscheidungsgründe. Für diese besondere Erscheinungsform der Rechtskraft hat sich in jüngerer Zeit der prägnante Begriff der Doppelten Rechtskraft etabliert.[2] Das BVerwG selbst nutzt diesen Begriff bisher nicht.

2 Die Doppelte Rechtskraft stellt kein neues Phänomen dar. Vielmehr kam sie erstmals bereits im Jahr 2008 in einer Entscheidung zur *Hochmoselquerung* zur Anwendung.[3] Erst nach und nach offenbarte sich jedoch, welche Schwierigkeiten diese Rechtsfigur den Gerichten in der Praxis bereiten kann und mit welchen Folgefragen sie verbunden ist.

1. Fehlerheilung durch ergänzendes Verfahren

3 Wesentlich für die Doppelte Rechtskraft ist, dass sie ausschließlich in einer bestimmten prozessualen Situation relevant werden kann, nämlich dann, wenn ein Planfeststellungsbeschluss feh-

---

[1] Die Autorin ist Rechtsanwältin in der Kanzlei White & Case LLP in Berlin.
[2] Eingeführt wurde diese Bezeichnung von RiBVerwG Prof. Dr. Christoph Külpmann im Rahmen eines Vortrages auf der 43. Jahrestagung der Gesellschaft für Umweltrecht am 08.11.2019 in Leipzig, vgl. *Külpmann*, NVwZ 2020, 1143. Begrifflich daran anknüpfend etwa: *Guckelberger*, NuR 2020, 655 (661); *Schütz*, UPR 2021, 418 (420); *Wysk*, UPR 2021, 434 (435); *Kautz*, in: Fehling/Kastner/Störmer (Hrsg.), HK-VerwR, 5. Aufl. 2021, § 124 VwGO Rn. 96; *Wöckel*, in: Eyermann, VwGO, 16. Aufl. 2022, § 121 Rn. 35.
[3] BVerwG, Beschl. v. 17.07.2008 – 9 B 15/08, NVwZ 2008, 1115 Rn. 28.

lerhaft ist und sich in einem ergänzenden Verfahren korrigieren lässt.

Wenn ein Umweltverband, eine Kommune oder ein privater Betroffener im Wege der Drittanfechtungsklage gegen ein Vorhaben vorgeht, das Gericht den Planfeststellungsbeschluss überprüft und Fehler entdeckt, wird der Planfeststellungsbeschluss entgegen § 113 Abs. 1 Satz 1 VwGO trotz seiner Rechtswidrigkeit nicht aufgehoben. Stattdessen eröffnet das Gesetz die Möglichkeit, Fehler nachträglich durch ein ergänzendes Verfahren zu beheben.

Für Planfeststellungsbeschlüsse und Plangenehmigungen erlaubt § 75 Abs. 1a Satz 2 VwVfG eine nachträgliche Korrektur von Abwägungsmängeln sowie von Verfahrens- und Formfehlern. Aber auch für Verstöße gegen zwingendes materielles Recht ist seit langem anerkannt, dass sich diese durch ein ergänzendes Verfahren bereinigen lassen.[4] Mit der Reform des Umwelt-Rechtsbehelfsgesetzes im Jahr 2017 hat der Gesetzgeber den Anwendungsbereich des ergänzenden Verfahrens auf solche Zulassungsentscheidungen erstreckt, die unter die Heilungsbestimmungen der §§ 4 Abs. 1b Satz 1 und 7 Abs. 5 Satz 1 UmwRG fallen.[5] Eine Grenze der Fehlerheilung wird lediglich bei solchen Mängeln gezogen, die das Grundkonzept eines Vorhabens – die sogenannte Vorhabenidentität – betreffen.[6]

Die beschleunigende Wirkung des ergänzenden Verfahrens ergibt sich sodann dadurch, dass die Behörde nicht gezwungen ist, ein gänzlich neues Verfahren anzustrengen. Vielmehr kann sie das zuvor bereits abgeschlossene Verwaltungsverfahren zurück-

---

[4] BVerwG, Urt. v. 01.04.2004 – 4 C 2/03, BVerwGE 120, 276 (283); BVerwG, Urt. v. 11.08.2016 – 7 A 1/15, BVerwGE 156, 20 Rn. 48; *Baumeister*, Der Beseitigungsanspruch als Fehlerfolge des rechtswidrigen Verwaltungsakts, 2006, S. 426; *Gaentzsch*, DVBl 2000, 741 (747 f.); *Rubel*, DVBl 2019, 600 (602); *Schütz*, in: Hermes/Sellner (Hrsg.), AEG, 2. Aufl. 2014, § 18e Rn. 39; *Riese*, in: Schoch/Schneider (Hrsg.), Verwaltungsrecht, 44. Aufl. 2023, § 114 VwGO Rn. 231. A.A. ausdrücklich *Palme*, NVwZ 2006, 909 (911 f.); *Kupfer*, in: Schoch/Schneider (Hrsg.), Verwaltungsrecht, 3. Aufl. 2022, § 75 VwVfG Rn. 81 f.
[5] Gesetz zur Anpassung des Umwelt-Rechtsbehelfsgesetzes und anderer Vorschriften an europa- und völkerrechtliche Vorgaben vom 29.05.2017, BGBl. 2017 I, S. 1298. Zum ergänzenden Verfahren nach dem UmwRG ausführlich: *Seibert*, NVwZ 2018, 97; *Saurer*, NVwZ 2020, 1137 (1141 ff.).
[6] BVerwG, Urt. v. 12.03.2008 – 9 A 3/06, BVerwGE 130, 299 Rn. 31; BVerwG, Urt. v. 09.02.2017 – 7 A 2/15, BVerwGE 158, 1 Rn. 597.

drehen bis zu demjenigen Zeitpunkt, an dem der Fehler unterlaufen ist und von diesem Punkt an das Verfahren korrekt fortsetzen.[7]

7   Für die Doppelte Rechtskraft ist relevant, wie das Gericht den Weg in die Fehlerheilung ebnet. Statt den Planfeststellungsbeschluss aufzuheben, stellt es im Tenor seines Urteils lediglich seine Rechtswidrigkeit und Nichtvollziehbarkeit fest.[8] Diese Tenorierung ist im Gesetz nicht angelegt. Sie geht zurück auf eine Entscheidung des BVerwG aus dem Jahr 1996 zum *Autobahnring München (West)*,[9] in der andere Optionen der Tenorierung verworfen wurden. An die Feststellung der Rechtswidrigkeit und Nichtvollziehbarkeit knüpft die in ihrem Entstehungszeitpunkt deutlich jüngere Doppelte Rechtskraft an.

2. Die Doppelte Rechtskraft

8   Wenn eine Klage unter Beachtung des § 75 Abs. 1a Satz 2 VwVfG zur Feststellung der Rechtswidrigkeit und Nichtvollziehbarkeit und zur Abweisung im Übrigen führt, misst das BVerwG dem Urteil besondere Rechtskraftwirkungen bei, die es formelhaft regelmäßig wie folgt zusammenfasst:

„Der Kläger kann gegen die Entscheidung im ergänzenden Verfahren geltend machen, dass die vom Gericht festgestellten Mängel nach wie vor nicht behoben seien, mit Blick auf die Rechtskraft des Feststellungsurteils jedoch nicht, dass der Planfeststellungsbeschluss über die Beanstandung des Gerichts hinaus an weiteren Fehlern leidet."[10]

---

[7] OVG Koblenz, Urt. v. 06.02.2013 – 8 C 10943/12, NVwZ-RR 2013, 640 (632); *Martin*, Heilung von Verfahrensfehlern im Verwaltungsverfahren, 2004, S. 99; *Durner*, VerwArch 97 (2006), 345 (368); *Ziekow*, VerwArch 99 (2008), 559 (584); *Neumann/Külpmann*, in: Stelkens/Bonk/Sachs (Hrsg.), VwVfG, 10. Aufl. 2023, § 75 Rn. 48; *Masing/Schiller*, in: Obermayer/Funke-Kaiser (Hrsg.), VwVfG, 6. Aufl. 2021, § 75 Rn. 19; *Riese*, in: Schoch/Schneider (Hrsg.), Verwaltungsrecht, 44. Aufl. 2023, § 114 VwGO Rn. 237.

[8] Vgl. exemplarisch OVG Lüneburg, Urt. v. 22.04.2016 – 7 KS 27/15, BeckRS 2016, 46472 (Tenor).

[9] BVerwG, Urt. v. 21.03.1996 – 4 C 19/94, BVerwGE 100, 370 (Ls. 1).

[10] BVerwG, Urt. v. 08.01.2014 – 9 A 4/13, BVerwGE 149, 31 Rn. 28; BVerwG, Urt. v. 28.04.2016 – 9 A 9/15, BVerwGE 155, 91 Rn. 39; BVerwG, Urt. v. 15.07.2016 – 9 C 3/16, NVwZ 2016, 1631 Rn. 61; BVerwG, Urt. v. 23.05.2017 – 4 A 7/16, BeckRS 2017, 113037 Rn. 7.

Mit anderen Worten vertritt das BVerwG die Auffassung, dass sich die Bindungswirkung eines in Rechtskraft erwachsenen stattgebenden Feststellungsurteils gegenüber den Verfahrensbeteiligten in zwei Richtungen erstreckt: In positiver Hinsicht werden die festgestellten Fehler mit Rechtskraft ausgestattet. Zugleich soll in negativer Hinsicht feststehen, dass der Planfeststellungsbeschluss keine weiteren Fehler aufweist, also im Übrigen rechtmäßig ist.[11] Damit erwachsen die für rechtmäßig befundenen Teile des Planfeststellungsbeschlusses in eine Art Teilbestandskraft und können künftig nicht mehr angegriffen werden.

Stützt das Gericht sein Feststellungsurteil etwa auf einen Verstoß gegen das artenschutzrechtliche Zugriffsverbot und darauf, dass eine Trassenvariante nicht berücksichtigt worden ist, steht mit Eintritt der Rechtskraft fest, dass diese beiden Fehler vorliegen und behoben werden müssen, damit der Planfeststellungsbeschluss ausgenutzt werden darf. Zugleich steht damit fest, dass keine weiteren Rechtsverstöße gegeben sind, also zum Beispiel die Planrechtfertigung zu bejahen ist und von dem Vorhaben keine Emissionen ausgehen, die bestimmte Grenzwerte überschreiten.

II. Ziele der Doppelten Rechtskraft

Die Doppelte Rechtskraft dient nicht nur der Planerhaltung,[12] sondern der Planabsicherung. Denn im Unterschied zur Planerhaltung geht es nicht darum, nach dem Prinzip der Schadensbegrenzung die fehlerhafte Entscheidung nur insoweit zu beseitigen, wie dies zur Wahrung der Rechte des Klägers geboten erscheint.[13] Vielmehr geht es für die Behörde und den Vorhabenträger um eine Erweiterung ihres Rechtskreises, weil zu ihren Gunsten der

---

[11] So das allgemeine Verständnis: *Seibert*, NVwZ 2018, 97 (102); *Wysk*, UPR 2021, 434; *Schenke*, in: Kopp/Schenke (Hrsg.), VwGO, 28. Aufl. 2022, §121 Rn. 21; *Neumann/Külpmann*, in: Stelkens/Bonk/Sachs (Hrsg.), VwVfG, 10. Aufl. 2023, §75 Rn. 53c. *Külpmann*, NVwZ 2020, 1143 (1144) spricht vom „Januskopf" der Rechtskraft.
[12] So ausdrücklich: BVerwG, Urt. v. 20.03.2018 – 9 B 43/16, NuR 2019, 109 Rn. 65; BVerwG, Urt. v. 04.06.2020 – 7 A 1/18, Buchholz 406.403 §34 BNatSchG 2010 Nr. 18 Rn. 32.
[13] So zur Rechtfertigung des ergänzenden Verfahrens: *Gaentzsch*, UPR 2001, 201 (202).

Bestandsschutz zeitlich vorverlagert wird. Dies bringt zweierlei Vorteile mit sich: Zum einen wird durch die Doppelte Rechtskraft die Durchführung des ergänzenden Verfahrens erleichtert. Die Behörde kann sich darauf beschränken, allein die zuvor gerichtlich festgestellten Fehler zu bereinigen und muss sich nicht veranlasst sehen, weitere mögliche Fehler quasi „auf Verdacht" zu heilen, aus Sorge, der Kläger könne diese in einem späteren Verfahren erstmals oder erneut geltend machen. Zum anderen kann der Kläger, der gegen den korrigierten Planfeststellungsbeschluss ein weiteres Mal vorgeht, nur noch geltend machen, die Behebung der zuvor festgestellten Fehler sei gescheitert, sich aber nicht mehr anderweitig gegen die Ausgangsentscheidung wenden.

III. Fehlende dogmatische Rechtfertigung

12   Die dogmatische Rechtfertigung der Doppelten Rechtskraft erweist sich als problematisch.[14] Die Rechtskraft verwaltungsgerichtlicher Urteile ist in § 121 VwGO geregelt. Danach binden rechtskräftige Urteile, soweit über den Streitgegenstand entschieden worden ist. Den Begriff des Streitgegenstandes definiert das Gesetz dabei nicht. Nach der herrschenden zweigliedrigen Streitgegenstandstheorie ist der Streitgegenstand im Verwaltungsprozess gleichzusetzen mit dem prozessualen Klageanspruch, der sich seinerseits aus Klageantrag und Klagegrund zusammensetzt. Im Klageantrag wird die vom Kläger begehrte Rechtsfolge zum Ausdruck gebracht, während sich der Klagegrund auf denjenigen Sachverhalt bezieht, aus dem sich die Rechtsfolge ergeben soll.[15] Die Entscheidung über den Streitgegenstand folgt sodann aus dem Entscheidungssatz des Urteils und beschränkt sich zugleich

---

[14] OVG Lüneburg, Beschl. v. 11.05.2020 – 12 LA 150/19, BauR 2020, 1292 (1293); *Külpmann*, NVwZ 2020, 1143 (1144); *Ewer*, Möglichkeiten zur Beschleunigung verwaltungsgerichtlicher Verfahren über Vorhaben zur Errichtung von Infrastruktureinrichtungen und Industrieanlagen, 2019, S. 104. Vgl. auch *Guckelberger*, NuR 2020, 655 (661).

[15] BVerwG, Urt. v. 10.05.1994 – 9 C 501/93, BVerwGE 96, 24 (25); BVerwG, Urt. v. 22.09.2016 – 2 C 17/15, BVerwGE 156, 259 Rn. 11; *Detterbeck*, Streitgegenstand und Entscheidungswirkungen im Öffentlichen Recht, 1995, S. 46–49; *Barbey*, FS Menger, 1985, 177 (184); *Kilian/Hissnauer*, in: Sodan/Ziekow (Hrsg.), VwGO, 5. Aufl. 2018, § 121 Rn. 45; *Germelmann*, in: Gärditz (Hrsg.), VwGO, 2. Aufl. 2018, § 121 Rn. 84.

auf diesen. In materielle Rechtskraft erwächst damit grundsätzlich allein die Entscheidung über den erhobenen Anspruch wie sie sich aus der Urteilsformel ergibt.[16]

Nach dem Tenor des Feststellungsurteils ist der Planfeststellungsbeschluss rechtswidrig und nicht vollziehbar. Damit steht fest, dass er überhaupt Fehler aufweist, aber nicht, welche und wie viele. Hierfür ist die Hinzunahme der Entscheidungsgründe erforderlich, die anders als der Tenor im Grundsatz gerade nicht in Rechtskraft erwachsen.[17] Relativierungen des grundsätzlichen Ausschlusses auch der tragenden Entscheidungselemente aus der materiellen Rechtskraft sind aus anderen Zusammenhängen bekannt. So besteht etwa auch bei der Aufhebung eines rechtswidrigen Verwaltungsaktes im Wesentlichen Einigkeit darüber, dass die materielle Rechtskraft es der Behörde verbietet, bei gleicher Sach- und Rechtslage einen identischen Verwaltungsakt mit den gleichen, vom Gericht bereits missbilligten Fehlern erneut zu erlassen (sogenanntes Fehlerwiederholungsverbot).[18]

Noch außergewöhnlicher ist aber, dass mit dem Urteil auch feststehen soll, dass der Planfeststellungsbeschluss im Übrigen keine Fehler aufweist. Denn diese Erkenntnis ist für die Feststellung der

---

[16] BVerwG, Urt. v. 10.05.1994 – 9 C 501/93, BVerwGE 96, 24 (26 f.); BVerwG, Urt. v. 22.09.2016 – 2 C 17/15, BVerwGE 156, 159 Rn. 10.
[17] BVerwG, Urt. v. 18.09.2001 – 1 C 4/01, BVerwGE 115, 111 (115); BVerwG, Urt. v. 22.09.2016 – 2 C 17/15, BVerwGE 156, 159 Rn. 10.
[18] Erstmals in BVerwG, Urt. v. 30.08.1962 – I C 161/58, BVerwGE 14, 359 (361 f.). Zustimmend: *Gotzen*, Das Verwaltungsakt-Wiederholungsverbot, 1997, S. 25 ff.; *Detterbeck*, Streitgegenstand und Entscheidungswirkungen im Öffentlichen Recht, 1995, S. 97, 107 f.; *Rennert*, VBlBW 1993, 281 (282); *Kopp/Kopp*, NVwZ 1994, 1 (2); *Schoch*, in: Hoffmann-Riem/Schmidt-Aßmann/Voßkuhle (Hrsg.), Grundlagen des Verwaltungsrechts, 2. Aufl. 2013, § 50 Rn. 321; *Wöckel*, in: Eyermann, VwGO, 16. Aufl. 2022, § 121 Rn. 27; *Clausing/Kimmel*, in: Schoch/Schneider (Hrsg.), Verwaltungsrecht, 44. Aufl. 2023, § 121 VwGO Rn. 26; *Germelmann*, in: Gärditz (Hrsg.), VwGO, 2. Aufl. 2018, § 121 Rn. 95; *Kilian/Hissnauer*, in: Sodan/Ziekow (Hrsg.), VwGO, 5. Aufl. 2018, § 121 Rn. 77. Kritisch: *Kaniess*, Der Streitgegenstandsbegriff in der VwGO, 2012, S. 75; *Maurer*, JZ 1993, 574 (574 f.); *Erfmeyer*, DVBl 1997, 27 (31 f.).

Rechtswidrigkeit und Nichtvollziehbarkeit nicht einmal tragend. Es handelt sich vielmehr um eine Art *obiter dictum*.[19]

15 Indem die Doppelte Rechtskraft mithin nicht tragende Entscheidungsgründe in die Rechtskraft einbezieht, bricht sie mit der eigentlich intendierten beschränkten Reichweite der Verbindlichkeit eines rechtskräftigen Urteils, die nicht nur in der gesamten restlichen Verwaltungsgerichtsbarkeit gilt, sondern auch allen anderen Prozessordnungen im deutschen Rechtssystem gemein ist.[20]

IV. Auswirkungen auf das verwaltungsgerichtliche Verfahren

16 Die Doppelte Rechtskraft wirkt sich auf das gerichtliche Verfahren sowohl gegen den ursprünglichen als auch gegen den korrigierten Planfeststellungsbeschluss aus.

1. Auswirkungen auf das Verfahren gegen den ursprünglichen Planfeststellungsbeschluss

17 Sämtliche Fragen, die sich in Bezug auf ein Vorhaben stellen, sollen nach Möglichkeit im Verfahren gegen den ursprünglichen Planfeststellungsbeschluss geklärt werden. Das Konzept der Doppelten Rechtskraft sieht vor, dass das Gericht Fehler einmal herausarbeitet und der Planfeststellungsbeschluss im Übrigen in Bestandskraft erwächst. Damit diese Wirkung nicht mit einer potentiellen Schwächung des Rechtsschutzes einhergehen kann, ist es dem Gericht verwehrt, bei Auffinden eines einzigen Fehlers die Rechtswidrigkeit und Nichtvollziehbarkeit festzustellen und die Rechtmäßigkeit im Übrigen offen zu lassen. Vielmehr ist es verpflichtet, die Ausgangsentscheidung im Rahmen der klägeri-

---

[19] So ausdrücklich: VGH München, Beschl. v. 09.12.2008 – 8 ZB 07/2042, BeckRS 2008, 28676 Rn. 16 f. Ebenso: *Külpmann*, NVwZ 2020, 1143 (1144); *Ewer*, Möglichkeiten zur Beschleunigung verwaltungsgerichtlicher Verfahren über Vorhaben zur Errichtung von Infrastruktureinrichtungen und Industrieanlagen, 2019, S. 103.

[20] Ausführlich zur Rechtfertigung: *Krellmann*, Die Doppelte Rechtskraft im verwaltungsgerichtlichen Verfahren, 2024, S. 92 ff.

schen Rügebefugnis vollständig auf Fehler hin zu überprüfen.[21] Anders wäre die Doppelte Rechtskraft wegen der später auf die Fehlerheilung beschränkten Überprüfbarkeit mit dem Anspruch auf effektiven Rechtsschutz aus Art. 19 Abs. 4 GG nicht vereinbar. Die umfassende Prüfverpflichtung verändert das verwaltungsgerichtliche Verfahren in vielerlei Hinsicht.[22]

a) Erweiterte Amtsermittlungspflicht

Zum einen kann sich der Prüfaufwand des Gerichts infolge der Doppelten Rechtskraft im Einzelfall erhöhen. Auch wenn bereits feststeht, dass das Gericht die Rechtswidrigkeit und Nichtvollziehbarkeit feststellen muss, weil etwa eine gebotene Umweltverträglichkeitsprüfung unterblieben ist, muss es unter Umständen gleichwohl in eine artenschutzrechtliche Prüfung einsteigen und prüfen, ob der Planfeststellungsbeschluss auch insoweit Mängel aufweist. Es ist verpflichtet, sämtlichen Mängelrügen nachzugehen und kann Beweisanträge nicht einfach ablehnen, weil das Vorliegen einzelner Mängel für den Entscheidungstenor unerheblich ist.[23]   18

Nur ausnahmsweise erscheint es gerechtfertigt, die Rechtmäßigkeit in Teilen offen zu lassen. Dies dürfte insbesondere dann gelten, wenn der Tenor des Urteils bereits feststeht und das Gericht im konkreten Einzelfall auf materiell-rechtlicher Ebene genau diejenige Prüfung durchzuführen hätte, die die Behörde zuvor verfahrensrechtswidrig unterlassen und die daher bereits zur Feststellung der Rechtswidrigkeit und Nichtvollziehbarkeit geführt hat. Lässt sich etwa wegen einer entgegen § 16 Abs. 8 UVPG unterbliebenen Berücksichtigung der Vorbelastung durch kumulierende Vorhaben im Zeitpunkt des Urteils nicht sagen, ob   19

---

21 So ausdrücklich: BVerwG, Beschl. v. 20.03.2018 – 9 B 43/16, NuR 2019, 109 Rn. 65; BVerwG, Beschl. v. 17.03.2020 – 3 VR 1/19, NVwZ 2020, 1051 Rn. 18; OVG Lüneburg, Beschl. v. 18.03.2021 – 12 LB 148/20, KommJur 2021, 132 (137). Ebenso: *Ewer*, Möglichkeiten zur Beschleunigung verwaltungsgerichtlicher Verfahren über Vorhaben zur Errichtung von Infrastruktureinrichtungen und Industrieanlagen, 2019, S. 104; *Langstädtler*, Effektiver Umweltrechtsschutz in Planungskaskaden, 2021, S. 189; *Seibert*, NVwZ 2018, 97 (104); *Külpmann*, NVwZ 2020, 1143 (1145); *Schütz*, UPR 2021, 418 (420).

22 Hierzu im Einzelnen: *Krellmann*, Die Doppelte Rechtskraft im verwaltungsgerichtlichen Verfahren, 2024, S. 142 ff.

23 Ebenso: *Külpmann*, NVwZ 2020, 1143 (1145).

das in Rede stehende Vorhaben die Vorgaben der TA Lärm einhält, ist das Gericht in Erfüllung seiner erweiterten Amtsermittlungspflicht aus § 86 Abs. 1 Satz 1 Hs. 1 VwGO nicht zur Ermittlung der Geräuschimmissionen verpflichtet.[24] Andernfalls würde es zumindest Teile genau derjenigen Prüfung vornehmen, deren Durchführung eigentlich der Behörde im ergänzenden Verfahren obliegt. Die Behörde würde dadurch ohne Rechtfertigung von ihren Pflichten im Rahmen der Fehlerheilung entlastet.

b) Erweiterte Vorlagepflicht

20 Zum anderen kann sich das Gericht nicht auf die Feststellung von Fehlern beschränken, die es selbst sicher beurteilen kann, um hierdurch ein Vorabentscheidungsverfahren an den EuGH zu umgehen. Vorabentscheidungsersuchen an den EuGH sind in Verfahren gegen umweltrelevante Vorhaben generell von hoher Bedeutung, weil das Umweltrecht in weiten Teilen durch das Unionsrecht geprägt ist. Auch wenn einzelne Mängel sicher bestehen, muss das Gericht Auslegungsfragen zu möglichen weiteren Mängeln, die das Unionsrecht betreffen, nach Maßgabe des Art. 267 AEUV dem EuGH vorlegen. Diese Konstellation lag beispielsweise in den Verfahren gegen die *Weservertiefung*,[25] die *Waldschlösschenbrücke*[26] und die *Ortsumgehung Ummeln*[27] vor.

c) Zwischenfazit

21 Beschränkt man den Blick auf das Verfahren gegen den ursprünglichen Planfeststellungsbeschluss, wird deutlich, dass mehr Streitstoff zunächst zu einer Verlängerung des Verfahrens führt, weil teilweise über mehrere Instanzen hinweg über das Vorliegen einzelner Fehler gestritten wird. Zu diesem Zeitpunkt ist gleichwohl ungewiss, ob es überhaupt zu einer Fehlerheilung und zu einem zweiten Prozess kommen wird, in dem sich die Doppelte Rechts-

---

[24] Vgl. OVG Lüneburg, Urt. v. 26.02.2020 – 12 LB 157/18, ZUR 2020, 549 (553–555). Vgl. hierzu ähnliche Fallgestaltungen: BVerwG, Urt. v. 20.12.2011 – 9 A 31/10, BVerwGE 141, 282 Rn. 37; BVerwG, Urt. v. 11.08.2016 – 7 A 1/15, BVerwGE 156, 20 Rn. 150; BVerwG, Beschl. v. 20.03.2018 – 9 B 43/16, NuR 2019, 109 Rn. 64–66.
[25] BVerwG, Beschl. v. 11.07.2013 – 7 A 20/11, NuR 2013, 662 (663).
[26] BVerwG, Beschl. v. 06.03.2014 – 9 C 6/12, NuR 2014, 633 Rn. 15–18.
[27] BVerwG, Beschl. v. 25.04.2018 – 9 A 16/16, DVBl 2018, 1418 Rn. 19–21.

kraft auszahlen kann. Bei Großprojekten, bei denen das Ob des Vorhabens häufig nicht mehr in Frage steht, werden Fehler im Prinzip immer nachträglich behoben. Anders ist dies bei kleineren Vorhaben, für die über §§ 4 Abs. 1b Satz 1 und 7 Abs. 5 Satz 1 UmwRG ein ergänzendes Verfahren ermöglicht wird.[28] Hier kann eine Fehlerbehebung den Vorhabenträger wirtschaftlich eher überfordern, sodass sich dieser auch dagegen entscheiden kann. Hinzu kommt, dass Kläger und Vorhabenträger bei kleineren Vorhaben einander oft näher stehen. Vor diesem Hintergrund ist eher damit zu rechnen, dass sich zwischenzeitlich die Einstellung zu dem Vorhaben ändert oder es außergerichtlich zu einer Einigung kommt, und kein zweites Mal geklagt wird.

2. Auswirkungen auf das Verfahren gegen den korrigierten Planfeststellungsbeschluss

Nutzt die Behörde die Möglichkeit, die festgestellten Mängel nachträglich zu beheben, hat der Kläger, der gegen den ursprünglichen Planfeststellungsbeschluss mit Erfolg geklagt hat, trotz der Doppelten Rechtskraft verschiedene Möglichkeiten, nach Abschluss eines ihn nicht zufriedenstellenden ergänzenden Verfahrens ein weiteres Mal gegen den Planfeststellungsbeschluss vorzugehen.

a) Rechtsschutzmöglichkeiten des Klägers

Zum einen kann der Kläger die erneute Feststellung der Rechtswidrigkeit und Nichtvollziehbarkeit beantragen. Hierfür muss er geltend machen, dass die zuvor festgestellten Fehler entweder nicht oder nicht vollständig behoben worden seien.[29] Diese Mög-

---

[28] Ebenso: *Külpmann*, NVwZ 2020, 1143 (1147).
[29] BVerwG, Urt. v. 08.01.2014 – 9 A 4/13, BVerwGE 128, 31 Rn. 28; BVerwG, Urt. v. 28.04.2016 – 9 A 9/15, BVerwGE 155, 91 Rn. 39; BVerwG, Urt. v. 15.07.2016 – 9 C 3/16, NVwZ 2016, 1631 Rn. 61; *Storost*, UPR 2018, 52 (59); *Külpmann*, NVwZ 2020, 1143 (1147); *Deutsch*, in: Mann/Sennekamp/Uechtritz (Hrsg.), VwVfG, 2. Aufl. 2019, § 75 Rn. 141; *Neumann/Külpmann*, in: Stelkens/Bonk/Sachs (Hrsg.), VwVfG, 10. Aufl. 2023, § 75 Rn. 54a.

lichkeit besteht auch, wenn im Rahmen des ergänzenden Verfahrens wiederum Fehler unterlaufen sind.[30]

24 Im Einzelfall kann der Kläger sogar die Aufhebung des Planfeststellungsbeschlusses verlangen, und zwar dann, wenn er geltend macht, dass die Heilung gescheitert sei und ein zweiter Heilungsversuch nicht in Betracht kommt. Denn das Gericht hat im vorausgegangenen Verfahren nicht geprüft, ob eine Heilung sicher erfolgen kann. Um zur Feststellung der Rechtswidrigkeit und Nichtvollziehbarkeit zu gelangen, darf eine Heilung nur nicht ausgeschlossen sein.[31] Wenn sich im Zuge des ergänzenden Verfahrens herausstellt, dass diese gerichtliche Annahme falsch war, weil einer Heilung tatsächliche oder rechtliche Hindernisse entgegenstehen, die Behörde dem zuwider aber dennoch eine Korrektur vornimmt, muss es in einem späteren Verfahren zur Aufhebung kommen.[32]

b) Inhaltliche Reichweite der Rechtskraft des vorangegangenen Urteils

25 Die Doppelte Rechtskraft löst die Reichweite der verbindlichen Wirkung eines Urteils vom Tenor. Inhalt und Umfang der Rechtskraft ergeben sich vielmehr „aus den die gerügten Mängel bejahenden oder verneinenden Entscheidungsgründen."[33] Damit stellt sich die Frage, wie weitgehend das Gericht, das über den korrigierten Planfeststellungsbeschluss entscheidet, inhaltlich an das vorangegangene Urteil gebunden und damit zugleich in seinem Recht zur Amtsermittlung eingeschränkt ist.

---

[30] BVerwG, Urt. v. 08.01.2014 – 9 A 4/13, BVerwGE 149, 31 Rn. 28; BVerwG, Urt. v. 28.04.2016 – 9 A 9/15, BVerwGE 155, 91 Rn. 39; BVerwG, Urt. v. 15.07.2016 – 9 C 3/16, NVwZ 2016, 1631 Rn. 61; *Storost*, UPR 2018, 52 (59); *Külpmann*, NVwZ 2020, 1143 (1147).
[31] BVerwG, Urt. v. 27.10.2000 – 4 A 18/99, BVerwGE 112, 140 (166); BVerwG, Urt. v. 17.05.2002 – 4 A 28/01, BVerwGE 116, 254 (268); BVerwG, Urt. v. 20.01.2004, 4 B 112/03, ZfBR 2004, 382 (382).
[32] Vgl. hierzu BVerwG, Urt. v. 04.06.2020 – 7 A 1/18, Buchholz 406.403 § 34 BNatSchG 2010 Nr. 18 Rn. 9. Vgl. auch: BVerwG, Urt. v. 07.10.2021 – 4 A 9/19, UPR 2022, 98 Rn. 16.
[33] BVerwG, Beschl. v. 20.03.2018 – 9 B 43/16, NuR 2019, 109 (Ls. 5).

aa) Mindestgehalt der Doppelten Rechtskraft

Der Mindestgehalt der Rechtskraft über den Entscheidungssatz hinaus lässt sich einigermaßen leicht bestimmen. Nach Auffassung des 7. Senats sollen jedenfalls solche Teile des Planfeststellungsbeschlusses einer nochmaligen gerichtlichen Überprüfung entzogen sein, die „ungeachtet eines nach den allgemeinen prozessualen Kategorien einheitlichen Streitgegenstandes [...] im Sinne einzelner Klagegründe einer gesonderten Entscheidung zugänglich sind".[34] Von der Rechtskraft erfasst sein dürften damit jedenfalls die im Einzelnen begründeten Entscheidungen über die Einhaltung der abtrennbaren verfahrens- und materiell-rechtlichen Anforderungen an die Zulassungsentscheidung.[35] Dazu gehören etwa die Erfüllung der Vorgaben aus dem UVPG, das Vorliegen einer Planrechtfertigung, die Einhaltung verbindlicher Entscheidungen in vorausgegangenen Verfahren sowie die Wahrung zwingender Vorgaben des Immissionsschutz- und Naturschutzrechts und nicht zuletzt die Durchführung einer ordnungsgemäßen Abwägung der von der Planung berührten Belange und die Betrachtung von Alternativen.

26

bb) Verbindlichkeit rechtlicher Erwägungen und Begründungselemente

Innerhalb eines mangelhaften Sachkomplexes benennt das Gericht oftmals nicht nur die Fehler, die der Behörde unterlaufen sind, sondern geht auch darauf ein, inwieweit diese bereits korrekt vorgegangen ist.[36] Wenn es etwa feststellt, dass die Gefährdung einer geschützten Art zu Unrecht verneint worden ist, kann es in seinem Urteil zugleich darlegen, dass der Bestand der Art und die von dem Vorhaben ausgehenden Wirkfaktoren korrekt erfasst worden sind. In diesem Fall wird für das ergänzende Verfahren als

27

---

[34] BVerwG, Urt. v. 04.06.2020 – 7 A 1/18, Buchholz 406.403 § 34 BNatSchG 2010 Nr. 18 Rn. 32.
[35] BVerwG, Urt. v. 04.06.2020 – 7 A 1/18, Buchholz 406.403 § 34 BNatSchG 2010 Nr. 18 Rn. 32.
[36] Vgl. etwa BVerwG, Urt. v. 17.05.2002 – 4 A 28/01, NVwZ 2002, 1243 (1247–1249); BVerwG, Urt. v. 21.01.2016 – 4 A 5/14, BVerwGE 154, 73 Rn. 104 ff.; OVG Lüneburg, Urt. v. 26.02.2020 – 12 LB 157/18, ZUR 2020, 549 (553 f.).

solches wie auch für einen etwaigen zweiten Prozess relevant, ob sich die Rechtskraft auf derartige Einzelaussagen erstreckt.

28 Während der *4. Senat* einer Rechtsbeständigkeit einzelner rechtlicher Erwägungen jedenfalls in einer frühen Entscheidung zur *Uckermarkleitung* aus dem Jahr 2017 eher zurückhaltend gegenübersteht,[37] bejaht der *7. Senat* in seinem zweiten Urteil zur *Elbvertiefung* die verbindliche Wirkung gewisser Begründungselemente und nennt Vorgaben, anhand derer diese zu identifizieren sind. Maßgeblich soll die „Bedeutung dieser Erwägungen für das gesamte Verfahren" sein, „worauf nicht zuletzt der argumentative Aufwand der Beteiligten sowie Begründungsumfang und -tiefe bei der gerichtlichen Bewältigung der aufgeworfenen Rechtsfragen hindeuten können."[38] Davon seien Ausführungen des Gerichts zu unterscheiden, die zwar ebenfalls die rechtlichen Erwägungen und Vorgehensweisen der Behörden billigen würden, aber nicht von diesem Gewicht und somit als bloße Vorfragen einzustufen seien.[39] Im Zusammenhang mit der *Elbvertiefung* hatte das Gericht im vorangegangenen Urteil über 90 Randnummern hinweg begründet, warum es die Methodik eines hydromorphologischen Gutachtens für richtig hielt. Diese Feststellungen wurden im Folgeverfahren für verbindlich erachtet.

29 Die Vorgaben des BVerwG können in der Praxis unzureichend sein, um Inhalt und Umfang der Rechtskraft anhand der Entscheidungsgründe sicher zu erkennen. Eine Orientierung an größeren Verfahrensschritten oder Tatbestandsmerkmalen wäre wünschenswert gewesen.[40] Andererseits sind umweltrechtliche Tatbestände vielschichtig. So erfüllt etwas die Feststellung, dass ein Gutachten methodisch korrekt erstellt worden ist, für sich gesehen kein Tatbestandsmerkmal. Und dennoch kann ein Interesse daran bestehen, insoweit Rechtssicherheit zu erlangen. Vor diesem Hintergrund ist nachvollziehbar, dass das BVerwG die Verantwortung in die Hand desjenigen Gerichts legt, das über den Ausgangs-

---

[37] BVerwG, Beschl. v. 23.05.2017 – 4 A 7/16, BeckRS 2017, 113037 Rn. 9.
[38] BVerwG, Urt. v. 04.06.2020 – 7 A 1/18, Buchholz 406.403 § 34 BNatSchG 2010 Nr. 18 Rn. 32.
[39] BVerwG, Urt. v. 04.06.2020 – 7 A 1/18, Buchholz 406.403 § 34 BNatSchG 2010 Nr. 18 Rn. 32.
[40] So der Vorschlag von *Külpmann*, NVwZ 2020, 1143 (1148).

beschluss entscheidet. Dieses Gericht muss in den Urteilsgründen auf entsprechend eindeutige Formulierungen zurückgreifen.

Weiterhin kann die Handhabbarkeit der Rechtskraft Probleme bereiten. Dem Gericht, das über die behördliche Ausgangsentscheidung urteilt, kann nicht zugemutet werden, über sämtliche Einzelfragen mit einer Weitsicht zu entscheiden, die eine Erstreckung der materiellen Rechtskraft auf diese rechtfertigen würde. Zugleich läuft es dem Beschleunigungszweck zuwider, wenn im Verfahren gegen den korrigierten Planfeststellungsbeschluss zunächst detailliert geprüft werden muss, inwieweit die Entscheidungsbefugnis beschränkt ist. *30*

Zumindest für die Behörde und den Vorhabenträger ist eine weitreichende Verbindlichkeit hilfreich. Je mehr verbindliche Feststellungen sie einer Fehlerheilung zugrunde legen können, umso gezielter und rechtssicherer können sie agieren. Innerhalb eines fehlerhaften Sachkomplexes muss nicht alles wieder in Frage gestellt werden. Stattdessen kann man sich im besten Fall auf die Korrektur eines klar konturierten Fehlers konzentrieren. Im Verfahren um die *Ortsumgehung Celle* führte dieses Interesse gar dazu, dass die Beklagtenseite nach Feststellung der Rechtswidrigkeit und Nichtvollziehbarkeit in der Revisionsinstanz einen gerichtlichen Verfahrensfehler geltend machte. Sie richtete sich nicht dagegen, dass das Gericht die Erfüllung des artenschutzrechtlichen Tötungsverbots gemäß § 44 Abs. 1 Nr. 1 BNatSchG überhaupt bejaht hatte. Vielmehr ging es ihr darum, dass das Gericht den Umfang der Rechtswidrigkeit nicht genau genug festgestellt und damit nicht abschließend über die Klage entschieden habe.[41] Dieses hatte die Wirksamkeit der festgesetzten Schutz- und Vermeidungsmaßnahmen verneint,[42] sich aber unter anderem mit der Bestimmtheit und der Methodik des Risikomanagements nicht weiter auseinandergesetzt. Die Revision blieb erfolglos.[43] *31*

Demgegenüber kann der Kläger im Einzelfall gezwungen sein, sogar die für ihn positive und wie von ihm beantragt erlassene Feststellung eines Mangels mit Rechtsbehelfen anzugreifen, wenn er die Gefahr sieht, dass deren Begründung für ihn nachteilige *32*

---

41 BVerwG, Beschl. v. 20.03.2018 – 9 B 43/16, NuR 2019, 109 Rn. 64.
42 OVG Lüneburg, Urt. v. 22.04.2016 – 7 KS 27/15, BeckRS 2016, 46472 Rn. 334.
43 BVerwG, Beschl. v. 20.03.2018 – 9 B 43/16, NuR 2019, 109 Rn. 64–66.

Wirkungen entfalten kann. Eine derartige Konstellation lag einer Entscheidung des 4. Senats im Zusammenhang mit der *Uckermarkleitung* zugrunde: Das Gericht hatte den Planfeststellungsbeschluss für das Freileitungsvorhaben unter anderem wegen eines Verstoßes gegen § 34 Abs. 2 BNatSchG für rechtswidrig und nicht vollziehbar erklärt, zugleich aber geäußert, dass es entgegen der klägerseitigen Einwände die Wirksamkeit optischer Markierungen an den Erd- und Leiterseilen bejahte.[44] Hiergegen gingen die Kläger mit einer Anhörungsrüge vor.[45]

c) Umgang mit Fehlern in rechtskräftig entschiedenen Sachkomplexen

33 Weitere Probleme wirft die Doppelte Rechtskraft auf, wenn sich im Verfahren gegen den korrigierten Planfeststellungsbeschluss herausstellt, dass einzelne Sachkomplexe, deren Rechtmäßigkeit im vorangegangenen Verfahren bereits bescheinigt worden ist, Fehler aufweisen. Denn diese Sachkomplexe sind bereits in Bestandskraft erwachsen.

aa) Rechtssicherheit / Rechtsfrieden versus materielle Gerechtigkeit

34 In diesen Fällen entsteht ein Spannungsfeld zwischen der Rechtssicherheit und dem Rechtsfrieden, den ein Urteil erreichen soll,[46] auf der einen Seite und der materiellen Gerechtigkeit auf der anderen Seite.[47] Grundsätzlich räumt der Gesetzgeber der Rechtssicherheit Priorität ein. Hierfür nimmt er in Kauf, dass auch ein unrichtiges Urteil rechtskräftig wird und damit materiell an sich bestehende Rechtspositionen endgültig an ihrer prozessualen Durchsetzbarkeit hindert.[48]

---

[44] BVerwG, Urt. v. 21.01.2016 – 4 A 5/14, BVerwGE 154, 73 Rn. 104 ff.
[45] BVerwG, Beschl. v. 23.05.2017 – 4 A 7/16, BeckRS 2017, 113037.
[46] BVerfG, Beschl. v. 12.03.1996 – 1 BvR 609, 692/90, BVerfGE 94, 241 (258); *Schoch*, in: Hoffmann-Riem/Schmidt-Aßmann/Voßkuhle (Hrsg.), Grundlagen des Verwaltungsrechts, 2. Aufl. 2012, § 50 Rn. 319; *Germelmann*, in: Gärditz (Hrsg.), VwGO, 2. Aufl. 2018, § 121 Rn. 6.
[47] Hierzu grundlegend: BVerfG, Beschl. v. 20.04.1982 – 2 BvL 26/81, NJW 1982, 2425 (2526).
[48] *Schoch*, in: Hoffmann-Riem/Schmidt-Aßmann/Voßkuhle (Hrsg.), Grundlagen des Verwaltungsrechts, 2. Aufl. 2012, § 50 Rn. 319; *Germelmann*, in: Gärditz (Hrsg.), VwGO, 2. Aufl. 2018, § 121 Rn. 11.

Nichts anderes darf für die Doppelte Rechtskraft gelten. Daran ändert die Tatsache nichts, dass über Bestand und Inhalt des Planfeststellungsbeschlusses *insgesamt* vor Abschluss des ergänzenden Verfahrens noch Unsicherheit besteht.[49] Zwar dürfte es in der Regel – insbesondere während eines bereits laufenden Fehlerbehebungsverfahrens – deutlich einfacher sein, nachträglich aufgefundene Fehler in rechtskräftig entschiedenen Sachkomplexen zu korrigieren, als dies bei einem Planfeststellungsbeschluss der Fall ist, der bereits vollständig in Bestandskraft erwachsen ist.[50] Auch ist der Vorhabenträger noch nicht in gleicher Weise schutzwürdig, weil der Plan noch nicht als Ganzes festgestellt und damit kein entsprechendes Vertrauen seinerseits begründet worden ist. Vor allem wurde die Vorhabenrealisierung in der Regel noch nicht begonnen. Würde man diese Argumente jedoch stets gelten lassen, würde das Konzept der Doppelten Rechtskraft samt seinen Zielsetzungen *ad absurdum* geführt.[51] Denn diese ist gerade darauf ausgerichtet, einzelne Sachkomplexe in besonders umfangreichen Zulassungsverfahren frühzeitig mit Rechtssicherheit auszustatten.

35

bb) Neue Erkenntnisse im ergänzenden Verfahren

In Ausnahmefällen muss die Rechtskraft dennoch hinter der materiellen Gerechtigkeit zurücktreten. Neben dem Fall, in dem sich nachträglich die Unionsrechtswidrigkeit eines Sachkomplexes herausstellt,[52] dürfte in der Praxis vor allem relevant werden, dass neue Erkenntnisse im ergänzenden Verfahren Fehler in bereits rechtskräftig entschiedenen Sachkomplexen aufzeigen. Damit zu rechnen ist zum Beispiel im Falle einer fehlerhaften Umweltverträglichkeitsprüfung. Bei deren Korrektur kann sich offenbaren, dass der bereits bestandskräftigen Alternativenprüfung eine defizitäre Sachverhaltsermittlung zugrunde gelegt worden ist. Gewiss gibt es Fehler, bei deren Feststellung naheliegend ist, dass sie zu

36

---

[49] So auch ausdrücklich: BVerwG, Beschl. v. 12.01.2018 – 9 A 12/17, DVBl 2018, 585 Rn. 13.
[50] So auch: BVerwG, Beschl. v. 12.01.2018 – 9 A 12/17, DVBl 2018, 585 Rn. 15.
[51] In diese Richtung: BVerwG, Beschl. v. 12.01.2018 – 9 A 12/17, DVBl 2018, 585 Rn. 13.
[52] Näher hierzu: *Krellmann*, Die Doppelte Rechtskraft im verwaltungsgerichtlichen Verfahren, 2024, S. 229 ff. und 239 ff.

Folgefehlern geführt haben müssen – etwa bei einer gänzlich fehlenden Umweltverträglichkeitsprüfung. Dann kann das Gericht natürlich Teile des Planfeststellungsbeschlusses, die voraussichtlich betroffen sein werden, von vornherein von der Doppelten Rechtskraft ausnehmen.[53] Problematisch sind indes Fälle, in denen dies nicht so klar vorhersehbar ist – etwa bei einer fehlenden Öffentlichkeitsbeteiligung. Hier lässt sich im Vorfeld nicht sagen, ob sich überhaupt etwas am Ergebnis ändern wird. Wenn das Gericht hier sämtliche Sachkomplexe offenließe, würde das Ziel der Doppelten Rechtskraft, so weit wie möglich eine frühe Bestandskraft zu erreichen, konterkariert.

37 Wenn sich anhand neuer Erkenntnisse aus dem ergänzenden Verfahren zeigt, dass eigentlich in Bestandskraft erwachsene Sachkomplexe Fehler enthalten, steht der materiellen Rechtskraft das Gebot der Ergebnisoffenheit des ergänzenden Verfahrens gegenüber. Bei der Nachholung zunächst rechtswidrig unterbliebener Verfahrensschritte muss gewährleistet sein, dass diese die ihnen zugedachte Funktion noch erfüllen können.[54] Hierfür müssen neue Erkenntnisse vollständig berücksichtigt werden können. Nur so lässt sich die Fehlerheilung im ergänzenden Verfahren mit dem Rechtsstaatgebot aus Art. 20 Abs. 3 GG vereinbaren.[55] Gute Gründe sprechen dafür, dass die Rechtskraft in diesen Fällen von allein entfällt. Die Doppelte Rechtskraft steht mithin von vornherein unter der auflösenden Bedingung, dass sich aus dem ergänzenden Verfahren keine neuen Erkenntnisse ergeben, die sich auf rechtskräftig entschiedene Sachkomplexe auswirken. Tritt dieser Fall gleichwohl ein, können betroffene Sachkomplexe vom Kläger erneut angegriffen werden und sind gerichtlich wieder voll überprüfbar. Wird den Fehlern nicht rechtzeitig abgeholfen, gelangt

---

[53] Näher hierzu: *Krellmann*, Die Doppelte Rechtskraft im verwaltungsgerichtlichen Verfahren, 2024, S. 223 f.

[54] OVG Münster, Urt. v. 09.12.2009 – 8 D 12/08.AK, NuR 2010, 583 (585); *Bumke*, Relative Rechtswidrigkeit, 2004, S. 206; *Durner*, VerwArch 97 (2006), 345 (376).

[55] Vgl. BVerwG, Urt. v. 20.12.2011 – 9 A 31/10, BVerwGE 141, 282 Rn. 36; BVerwG, Urt. v. 07.10.2021 – 4 A 9/19, UPR 2022, 98 Rn. 51; *Rubel*, DVBl 2019, 600 (603); *Deutsch*, in: Mann/Sennekamp/Uechtritz (Hrsg.), VwVfG, 2. Aufl. 2019, § 75 Rn. 128; *Wysk*, in: Kopp/Ramsauer (Hrsg.), VwVfG, 24. Aufl. 2023, § 75 Rn. 35c; *Neumann/Külpmann*, in: Stelkens/Bonk/Sachs (Hrsg.), VwVfG, 10. Aufl. 2023, § 75 Rn. 52.

das Gericht erneut zur Feststellung der Rechtswidrigkeit und Nichtvollziehbarkeit.

d) Zwischenfazit

Im Verfahren gegen den korrigierten Planfeststellungsbeschluss ist aufgrund der eingeschränkten gerichtlichen Überprüfung mit der erwünschten Beschleunigung zu rechnen. Gleichwohl sind mit der Doppelten Rechtskraft neue Unsicherheiten verbunden, die sich aus der Unschärfe ihrer inhaltlichen Reichweite und etwaig erforderlicher Rechtskraftdurchbrechungen ergeben können. Der Streitstoff muss im Einzelfall also nicht unbedingt reduzierter ausfallen als er dies ohne die Doppelte Rechtskraft täte. Er weist lediglich andere inhaltliche Schwerpunkte auf. Dadurch kann die beschleunigende Wirkung in Frage gestellt werden.

38

V. Gesamtfazit und die Doppelte Rechtskraft *de lege ferenda*

Für die Doppelte Rechtskraft spricht, dass es gelingt, den Rechtsschutz gegen Zulassungsentscheidungen ohne Abstriche im Hinblick auf Art. 19 Abs. 4 GG im Wesentlichen auf ein einziges Gerichtsverfahren zu konzentrieren. Wesentlicher Nachteil ist der Mehraufwand, der auf das Gericht im Verfahren gegen die Ausgangsentscheidung zukommen kann. Daher erscheint es sachgerecht, den gegenständlichen Anwendungsbereich zu beschränken. Eine Grenze ließe sich bei der fehlenden UVP-Pflichtigkeit von Vorhaben ziehen, hinsichtlich derer der Verfahrensstoff in der Regel übersichtlicher ausfällt. Hierdurch würde verhindert, dass sich der zusätzliche Aufwand bei kleineren Vorhaben nicht auszahlt.

39

Aufgrund der Abweichungen zu den zu § 121 VwGO entwickelten Grundsätzen sollte der Tenor des Feststellungsurteils angepasst werden. Zudem bedarf die Doppelte Rechtskraft einer gesetzlichen Normierung.[56] Aus Gründen der Klarstellung sollte insbesondere eine gesetzliche Verankerung der umfassenden

40

---

[56] Vgl. Vorschlag von *Ewer*, Möglichkeiten zur Beschleunigung verwaltungsgerichtlicher Verfahren über Vorhaben zur Errichtung von Infrastruktureinrichtungen und Industrieanlagen, 2019, S. 105.

Prüfpflicht des Gerichts erfolgen, aus der sich die Tenorierung nach Möglichkeit herauslesen lässt. Unter Rückgriff auf die oben zitierte vom BVerwG verwendete Formel zur Zusammenfassung der Doppelten Rechtskraft kommt folgende Formulierung in Betracht:

„Ist eine Aufhebung nach Maßgabe des § 75 Abs. 1a Satz 2 VwVfG / § 4 Abs. 1b Satz 1 UmwRG / § 7 Abs. 5 Satz 1 UmwRG ausgeschlossen, stellt das Gericht die Rechtswidrigkeit und Nichtvollziehbarkeit des Planfeststellungsbeschlusses / des Bescheides fest; zugleich stellt es fest, dass der Planfeststellungsbeschluss / der Bescheid über die Beanstandung(en) des Gerichts hinaus nicht an weiteren Fehlern leidet."

Naturschutzrechtliche Konflikte bei genehmigten Vorhaben – wie weit reicht der Bestandsschutz?

Christian Uffelmann[1]

Das europäische Naturschutzrecht fordert mit seinem vom *effet utile* untermauerten Geltungsanspruch den genehmigungsrechtlichen Bestandsschutz heraus. Vorhabenträger sehen sich in der Praxis mit naturschutzrechtlich begründeten, nachträglichen Einschränkungen ihres Vorhabens konfrontiert. Dieser Beitrag beleuchtet Strukturen der rechtlichen Bewältigung von habitat- und artenschutzrechtlichen Konflikten bei bestandskräftig genehmigten Vorhaben.

1

I. Problemstellung

Vorhaben mit erheblichen Umweltauswirkungen werden in der Regel mittels immissionsschutzrechtlicher Genehmigung oder Planfeststellungsbeschluss zugelassen. Diese bilden die Grundlage für genehmigungsrechtlichen Bestandsschutz. Damit ist die Rechtsposition des Vorhabenträgers gemeint, die diesem durch die bestandskräftige Genehmigung[2] vermittelt wird. Zuvor hat er mit dem immissionsschutzrechtlichen Genehmigungsverfahren oder dem Planfeststellungsverfahren ein umfangreiches Zulassungsverfahren unter Beteiligung der Öffentlichkeit und fachkundiger Behörden durchlaufen. Wurde die daraufhin erteilte Genehmigung nicht mit Rechtsbehelfen angegriffen oder hat sie einer gerichtlichen Überprüfung standgehalten, erlangt sie Bestandskraft. Eine nachträgliche behördliche Modifizierung dieser Rechtsposi-

2

---

[1] Der Autor ist Rechtsanwalt im Hamburger Büro der GÖRG Partnerschaft von Rechtsanwälten mbB.
[2] Der Begriff der Genehmigung umfasst im Rahmen dieses Beitrags sowohl die immissionsschutzrechtliche Genehmigung als auch den Planfeststellungsbeschluss.

tion ist dann nur noch in den gesetzlich vorgesehenen Fällen, wie beispielsweise durch Rücknahme und Widerruf oder durch nachträgliche Anordnung (§ 17 BImSchG) möglich. Die Genehmigung bildet dann die Grundlage für die Realisierung des Vorhabens und für das Investitionsvertrauen des Vorhabenträgers.

3   Solche Vorhaben rufen aufgrund ihrer regelmäßig hohen Eingriffsintensität häufig naturschutzrechtliche Konflikte hervor, wobei hier die Vereinbarkeit des Vorhabens mit dem Arten- und Habitatschutzrecht im Vordergrund steht. So kann beispielsweise beim Betrieb einer Windenergieanlage ein erhöhtes Kollisionsrisiko für geschützte Vogelarten bestehen und damit das Tötungsverbot gemäß § 44 I Nr. 1 BNatSchG verwirklicht werden. Auch die Errichtung einer Infrastrukturanlage wie einer Fernstraße kann durch Schadstoffeinträge oder Lebensraumverluste Beeinträchtigungen eines europäischen Schutzgebiets hervorrufen und damit u.U. habitatschutzrechtlich unverträglich gemäß § 34 II BNatSchG sein.

4   Diese naturschutzrechtlichen Konflikte sind primär im Rahmen des Zulassungsverfahrens zu bewältigen. Hierzu kommen unterschiedliche Instrumente in Betracht, die von der Anordnung von Vermeidungs- und Minderungsmaßnahmen über die Erteilung einer arten- bzw. habitatschutzrechtlichen Ausnahme bis hin zum Verzicht auf das Vorhaben in der konkreten Gestalt reichen.[3] Die Anwendung dieser Instrumente baut auf dem Kenntnisstand zum Zeitpunkt der Genehmigungserteilung auf und setzt daher notwendigerweise voraus, dass der naturschutzrechtliche Konflikt bei der Prüfung erkennbar ist.

5   Nicht selten zeigen sich aber nach Genehmigungserteilung und insbesondere nach Inbetriebnahme des Vorhabens naturschutzrechtliche Konflikte, die aus unterschiedlichen Gründen bei der Prüfung der Genehmigungsvoraussetzungen nicht berücksichtigt werden konnten.[4] Es kann zunächst vorkommen, dass bei der naturschutzrechtlichen Prüfung vor Genehmigungserteilung Fehler gemacht und beispielsweise vorhandene, geschützte Arten übersehen oder ihre Beeinträchtigung verkannt wurde. Zudem

---

[3] Dazu *Kerkmann/Fellenberg*, NaturschutzR, 3. Aufl. 2021 § 9 Rn. 203 ff. und § 10 Rn. 69 ff.
[4] Siehe *Lau* NuR 2018, 840 (840 f.); *Lieber* NuR 2012, 665 (665 f.).

unterliegt der Naturraum einer natürlichen Dynamik, sodass beispielsweise geschützte Arten neu in den Einwirkungsbereich des Vorhabens eingewandert sein können.[5] Insbesondere aber können nachträgliche Erkenntnisse über die konkreten Auswirkungen des Vorhabens vorliegen, die die ursprüngliche Bewertung in Frage stellen. Solche Erkenntnisse können beispielsweise durch ein Monitoring gewonnen werden und den Fehlschlag einer Prognose nachweisen. Denn die erforderlichen naturschutzrechtlichen Prognosen sind unvermeidbar mit Unsicherheiten verbunden,[6] weshalb sich im Nachhinein eine größere Betroffenheit als zuvor angenommen herausstellen kann.

Solche noch nicht bewältigten naturschutzrechtlichen Konflikte werfen die Frage auf, inwieweit die erteilte Genehmigung davor schützt, dass die zuständigen Behörden nachträgliche Maßnahmen gegenüber dem Vorhabenträger ergreifen, die häufig mit einer Einschränkung des Vorhabens verbunden sind.

In der so beschriebenen Problemlage ergeben sich eine Vielzahl von Fragen sowohl auf Ebene des Unionsrechts als auch auf der Umsetzungsebene des nationalen Rechts, von denen sich dieser Beitrag nur einer Auswahl näher widmen kann.[7]

II. Nachträgliche naturschutzrechtliche Pflichten – insbesondere Art. 6 II FFH-RL

Eine entscheidende Frage stellt sich gleich zu Beginn: ist das Habitat- und Artenschutzrecht bloße Zulassungsvoraussetzung oder ist es auch noch nach Genehmigungserteilung beachtlich und trägt damit Anforderungen an das genehmigte Vorhaben heran?

Im Artenschutzrecht maßgeblich ist die durch §44 Abs. 1 BNatSchG umgesetzte Ausgestaltung der Zugriffsverbote in Art. 12 FFH-RL (RL 92/43/EWG) bzw. Art. 5 Vogelschutz-RL (RL 2009/147/EG) als handlungsbezogene repressive Verbote. Das unionsrechtliche Artenschutzrecht enthält keine unmittelbaren Vorgaben für die Projektzulassung, sondern knüpft seine Verbote an tatsäch-

---

[5] Vgl. bspw. BVerwGE 134, 308 Rn. 91.
[6] BVerwGE 170, 33 Rn. 645 = NVwZ 2021, 988 (Ls.).
[7] Ausführlich *Uffelmann*, Bestandsschutz und naturschutzrechtliche Konflikte, im Erscheinen.

liche Handlungen.[8] Verboten sind beispielsweise u.a. das Töten von Exemplaren geschützter Arten oder die Störung dieser Arten in sensiblen Zeiten. Auch wenn die Zugriffsverbote unbestritten schon als Genehmigungsvoraussetzung zu beachten sind, sind sie aufgrund ihres Handlungsbezugs auch nach Genehmigungserteilung von Bedeutung und bleiben als repressives ordnungsrechtliches Instrument anwendbar.[9] Die zuständige Behörde hat also auch nach Genehmigungserteilung die Beachtung der artenschutzrechtlichen Vorschriften zu überwachen.

10 Deutlich schwieriger ist die Beurteilung im – für diesen Beitrag im Vordergrund stehenden – Habitatschutzrecht. Dort spielt Art. 6 Abs. 2 FFH-RL die zentrale Rolle.

1. Maßstab von Art. 6 Abs. 2 FFH-RL

11 Art. 6 Abs. 2 FFH-RL enthält das sog. Verschlechterungsverbot. Danach „treffen die Mitgliedstaaten die geeigneten Maßnahmen, um in den besonderen Schutzgebieten die Verschlechterung der natürlichen Lebensräume und der Habitate der Arten sowie Störungen von Arten, für die die Gebiete ausgewiesen worden sind, zu vermeiden, sofern solche Störungen sich im Hinblick auf die Ziele dieser Richtlinie erheblich auswirken könnten".

12 Diese Norm ist – infolge der Rechtsprechung des EuGH – der zentrale Anknüpfungspunkt für nachträgliche Anforderungen und in der Systematik der Vorgaben des Art. 6 FFH-RL zum Gebietsschutz zu sehen.

13 Bei Ausweisung eines FFH-Gebiets sind gemäß Art. 6 Abs. 1 FFH-RL die nötigen Erhaltungsmaßnahmen festzulegen, die die Erreichung der Erhaltungsziele im Rahmen der Gebietsbewirtschaftung sicherstellen sollen. Art. 6 Abs. 2 FFH-RL statuiert das genannte Verschlechterungsverbot und Art. 6 Abs. 3 FFH-RL normiert mit der FFH-Verträglichkeitsprüfung ein Verfahren für Pläne und Projekte, die das Schutzgebiet erheblich beeinträchtigen könnten. Diese sind vor ihrer Zulassung auf ihre Verträglichkeit mit den für das Gebiet festgelegten Erhaltungszielen zu prüfen. Sind sie gebietsunverträglich, können sie nur unter den in Art. 6

---

[8] *Lütkes/Ewer/Heugel*, BNatSchG, 2. Aufl. 2018, § 44 Rn. 6.
[9] VGH Mannheim, Urt. v. 4.7.2018 – 5 S 2117/16, BeckRS 2018, 19767 Rn. 52; Appel NuR 2020, 663 (671); a.A. Kautz UPR 2018, 474 (480).

Abs. 4 FFH-RL definierten Ausnahmevoraussetzungen zugelassen werden.

Art. 6 Abs. 2 FFH-RL begründet – unabhängig von einem Projekt – eine allgemeine Schutzpflicht der Mitgliedstaaten, Verschlechterungen in den Schutzgebieten zu vermeiden.[10] Für die Zulässigkeit von Projekten ist Art. 6 Abs. 3 FFH-RL mit seinen Vorgaben zur *ex ante* Verträglichkeitsprüfung die speziellere Vorschrift, die Art. 6 Abs. 2 FFH-RL im Ausgangspunkt verdrängt. Denn die nach Art. 6 Abs. 3 erteilte Genehmigung eines Projektes setzt notwendigerweise voraus, dass auch der Schutzstandard von Art. 6 Abs. 2 gewahrt ist, also das Projekt das betreffende Gebiet als solches nicht beeinträchtigt. Nach der Rechtsprechung des EuGH sollen beide Absätze das gleiche Schutzniveau gewährleisten.[11]

2. Anwendung von Art. 6 Abs. 2 FFH-RL auf Projekte in der Rechtsprechung des EuGH

Die Anwendung von Art. 6 Abs. 2 FFH-RL auf Projekte ist nach der beschriebenen Systematik grundsätzlich nicht vorgesehen. Allerdings hat der EuGH das Verschlechterungsverbot in Ausnahmefällen auch auf die Ausführung von Projekten angewendet. Diese Entscheidungen des EuGH ergingen zu Sachverhalten, die wesentlich davon geprägt waren, dass für die jeweiligen Projekte entweder gar keine oder nur eine unzureichende FFH-Verträglichkeitsprüfung durchgeführt wurde.

So hat der EuGH entschieden, dass in den Anwendungsbereich von Art. 6 Abs. 2 FFH-RL die Ausführung solcher Projekte fällt, die nach nationalem Recht zugelassen wurden, bevor die Schutzvorschriften der FFH-RL – insb. die Regelung des Art. 6 Abs. 3 FFH-RL zur *ex ante* Verträglichkeitsprüfung – für das in Rede stehende Gebiet anwendbar waren. Dies betrifft zum einen Fälle, in denen die FFH-RL zum Zeitpunkt der Genehmigungserteilung keine Anwendung fand, weil der heutige Mitgliedstaat damals noch nicht der EU beigetreten war.[12] Zum anderen sind davon Konstellatio-

---

[10] EuGH C-559/19, ECLI:EU:C:2021:512 Rn. 153 = BeckRS 2021, 15967 – Doñana.
[11] Vgl. EuGH C-661/20, ECLI:EU:C:2022:496 Rn. 101 = BeckRS 2022, 14014 – Kommission/Slowakei; C-399/14, ECLI:EU:C:2016:10 Rn. 52 = NVwZ 2016, 595 – Waldschlößchenbrücke.
[12] EuGH C-141/14, ECLI:EU:C:2016:8 Rn. 51 ff. = BeckRS 2016, 80092 – Kommission/Bulgarien.

nen erfasst, in denen die Genehmigung erteilt wurde, bevor das betroffene Gebiet durch die Aufnahme in die Liste der Gebiete von gemeinschaftlicher Bedeutung der Kommission unter Schutz gestellt wurde.[13] Des Weiteren wurde Art. 6 Abs. 2 FFH-RL angewendet auf die Ausführung von Projekten, die ein Schutzgebiet erheblich beeinträchtigen können und vor ihrer Genehmigung keiner den Anforderungen von Art. 6 Abs. 3 FFH-RL entsprechenden Verträglichkeitsprüfung unterzogen wurden.[14] Schließlich hat der EuGH in einer frühen Entscheidung erwogen, dass das allgemeine Verschlechterungsverbot auch dann von Bedeutung sein kann, wenn sich ein Projekt, das nach der Durchführung einer (fehlerfreien) Verträglichkeitsprüfung genehmigt wurde, später als geeignet erweist, Verschlechterungen oder erhebliche Störungen im Sinne des Art. 6 Abs. 2 FFH-RL zu verursachen.[15]

17 Die Entscheidungen des EuGH zu den verschiedenen Fallkonstellationen sind im Detail notwendigerweise durch die Besonderheiten der zugrunde liegenden Sachverhalte geprägt, lassen aber eine gemeinsame, an der Erreichung der Ziele der FFH-RL orientierte Linie erkennen: Die als zusammenhängender Normenkomplex auszulegenden Vorschriften des Art. 6 Abs. 2 bis Abs. 4 FFH-RL zielen darauf ab, einen günstigen Erhaltungszustand der Schutzgebiete zu bewahren und gegebenenfalls wiederherzustellen.[16] Damit Projekte diesen günstigen Erhaltungszustand der Schutzgebiete nicht beeinträchtigen, sind sie gemäß Art. 6 Abs. 3 FFH-RL vor ihrer Durchführung einer FFH-Verträglichkeitsprüfung zu unterziehen. Daraus, dass Art. 6 Abs. 2 und 3 FFH-RL das gleiche Schutzniveau gewährleisten sollen, folgt dann, dass das Verschlechterungsverbot auf die derart geprüften Auswirkungen

---

[13] EuGH C-399/14, ECLI:EU:C:2016:10 Rn. 43 = NVwZ 2016, 595 – Waldschlößchenbrücke; C-404/09, ECLI:EU:C:2011:768 Rn. 124 = BeckRS 2011, 81681 – Alto Sil; C-226/08, ECLI:EU:C:2010:10 Rn. 49 = NVwZ 2010, 310 – Stadt Papenburg.
[14] EuGH C-278/21, ECLI:EU:C:2022:864 Rn. 40 = BeckRS 2022, 30698 – AquaPri; C-399/14, ECLI:EU:C:2016:10 Rn. 43 = NVwZ 2016, 595 – Waldschlößchenbrücke.
[15] EuGH C-127/02, ECLI:EU:C:2004:482 Rn. 36f. = EuZW 2004, 730 – Herzmuschelfischerei.
[16] EuGH C-323/17, ECLI:EU:C:2018:244 Rn. 23 = BeckRS 2018, 5013 – People Over Wind.

nicht mehr anzuwenden ist.[17] Denn wenn bei einer unter Beachtung der Vorgaben des Art. 6 Abs. 3 FFH-RL erteilten Genehmigung bereits festgestellt wurde, dass nachteilige Auswirkungen eines Projekts das Schutzgebiet nicht erheblich beeinträchtigen, sind diese auch nicht geeignet, Verschlechterungen im Sinne des Absatzes 2 hervorzurufen.[18] Ebenso fallen nach einer ordnungsgemäßen Anwendung der Ausnahmevorschrift des Art. 6 Abs. 4 FFH-RL die Auswirkungen der entsprechend genehmigten Tätigkeit nicht mehr unter Art. 6 Abs. 2 FFH-RL.[19] Denn wird die erhebliche Beeinträchtigung des Schutzgebiets rechtmäßigerweise durch die Ausnahmeerteilung in Kauf genommen, wäre es widersprüchlich, wenn eben diese Beeinträchtigung die Schutzpflicht gemäß Art. 6 Abs. 2 FFH-RL auslösen würde.[20]

Wenn jedoch ein habitatschutzrechtlicher Konflikt durch nachteilige Auswirkungen eines Projekts auf ein Schutzgebiet nicht entsprechend der Vorgaben von Art. 6 Abs. 3 und Abs. 4 FFH-RL bewältigt wurde, greift wieder die allgemeine Schutzpflicht aus Art. 6 Abs. 2 FFH-RL.[21] Problematisch sind hierbei insbesondere solche Auswirkungen, deren Eintritt und Ausmaß trotz ordnungsgemäß durchgeführter Verträglichkeitsprüfung im Genehmigungszeitpunkt nicht erkennbar waren. Denn diese konnten notwendigerweise bei der Prüfung noch nicht berücksichtigt werden. Das spätere Auftreten ursprünglich nicht erkennbarer Auswirkungen, die die habitatschutzrechtliche Bewertung in der Genehmigungsentscheidung in Frage stellen, ist daher grundsätzlich geeignet, Handlungspflichten nach Art. 6 Abs. 2 FFH-RL auszulösen.[22] Dies betrifft

---

[17] EuGH, C-404/09, ECLI:EU:C:2011:768 Rn. 122 = BeckRS 2011, 81681 – Alto Sil; C-127/02, ECLI:EU:C:2004:482 Rn. 35 = EuZW 2004, 730 – Herzmuschelfischerei.
[18] Vgl. EuGH C-127/02, ECLI:EU:C:2004:482 Rn. 36 = EuZW 2004, 730 – Herzmuschelfischerei.
[19] EuGH, C-399/14, ECLI:EU:C:2016:10 Rn. 55 = NVwZ 2016, 595 – Waldschlößchenbrücke; C-404/09, ECLI:EU:C:2011:768 Rn. 154 = BeckRS 2011, 81681 – Alto Sil.
[20] *Appel*, NuR 2020, 663 (670); *Beier*, NVwZ 2016, 575 (577).
[21] Vgl. etwa EuGH C-278/21, ECLI:EU:C:2022:864 Rn. 40 = BeckRS 2022, 30698 – AquaPri; C-399/14, ECLI:EU:C:2016:10 Rn. 38 = NVwZ 2016, 595 – Waldschlößchenbrücke.
[22] Vgl. EuGH C-127/02, ECLI:EU:C:2004:482 Rn. 37 = EuZW 2004, 730 – Herzmuschelfischerei; im Ergebnis ebenso *Weuthen*, ZUR 2017, 215 (222); *Lau*, NuR 2016, 149 (151).

insbesondere den Fehlschlag einer rechtmäßigen Prognose, kann aber auch sonstige nachträglich eintretende Umstände erfassen.

3. Handlungsspielraum bei der Anwendung von Art. 6 Abs. 2 FFH-RL

19 Im nächsten Schritt stellt sich die Frage, welche habitatschutzrechtlichen Anforderungen an ein genehmigtes Vorhaben aus der grundsätzlichen Anwendbarkeit des Verschlechterungsverbots konkret folgen.

20 Am Wortlaut von Art. 6 Abs. 2 FFH-RL orientiert folgt daraus die Pflicht des Mitgliedstaats, geeignete Schutzmaßnahmen zu ergreifen, um in dem Schutzgebiet eine Verschlechterung zu vermeiden. Der Vorhabenträger ist im Ausgangspunkt durch die ihm erteilte Genehmigung geschützt: das Vorliegen der Voraussetzungen von Art. 6 Abs. 2 FFH-RL wirkt sich nicht auf die Rechtmäßigkeit der Projektgenehmigung aus[23] und führt auch nicht dazu, dass bestandskräftige Genehmigungen ohne Weiteres unbeachtlich werden[24]. Ein wesentlicher Teil der Legalisierungswirkung einer Genehmigung ist die Gestattung. Diese erlaubt die Errichtung und den Betrieb des Vorhabens, solange die Genehmigung wirksam, insbesondere nicht aufgehoben ist.

21 Das Verschlechterungsverbot statuiert eine Pflicht zum Tätigwerden, die nicht unmittelbar den Vorhabenträger trifft, sondern an den jeweiligen Mitgliedstaat gerichtet ist. Auf welche Weise die Mitgliedstaaten dieser allgemeinen Schutzpflicht nachkommen, welche „geeigneten Maßnahmen" sie also treffen, liegt grundsätzlich in ihrem Ermessen.[25]

22 Eine geeignete Maßnahme in diesem Sinne kann eine nachträgliche Prüfung der Gebietsverträglichkeit des Vorhabens sein. Allerdings kommt die Einschränkung des mitgliedstaatlichen Ermessens dahingehend, dass *nur* eine nachträgliche Verträglichkeitsprüfung eine „geeignete Maßnahme" in diesem Sinne darstellt, allenfalls in Ausnahmefällen in Betracht. Eine solche Konkretisierung der Pflicht zum Ergreifen geeigneter Maßnah-

---

[23] Vgl. EuGH C-141/14, ECLI:EU:C:2016:8 Rn. 49 = BeckRS 2016, 80092 – Kommission/Bulgarien.
[24] *Appel*, NuR 2020, 663 (669); *Glaser*, EuZW 2010, 225 (227).
[25] EuGH C-399/14, ECLI:EU:C:2016:10 Rn. 40 = NVwZ 2016, 595 – Waldschlößchenbrücke.

men zu einer Pflicht zur Durchführung einer nachträglichen Verträglichkeitsprüfung hat der EuGH beispielsweise in dem Fall der Zulassung der Waldschlößchenbrücke angenommen[26], der jedoch in mehrfacher Hinsicht einen Sonderfall darstellte. Die Entscheidung betraf einen Fall mit einem vor Unterschutzstellung des betroffenen Gebiets erlassenen, sofort vollziehbaren, aber noch nicht bestandskräftigen Planfeststellungsbeschluss, der auf einer unzureichenden Verträglichkeitsprüfung und unzureichenden Abweichungsprüfung beruhte, weshalb insofern die recht restriktiven Aussagen des EuGH nicht unbesehen übertragen werden dürfen.[27]

Bei der Ausübung des mitgliedstaatlichen Ermessens nach Art. 6 Abs. 2 FFH-RL kommt – neben der angesprochenen Verträglichkeitsprüfung – eine Bandbreite an Maßnahmen in Betracht, die insbesondere nicht auf vorhabenbezogene Maßnahmen beschränkt ist. 23

In diesem Zusammenhang ist der Perspektivwechsel vom Vorhabenbezug im Rahmen von Art. 6 Abs. 3 FFH-RL hin zum Gebietsbezug im Rahmen von Art. 6 Abs. 2 FFH-RL von Bedeutung. Damit geraten weniger die Auswirkungen nur eines Vorhabens auf einzelne Flächen als vielmehr der Erhaltungszustand der Lebensräume und Arten im gesamten Gebiet in den Blick. Zudem betrachtet das Verschlechterungsverbot neben den Auswirkungen bereits zugelassener Projekte auch sämtliche sonstigen Beeinträchtigungen, die – wie gebietstypische landwirtschaftliche Tätigkeiten – nicht dem Projektbegriff des Art. 6 Abs. 3 FFH-RL unterfallen.[28] Damit ist das einzelne Vorhaben lediglich einer der Gegenstände der kontinuierlichen und auf das gesamte Schutzgebiet ausgerichteten Schutzpflicht, zu deren Erfüllung eine Vielzahl an Maßnahmen denkbar ist.[29] Dabei gelangen – neben der Luftreinhalteplanung oder dem vertraglichen Naturschutz – aufgrund des gebietsbezogenen Charakters von Art. 6 Abs. 2 FFH-RL 24

---

[26] EuGH C-399/14, ECLI:EU:C:2016:10 Rn. 43 ff. = NVwZ 2016, 595 – Waldschlößchenbrücke.
[27] Ebenso *Appel*, NuR 2020, 663 (667).
[28] EU-Kommission, Natura 2000 – Gebietsmanagement: Die Vorgaben des Artikels 6 der Habitat-Richtlinie 92/43/EWG, (2019/C/33/01), S. 18.
[29] *Korbmacher* UPR 2018, 1 (7).

insbesondere Maßnahmen im Rahmen des FFH-Gebietsmanagements in den Blick.[30]

III. Hierarchie der Konfliktbewältigung im Anschluss an eine negative naturschutzrechtliche Prüfung

25 Ist nach dem Vorstehenden der Mitgliedstaat daher – sowohl im Habitatschutzrecht als auch im hier nur kurz angesprochenen Artenschutzrecht – verpflichtet, auf nachträgliche naturschutzrechtliche Konflikte zu reagieren, und wird zu diesem Zwecke im Einzelfall zunächst eine nachträgliche arten- oder habitatschutzrechtliche Prüfung vorgenommen, schließt sich die Frage an, welche Rechtsfolgen sich ergeben, wenn die Prüfung eine (derzeit) fehlende Vereinbarkeit mit dem Naturschutzrecht feststellt.

26 Sowohl im Habitatschutz- als auch im Artenschutzrecht ist eine gemeinsame Struktur der nachträglichen Konfliktbewältigung auszumachen. Zur Bewältigung des naturschutzrechtlichen Konflikts kommen im Kern die gleichen, eingangs beschriebenen Instrumente in Betracht wie im Fall einer Prüfung *ex ante*: die Beeinträchtigung kann durch Vermeidungs- und Minderungsmaßnahmen unter die Erheblichkeitsschwelle gesenkt werden,[31] die Tätigkeit kann im Wege der Ausnahmeerteilung nachträglich legalisiert werden[32] oder die Genehmigung des Vorhabens kann (teilweise) aufgehoben werden. Alle drei Instrumente sind geeignet, einen nachträglichen naturschutzrechtlichen Konflikt zu bewältigen, unterscheiden sich aber in der Sache in ihren Auswirkungen sowohl auf den Naturschutz als auch auf den Bestandsschutz erheblich.

27 Die Instrumente stehen daher nicht beliebig nebeneinander, sondern sind im Sinne einer „Hierarchie der nachträglichen Konfliktbewältigung" anzuwenden, die sich aus der Konzeption der FFH-RL in Verbindung mit dem Grundsatz der Verhältnismäßig-

---

[30] *Appel*, NuR 2020, 663 (667); *Fellenberg*, NVwZ 2019, 177 (180); *Korbmacher*, UPR 2018, 1 (7).
[31] Vgl. Schlussanträge der GA in Kokott 03.09.2015 – C-141/14, ECLI:EU:C:2015:528 Rn. 134 = BeckRS 2015, 81103 – Kommission/Bulgarien; *Sobotta*, EurUP 2015, 341 (347).
[32] EuGH C-399/14, ECLI:EU:C:2016:10 Rn. 55 f. = NVwZ 2016, 595 – Waldschlößchenbrücke.

keit und den Grundsätzen der Rechtssicherheit und des Vertrauensschutzes ergibt.

1. Vorrang von Vermeidungs- und Minderungsmaßnahmen vor der Ausnahmeerteilung

Die Konzeption der Richtlinie zum Vorrang der Vermeidung und Minderung von vorhabenbedingten Beeinträchtigungen der Schutzgüter vor der Erteilung einer Ausnahme tritt am deutlichsten zutage in der Pflicht zur Alternativenprüfung. Eine Ausnahmegewährung kommt nur in Betracht, soweit keine Alternativlösung zur Erreichung der Planungsziele vorhanden ist, § 34 Abs. 3 Nr. 2 und § 45 Abs. 7 Satz 2 BNatSchG. Lassen sich die mit dem Vorhaben verfolgten Ziele an einem günstigeren Standort oder mit geringerer Eingriffsintensität verwirklichen, muss der Vorhabenträger von dieser Möglichkeit Gebrauch machen.[33] Damit gilt letztlich ein Prinzip des geringstmöglichen Eingriffs in die Naturschutzbelange.

28

Eine geringere Eingriffsintensität kann insbesondere durch Vermeidungs- und Minderungsmaßnahmen erreicht werden, weil diese unmittelbar darauf abzielen, das Maß der Beeinträchtigung zu senken. Es besteht daher grundsätzlich kein Wahlrecht zwischen der Anordnung von Vermeidungs- und Minderungsmaßnahmen und der Erteilung einer Ausnahme; vielmehr sind erstere vorrangig anzuordnen, wenn sie geeignet sind, den naturschutzrechtlichen Konflikt zu bewältigen (keine „Flucht in die Ausnahme").[34]

29

Bei diesem prinzipiellen Vorrang von Vermeidungs- und Minderungsmaßnahmen gegenüber einer Ausnahmeerteilung ist allerdings zu berücksichtigen, dass der Anordnung der entsprechenden Maßnahmen durch den Grundsatz der Verhältnismäßigkeit Grenzen gezogen werden, der als allgemeiner Grundsatz des Unionsrechts anerkannt ist und in den Ausnahmevorschriften von FFH- und Vogelschutz-RL eine spezifische Konkretisierung findet. So enthalten sowohl § 45 Abs. 7 als auch § 34 Abs. 3 BNatSchG die

30

---

[33] BVerwGE 156, 20 Rn. 138 = NVwZ 2016, 1737 (Ls.); BVerwGE 148, 373 Rn. 74 = NVwZ 2014, 714.
[34] *Kerkmann/Fellenberg*, NaturschutzR § 10 Rn. 164; *Frenz/Müggenborg/Lau*, BNatSchG, 3. Aufl. 2020 § 45 Rn. 35.

Begrenzung auf *zumutbare* Alternativen. Entsprechend darf der Vorhabenträger von einer ihm technisch an sich möglichen Alternative Abstand nehmen, wenn diese ihm unverhältnismäßige Opfer abverlangt, wozu auch Kostengründe zählen können, oder wenn die Alternative andere Gemeinwohlbelange erheblich beeinträchtigt.[35] Es ist eine Abwägung im Einzelfall erforderlich, die auch das Gewicht des beeinträchtigten naturschutzrechtlichen Integritätsinteresses zu berücksichtigen hat.[36] Dabei darf das zumutbare Maß an Vermeidungsanstrengungen nicht außerhalb jedes vernünftigen Verhältnisses zu dem damit erzielbaren Gewinn für die Natur stehen.[37]

31 Damit wirkt der Grundsatz der Verhältnismäßigkeit letztlich wie ein Scharnier zwischen der nachträglichen Konfliktbewältigung durch die Anordnung von Vermeidungs- und Minderungsmaßnahmen und der Bewältigung durch die Erteilung einer Ausnahme. Eine Ausnahme kommt demnach nicht nur dann in Betracht, wenn Vermeidungs- und Minderungsmaßnahmen nicht möglich sind, sondern auch dann, wenn diese zwar möglich, aber nicht zumutbar sind.

2. Vorrang der Ausnahmeerteilung vor der Aufhebung der Genehmigung

32 Auch bei der nachgelagerten Frage nach dem Verhältnis zwischen dem Instrument der Ausnahmeerteilung und der (teilweisen) Aufhebung der Genehmigung spielt der Grundsatz der Verhältnismäßigkeit eine zentrale Rolle.

33 Eine (teilweise) Aufhebung bedeutet einen starken Eingriff in die bestandskräftige Rechtsposition des Vorhabenträgers, da sie die Genehmigung im angeordneten Umfang dauerhaft beseitigt und dem Vorhaben seine konstitutive Grundlage nimmt. Daher ist bei der Entscheidung über die Aufhebung zu beachten, dass das Unionsrecht zwar dazu verpflichtet, den naturschutzrechtlichen Verstoß zu beheben, dass es jedoch nicht zwangsläufig die

---

[35] BVerwGE 169, 94 Rn. 90 = NVwZ 2021, 648; BVerwGE 159, 121 Rn. 47 = NVwZ 2018, 264.
[36] Vgl. EuGH, C-404/09, ECLI:EU:C:2011:768 Rn. 109 = BeckRS 2011, 81681 – Alto Sil; BVerwGE 110, 302 (311) = NVwZ 2000, 1171.
[37] BVerwGE 130, 299 Rn. 172 = NVwZ 2008, 1238 (Ls.); BVerwGE 110, 302 (311) = NVwZ 2000, 1171.

Aufhebung der Genehmigung fordert, sondern vielmehr die Herstellung rechtmäßiger Zustände durch geeignete Maßnahmen.[38] Eine solche Maßnahme kann eine (teilweise) Aufhebung der Genehmigung, aber wie gezeigt auch eine weniger belastende Vermeidungsmaßnahme oder die Erteilung einer Ausnahme sein. Ein Eingriff in die Bestandskraft der Genehmigung durch (teilweise) Aufhebung ist demnach dann nicht erforderlich, wenn den unionsrechtlichen Anforderungen mit anderen Instrumenten des nationalen Rechts Rechnung getragen werden kann.[39] Vorrangig ist demnach in erster Linie die Anordnung von Vermeidungs- und Minderungsmaßnahmen. Sind solche Maßnahmen aber nicht hinreichend wirksam oder nicht zumutbar, kommt wie gezeigt die Erteilung einer Ausnahme in Betracht. Auch diese ist ein milderes Mittel zum Widerruf, weil sie den Eingriff in die bestandskräftige Genehmigung vermeidet, und damit vorrangig zu prüfen. Erst wenn eine Ausnahme nicht erteilt werden kann, darf die Genehmigung als *ultima ratio* (teilweise) aufgehoben werden.

IV. Besonderheiten der nachträglichen Konfliktbewältigung

In den Fällen nachträglicher naturschutzrechtlicher Konflikte unterliegt die Konfliktbewältigung im Vergleich zur Situation im Genehmigungsverfahren Besonderheiten. *34*

Zum einen obliegt die Darlegungslast für die Vereinbarkeit des Vorhabens mit dem Naturschutzrecht nur bis zum endgültigen Abschluss des Genehmigungsverfahrens dem Vorhabenträger. Anschließend kommt das Naturschutzrecht nicht mehr als Zulassungsschranke, sondern als repressives ordnungsrechtliches Instrument zum Tragen.[40] Daher ist ein naturschutzrechtlicher Verstoß als Voraussetzung für ein behördliches Einschreiten von der Behörde nachzuweisen.[41] *35*

Insbesondere aber wird die nachträgliche Konfliktbewältigung über die – auch unionsrechtlich anerkannten – Grundsätze der *36*

---

[38] Vgl. BVerwGE 168, 368 Rn. 69 = NVwZ 2021, 152.
[39] BVerwGE 168, 368 Rn. 69 = NVwZ 2021, 152.
[40] Vgl. BVerwGE 170, 33 Rn. 649 = NVwZ 2021, 988 (Ls.).
[41] OVG Lüneburg EnWZ 2022, 475 Rn. 53.; VGH Mannheim NuR 2017, 128 Rn. 10 = BeckRS 2016, 115044.

Rechtssicherheit und des Vertrauensschutzes von der Tatsache beeinflusst, dass das Vorhaben bestandskräftig genehmigt sowie bereits realisiert und in Betrieb ist. Rechtsdogmatische „Einfallstore" für die Berücksichtigung dieser Belange sind die Vorschriften über die Ausnahmeerteilung und dort das Tatbestandsmerkmal der Zumutbarkeit von Alternativen sowie die Abwägung im Rahmen des Ausnahmegrunds.

37 Die Frage nach dem Vorliegen eines Ausnahmegrunds entscheidet sich in der Regel durch die Abwägung der für das Vorhaben streitenden öffentlichen Belange mit den beeinträchtigen Naturschutzbelangen. Zu den bereits *ex ante* anzuführenden – in jüngerer Zeit vermehrt schon gesetzlich mit besonderem Gewicht versehenen[42] – öffentlichen Belangen treten bei der nachträglichen Konfliktbewältigung Rechtssicherheit und Vertrauensschutz hinzu[43]. Denn die Bestandskraft der Genehmigung trägt zur Rechtssicherheit bei und der Vorhabenträger hat im Vertrauen auf die Beständigkeit der staatlich erteilten Genehmigung Investitionen in Errichtung und Betrieb der Anlage getätigt.

38 Mit welchem Gewicht der Vertrauensschutz – neben den anderen öffentlichen Belangen – in die Abwägung mit den beeinträchtigten Umweltbelangen einzustellen ist, richtet sich im konkreten Fall nach der Schutzwürdigkeit des Vertrauens. Dafür spielt insbesondere eine Rolle, in welchem Umfang der Vorhabenträger im Vertrauen auf die Beständigkeit Dispositionen getätigt hat sowie inwieweit er mit einer Änderung rechnen musste und auch ihr Ausmaß absehen konnte. Wenig schutzwürdig ist das Vertrauen, wenn die Investitionen in Kenntnis einer artenschutzrechtlich unbewältigten Konfliktlage erfolgen, also beispielsweise bei erkennbaren Fehlern in der arten- oder habitatschutzrechtlichen Prüfung. Deutlich größeres Gewicht kommt dem Vertrauensschutz aber dann zu, wenn der naturschutzrechtliche Konflikt im

---

[42] Siehe nur die Regelung in § 2 EEG, wonach Anlagen zur Erzeugung von Strom aus erneuerbaren Energien im überragenden öffentlichen Interesse liegen und die erneuerbaren Energien als vorrangiger Belang in Schutzgüterabwägungen einzubringen sind; zu den Auswirkungen der Regelung auf naturschutzrechtliche Abwägungen Hendrischke NVwZ 2023, 965 (967 f.).

[43] EuGH C-504/14, ECLI:EU:C:2016:847 Rn. 41 = BeckRS 2016, 82665 – Caretta II; Lau UPR 2015, 361 (366).

Genehmigungszeitpunkt trotz ordnungsgemäßer Prüfung noch nicht erkennbar war.[44]

Auch bei der nachträglichen Prüfung des Fehlens zumutbarer Alternativen ist der Umstand, dass das Vorhaben schon realisiert ist und gegebenenfalls nur um den Preis eines neuerlichen Eingriffs wieder beseitigt werden könnte, zu berücksichtigen.[45] Wie bei einer Alternativenprüfung *ex ante* können die entsprechenden wirtschaftlichen Kosten zwar nicht *allein* für die Alternativenwahl ausschlaggebend sein, dürfen aber berücksichtigt werden, auch wenn ihnen nicht das gleiche Gewicht wie den Zielen der FFH-RL zukommt.[46]

Insbesondere die Bewertung der Zumutbarkeit einer Alternative wird bei der nachträglichen Alternativenprüfung häufig anders ausfallen als im Genehmigungszeitpunkt. Denn so können hinzutretende wirtschaftliche Kosten eine ohnehin knappe Abwägung anders ausfallen lassen. Vor allem aber beeinflussen in Fällen der Ausnutzung einer bestandskräftigen Genehmigung die Grundsätze der Rechtssicherheit und des Vertrauensschutzes die Beurteilung, ob bestimmte Alternativen für den Vorhabenträger noch zumutbar sind oder vielmehr in Anbetracht erheblicher Investitionen aufgrund gesicherter Rechtsstellung nicht mehr in angemessenem Verhältnis zum erzielbaren Gewinn für die Natur stehen.

39

40

V. Behördliches Instrumentarium zur Umsetzung nach nationalem Recht

Aus dem Vorstehenden wird deutlich, dass schon auf unionsrechtlicher Ebene die FFH-RL mit ihrer Konzeption einen Rahmen für die nachträgliche Konfliktbewältigung vorgibt. Auf nationaler Ebene stellt sich im Anschluss die Frage, auf welche Ermächtigungsgrundlage die Behörde zurückgreifen kann, wenn sie die Anforderungen des Naturschutzrechts gegenüber einem bestandskräftig genehmigten Vorhaben durchsetzen will. Dies be-

41

---

[44] *Appel*, NuR 2020, 663 (670); *Sobotta*, EurUP 2015, 341 (347).
[45] BVerwG NVwZ 2016, 1631 Rn. 60.
[46] EuGH C-399/14, ECLI:EU:C:2016:10 Rn. 77 = NVwZ 2016, 595 – Waldschlößchenbrücke; BVerwG NVwZ 2016, 1631 Rn. 60.

trifft insbesondere die Anordnung von Vermeidungs- und Minderungsmaßnahmen.

1. Immissionsschutzrecht

42 Für die Anordnung von Maßnahmen gegenüber einem immissionsschutzrechtlich genehmigten Vorhaben existiert keine explizite Ermächtigungsgrundlage. Die Ermächtigung zum Erlass nachträglicher Anordnungen gemäß § 17 BImSchG erfasst nur immissionsschutzrechtliche Pflichten[47] und scheidet daher aus. Trotz der Konzentrationswirkung der immissionsschutzrechtlichen Genehmigung gemäß § 13 BImSchG fällt die Kompetenz für den Vollzug der sonstigen öffentlich-rechtlichen Vorschriften nach Abschluss des Genehmigungsverfahrens wieder an die eigentlich zuständigen Behörden zurück, die daher für nachträgliche Anordnungen nach den jeweils einschlägigen Vorschriften zuständig sind.[48]

43 Da das BNatSchG eine explizite Ermächtigungsgrundlage für naturschutzrechtliche Einschränkungen von genehmigten Vorhaben nicht enthält, kommt nur die Generalklausel gemäß § 3 Abs. 2 BNatSchG in Betracht. Die Anwendbarkeit dieser fachrechtlichen Generalklausel auch auf immissionsschutzrechtlich genehmigte Vorhaben ist aufgrund ihrer Weite und fehlenden Integration in ein genehmigungsrechtliches Regime nicht unumstritten,[49] überwiegend aber anerkannt[50].

44 Die Naturschutzbehörde kann daher auch gegenüber bestandskräftig genehmigten Vorhaben auf der Grundlage der naturschutzrechtlichen Generalklausel tätig werden. Dabei hat sie jedoch die Genehmigung mit ihrer Legalisierungswirkung bei der Auslegung der Vorschrift zu berücksichtigen, was zu Einschränkungen so-

---

[47] BVerwG NVwZ 2017, 404 Rn. 47; *Jarass*, BImSchG, 14. Aufl. 2022, § 17 Rn. 16.
[48] BVerwGE 171, 140 Rn. 40 = NVwZ 2021, 1295; *Seibert*, in: Landmann/Rohmer, Umweltrecht, BImSchG § 13 Rn. 117.
[49] *Reicherzer/Todorov/Arenz*, NVwZ 2020, 1165 (1167); s. auch *Appel*, NuR 2020, 663 (671).
[50] Siehe jüngst die Entscheidung des BVerwG, Urt. v. 19.12.2023 – 7 C 4/22 (bei Manuskriptabgabe noch nicht veröffentlicht), mit der die bisherige obergerichtliche Rechtsprechung soweit ersichtlich bestätigt wurde, ergangen zur im Folgenden im Wesentlichen in Bezug genommenen Entscheidung des OVG Lüneburg EnWZ 2022, 475 Rn. 32 ff. m. w. N.; aus der Literatur *Seibert*, UPR 2022, 1 (3 f.); *Frenz/Müggenborg/Hendrischke*, BNatSchG § 3 Rn. 35.

wohl des Anwendungsbereichs als auch der inhaltlichen Reichweite der Anordnungen führt.

Der Anwendungsbereich von § 3 Abs. 2 BNatSchG wird insoweit eingeschränkt, als die Genehmigung im bestimmten Umfang nachteilige Auswirkungen des genehmigten Vorhabens legalisiert. Denn sie enthält die Feststellung, dass das Vorhaben bei der Sach- und Rechtslage im Zeitpunkt der Genehmigungserteilung mit dem öffentlichen Recht, also auch dem Naturschutzrecht, vereinbar ist.[51] Die von dieser Legalitätsfeststellung erfassten nachteiligen Auswirkungen sind nicht als Verstoß gegen naturschutzrechtliche Vorschriften zu werten und eröffnen so nicht den Anwendungsbereich der naturschutzrechtlichen Generalklausel.[52] Erst eine (teilweise) Aufhebung des feststellenden Teils der Genehmigung beseitigt insoweit die Legalisierungswirkung und ermöglicht eine anschließende Inanspruchnahme.

Allerdings ist diese Feststellung auf den Zeitpunkt der Genehmigungserteilung bezogen und kann sich daher nicht auf nachträgliche Änderungen der Sach- oder Rechtslage erstrecken.[53] Nicht erfasst sind insbesondere im Genehmigungszeitpunkt nicht erkennbare, später aber dennoch auftretende Auswirkungen.

Die inhaltliche Reichweite der naturschutzrechtlichen Anordnung wird durch den gestattenden Teil des Regelungsgehalts der Genehmigung beschränkt. Die Maßnahme nach § 3 Abs. 2 BNatSchG muss die Gestattung in ihrem Bestand unangetastet lassen und darf nicht der Sache nach einer (teilweisen) Aufhebung gleichkommen.[54] Für eine (teilweise) Aufhebung ist nach § 21 BImSchG vielmehr die Genehmigungsbehörde unter den dort normierten Voraussetzungen zuständig. Die Grenze zieht die grundlegende Betriebsbefugnis als Kernbereich der Genehmigung. Maßnahmen, die in diesen Kernbereich eingreifen, sind als (Teil-)Widerruf zu qualifizieren und bleiben der Genehmigungs-

---

[51] BVerwG NVwZ 2009, 1441 Rn. 22; BVerwGE 132, 224 Rn. 27 = NVwZ 2009, 650.
[52] OVG Lüneburg EnWZ 2022, 475 Rn. 45.; *Reicherzer/Todorov/Arenz*, NVwZ 2020, 1165 (1168 f.); *Frenz/Müggenborg/Hendrischke*, BNatSchG § 3 Rn. 35.
[53] OVG Lüneburg EnWZ 2022, 475 Rn. 45; *Seibert*, in: Landmann/Rohmer, Umweltrecht, BImSchG § 13 Rn. 122 f.
[54] Vgl. OVG Lüneburg EnWZ 2022, 475 Rn. 44; OVG Bautzen, Beschl. v. 05.02.2018 – 4 B 127/17, BeckRS Rn. 10.

behörde vorbehalten.⁵⁵ Die Frage, wann eine Maßnahme in den Kernbereich der Genehmigung eingreift, beurteilt sich maßgeblich in Anlehnung an immissionsschutzrechtliche Grundsätze und unter Berücksichtigung der Grundstruktur nachträglicher Konfliktbewältigung danach, ob mit der Anordnung eine unverhältnismäßige Beschränkung des genehmigten Betriebs verbunden ist. Insoweit können die obigen Überlegungen zum Vorrang einer Vermeidungsmaßnahme vor der Ausnahmeerteilung fruchtbar gemacht werden: wenn die Maßnahme noch eine „zumutbare Alternative" zur Ausnahmeerteilung ist, sollte sie auch über § 3 Abs. 2 BNatSchG angeordnet werden dürfen.

48 Anhaltspunkte zur Konkretisierung der Verhältnismäßigkeit finden sich beispielsweise für Abschaltanordnungen bei Windenergieanlagen in dem im Juli 2022 eingeführten § 45b Abs. 6 BNatSchG. Danach gelten Abschaltanordnungen für Windenergieanlagen als unzumutbar, soweit sie den Jahresenergieertrag um mehr als 6 Prozent verringern. Wird diese Schwelle überschritten, soll die Erteilung einer Ausnahme geprüft werden.

2. Planfeststellungsrecht

49 Das Regelungsregime des Planfeststellungsrechts ist stärker als das Immissionsschutzrecht auf eine hohe Stabilität bzw. erhöhte Bestandskraft des Planfeststellungsbeschlusses ausgerichtet, wie beispielsweise die in § 75 Abs. 2 Satz 1 VwVfG geregelte Ausschlusswirkung, der Ausschluss des Anspruchs auf Wiederaufgreifen des Planfeststellungsverfahrens gemäß § 72 Abs. 1 Hs. 2 VwVfG oder auch der Grundsatz der Planerhaltung nach § 75 Abs. 1a VwVfG zeigen.⁵⁶ Dementsprechend sind nachträgliche Anordnungen nur unter engen Voraussetzungen zulässig, vgl. § 75 Abs. 2 Satz 2 VwVfG. Zudem sind nach der gesetzlichen Konzeption insbesondere der Konzentrationswirkung gemäß § 75 Abs. 1 VwVfG fachbehördliche Eingriffsbefugnisse gegenüber planfestgestellten Vorhaben ausgeschlossen, sodass allein die Planfeststellungsbehörde

---

[55] OVG Lüneburg EnWZ 2022, 475 Rn. 44.
[56] Vgl. auch BVerwG NVwZ 2022, 724 Rn. 17; BVerwGE 169, 78 Rn. 31 = NVwZ 2020, 1844.

zur Sicherstellung der Einhaltung der naturschutzrechtlichen Vorschriften berufen ist.[57]

Gleichzeitig verpflichtet jedoch das Unionsrecht den Mitgliedstaat, unabhängig von dem Typus der Zulassungsentscheidung auf nachträgliche naturschutzrechtliche Konflikte zu reagieren und innerhalb eines Spielraums die Maßnahmen zu treffen, die geeignet sind, den naturschutzrechtlichen Verstoß aus der Welt zu räumen. Daher hat die Planfeststellungsbehörde dem unionsrechtlich fundierten Arten- und Habitatschutzrecht zur praktischen Wirksamkeit zu verhelfen. Dafür bieten die Vorschriften zu Rücknahme und Widerruf gemäß §§ 48, 49 VwVfG eine taugliche Ermächtigungsgrundlage. Auf diese kann die Planfeststellungsbehörde nicht nur die (teilweise) Aufhebung des Planfeststellungsbeschlusses als *ultima ratio*, sondern insbesondere auch die Anordnung von Vermeidungs- und Minderungsmaßnahmen als milderes Mittel im Wege nachträglicher Nebenbestimmungen stützen.[58]

V. Fazit

Die skizzierte Problematik im Spannungsfeld von Bestandsschutz und Umweltschutz ist nicht eindeutig zulasten des einen oder des anderen Belangs aufzulösen. Vielmehr sind diese Belange im Einzelfall in den angemessenen Ausgleich zu bringen. Für diese rechtspraktische Aufgabe können die skizzierten Überlegungen im Idealfall ein Gerüst bieten, in dessen Rahmen die Besonderheiten des Einzelfalls Berücksichtigung finden. Jedenfalls sind auch bestandskräftig genehmigte Vorhaben nicht völlig immun dagegen, dass an sie naturschutzrechtliche Anforderungen herangetragen werden. Gleichwohl verdient der Bestandsschutz Beachtung und prägt die nachträgliche Konfliktbewältigung. Auch in dem Rahmen, den das europäische Naturschutzrecht derzeit bietet, ist ein angemessener Ausgleich zwischen Bestandsschutz und Umweltschutz möglich.

---

[57] *Steinberg/Wickel/Müller*, Fachplanung, 4. Aufl. 2012, § 5 Rn. 23; *Ziekow*, in: Kirchberg (Hrsg.), FachplanungsR-HdB, § 2 Rn. 178.

[58] Vgl. *Steinberg/Wickel/Müller*, Fachplanung § 5 Rn. 24; *Wysk*, in: Kopp/Ramsauer, VwVfG, 24. Aufl. 2023, § 75 Rn. 42.

Bericht über das Forum der 46. Tagung der GfU

Prof. Dr. *Sabine Schlacke*

1   Die 46. Umweltrechtliche Fachtagung der Gesellschaft für Umweltrecht (GfU) fand vom 9. bis 11. November 2023 im Bundesverwaltungsgericht in Leipzig statt.

2   Am Vorabend der Jahrestagung eröffnete die stellvertretende GfU-Vorstandsvorsitzende, Prof. Dr. Sabine *Schlacke*, Universität Greifswald, das sog. GfU-Forum. Es bietet jungen Nachwuchswissenschaftler:innen die Möglichkeit, ihre Forschungsprojekte und -arbeiten zu präsentieren und mit dem dortigen Fachpublikum zu diskutieren. Darüber hinaus dient es als Vernetzungsmöglichkeit unter den jüngeren Umweltjurist:innen. Das diesjährige Forum hat mit 170 Gästen eine bislang einmalige Resonanz erzeugt.

3   Rechtsanwältin Dr. Nicole *Krellmann*, Berlin, referierte zum Thema „Die Doppelte Rechtskraft im verwaltungsrechtlichen Verfahren". Sie konstatierte, dass die „Doppelte Rechtskraft" ein prozessuales Sicherungsinstrument sei, das durch das Bundesverwaltungsgericht entwickelt, allerdings so nicht bezeichnet wurde, um Großvorhaben zu beschleunigen. Eine typische Konstellation sehe so aus, dass das Gericht im Tenor eines teilweise stattgebenden Anfechtungsurteils die Rechtswidrigkeit und Nichtvollziehbarkeit des Planfeststellungsbeschlusses feststelle und die Klage im Übrigen abweise für den Teilbereich, der keinen Fehler aufweise und somit rechtmäßig sei. Dieser Bereich führe zu einer Art Teilbestandskraft, während der fehlerbehaftete Teil noch nicht in Rechtskraft erwachse. Die wohl auf einen Diskussionsbeitrag von RiBVerwG *Külpmann* zurückgehende Bezeichnung als „Doppelte Rechtskraft" stehe laut Krellmann in einer untrennbaren Beziehung zur nachträglichen Fehlerbehebung. Die höchstrichterliche Rechtsprechung statte ein Urteil bisher nur dann mit „Doppelter Rechtskraft" aus, wenn das Gericht den Planfeststellungsbeschluss unter Beachtung des § 75 Abs. 1a Satz 2 VwVfG nicht aufhebe, sondern eine Fehlerbehebung in einem anschließend stattfin-

denden Verwaltungsverfahren für möglich halte. Diese Grundsätze seien insofern auch auf Vorhaben übertragbar, die sich nach §§ 4 Abs. 1b Satz 1, 7 Abs. 5 Satz 1 UmRG heilen ließen. *Krellmann* zeigte in ihrem Vortrag vor allen Dingen auf, welche Folgen diese Entscheidungen zur Eröffnung einer Teilreparatur des Verwaltungsakts nach sich ziehen können. Unsicherheiten ergeben sich zum einen für den Umgang mit dem ursprünglichen Planfeststellungsbeschluss. Zum anderen zeigte sie die Rechtsfolgen für einen korrigierten Planfeststellungsbeschluss auf, gegen den seinerseits wiederum Rechtsschutz eröffnet ist. Zwar beschleunige diese Option nicht den Rechtsschutz, sei aber angesichts von Art. 19 Abs. 4 GG geboten. Trotz des nicht von der Hand zu weisenden Mehraufwands sprach sich *Krellmann* für die Beibehaltung dieses „Instituts" aus.

In der anschließenden Diskussion fragte *Schlacke*, ob es nicht am Gesetzgeber sei, tätig zu werden, um dieses von der Rechtsprechung entwickelte „Institut" auf rechtliche sichere Füße zu stellen, Dies befürwortete die Referentin. Der nächste Beitrag äußerte Zweifel an *Krellmanns* Feststellung, dass die „Doppelte Rechtskraft" einen Verstoß gegen § 121 VwGO darstelle, und zwar unter Verweis auf Bescheidungsurteile. Sie entgegnete, dass es grundsätzlich auf das Begehren des Klägers ankomme, da hiervon abhänge, was genau in die Rechtskraft miteinbezogen werde. Im Anschluss wurde die Frage nach der Bindungswirkung für Zivilgerichte diskutiert. *Krellmann* schloss nicht aus, dass die „Doppelte Rechtskraft" auch auf die ordentliche Gerichtsbarkeit durchschlagen könne, betonte jedoch, dass es auf die genaue Fallkonstellation ankomme. Zum Schluss wurde noch die Frage erörtert, wie es um eine Vereinbarkeit mit Unions- und Umweltvölkerrecht stehe. Abschließend wurde bemerkt, dass das BVerwG diese Fragestellung i.d.R. über §§ 48, 49 VwVfG löse. Der Begriff der „Doppelten Rechtskraft" stelle vielmehr die Beschreibung dieser Konstellation dar und sei kein gefestigter Rechtsbegriff oder gar Rechtsinstitut.

Rechtsanwalt Christian *Uffelmann*, Hamburg, referierte zum Thema „Naturschutzrechtliche Konflikte bei genehmigten Vorhaben – wie weit reicht der Bestandsschutz?". Hierbei stellte *Uffelmann* zunächst fest, dass naturschutzrechtliche Konflikte in erster Linie im Rahmen des Zulassungsverfahrens behandelt werden würden. Allerdings träten nachteilige Umweltauswirkungen zum Teil erst nach Erteilung der Zulassung zutage. Dies läge zum einen daran, dass der Naturraum sich stetig verändere, zum anderen, dass naturschutzrechtliche Prognosen unvermeidbar mit Unsicherheiten verbunden seien oder schlicht Fehler im Rahmen der Bestandserfassung geschehen. Dies führe zu einem Konflikt zwischen auch nach der Zulassung bestehenden naturschutzrechtlichen Anforderungen (Verschlechterungsverbot) und der Legalisierungswirkung der Zulassung. Die Untersuchung des Immissionsschutz-, Planfeststellungs- und Umweltschadensrecht zeige, dass teilweise bereits gesetzliche Ausnahme- bzw. Ermächtigungsvorschriften bestünden, um dieses Problem zu lösen. Zu nennen sei insbesondre die Generalklausel des § 3 Abs. 2 BNatSchG, der in der Praxis eher ein Schattendasein zukomme. Darüber hinaus seien nachträgliche Anordnungen als (Teil)Aufhebung zu verstehen. Über die Anwendung der §§ 48, 49 VwVfG könnten dabei neue Entscheidungen angestoßen werden.

6   In der anschließenden Diskussion betonte *Uffelmann* auf Nachfrage zu den Auswirkungen auf § 2 EEG und § 3 Abs. 2 BNatSchG, dass die Auswirkung und damit Zumutbarkeit einer neuen Entscheidung grundsätzlich eine Frage des Ermessens sei und die Behörde somit für interessengerechte Lösungen sorgen könne. Sodann wandte sich die Diskussion der Unterscheidung zwischen Habitat- und Artenschutzrecht zu: Während im Habitatschutzrecht eine Verträglichkeitsprüfung im Zentrum stehe, würden im Artenschutzrecht bestimmte Handlungen gänzlich verboten werden (z.B. Tötungsverbot). Daraus folge, dass geschützte Arten bis zu einer erneuten Entscheidung der Behörde getötet werden dürften. *Uffelmann* stimmte zu, dass dies sehr problematisch sei und man sehr genau bei der Gestattungs- und Legalisierungswirkung einer Genehmigung differenzieren müsse. Ein weiterer Wortbeitrag wies auf das hiermit verwandte Problem der langen Dauer eines Verfahrens hin. Der Erkenntnisstand würde sich z.T. erheblich verändern, was die Frage aufwerfe, ob ein Verfahren komplett neu aufgerollt werden müsse. *Uffelmann* schlug für einen sachgerechten Ausgleich vor, dass der Vorhabenträger nicht die Augen vor offensichtlichen Verstößen verschließen dürfe. Eine Genehmigung müsse aber grundsätzlich Bestand haben.

Bisherige Veröffentlichungen der Gesellschaft für Umweltrecht e. V.

Gründungstagung 1976:
(veröffentlicht in der Dokumentation zur Tagung 1977)
Sellner: Das Umweltrecht in der deutschen Anwaltschaft
Strauch: Das Umweltrecht an den deutschen Hochschulen

1. Jahrestagung 1977:

Ernst: Zur staatlichen Verantwortung für umweltbelastende Entscheidungen
Ule: Erheblichkeit, Schädlichkeit und Unzumutbarkeit im Bundesimmissionsschutzgesetz
Bothe: Grenzüberschreitende Immissionen; Haftung und Rechtsschutz

2. Jahrestagung 1978:

Baur: Umweltschutz und Bürgerliches Recht
Soell: Wirtschaftliche Vertretbarkeit von Umweltschutzmaßnahmen
Grabitz: Fragen der Transformation von EG-Umweltrecht in nationales Recht

3. Jahrestagung 1979:

Bartelsperger: Die Straße im Recht des Umweltschutzes
Maihofer: Umweltschutz durch Strafrecht

Salzwedel: Auswirkungen der EG-Richtlinien mit wasserrechtlichem Bezug auf den Vollzug des deutschen Wasserrechts

Sondertagung 1980:
Technik als Rechtsquelle

Feldhaus: Stand der Technik – Normen und Wirklichkeit
Lukes: Funktion und Verwendung unbestimmter Rechtsbegriffe im technischen Sicherheitsrecht, insbesondere im Umweltschutzrecht
Utermann: Stand der Technik im Patentrecht

4. Jahrestagung 1980:

v. Lersner: Abfall als Wirtschaftsgut – Zur rechtlichen Problematik des Abfallbegriffs
Gündling: Abfallbeseitigung auf See
Engelhardt: Naturschutz und Planung
Rehbinder: Das neue Chemikaliengesetz – Nationale und gemeinschaftsrechtliche Probleme

5. Jahrestagung 1981:

Salzwedel: Probleme einer inneren Harmonisierung des deutschen Umweltrechts – Überschneidung zwischen gewerbe-, bewirtschaftungsund planungsrechtlichen Komponenten
Czychowski: Aktuelle Rechtsfragen des Grundwasserschutzes
Schottelius/Bröcker: Umweltrechtliche Produktnormen und internationaler Handelsverkehr – Wechselwirkungen und Spannungen, dargestellt am Beispiel Chemie
v. Holleben/v. Hülsen/Klingenberg: Umweltnormen als nicht tarifäre Handelshindernisse
v. Drewitz/Scheuer: Wirkungen umweltrechtlicher Produktnormen auf den internationalen Handelsverkehr am Beispiel der Automobilund chemischen Industrie – Internationale handelspolitische Regeln

Sondertagung 1982:
Rechtsfragen grenzüberschreitender Umweltbelastungen

Völkerrechtliche Schranken grenzüberschreitender Umweltbelastungen:

Dupuy: Limites matérielles des pollutions tolérées
Zehetner: Verfahrenspflichten bei Zulassung umweltbelastender Anlagen

Grenzüberschreitende Umweltbelastungen aus der Sicht der Praxis:
Marti: Sicht des Betreibers
Lepage-Jessua: Sicht der belasteten Bürger und Gemeinden
Rebentisch: Sicht der Verwaltung

Grenzüberschreitende Umweltbelastungen – Probleme des Verwaltungsrechts:
(Grenzüberschreitende Beteiligung im Verwaltungsverfahren/ Grenzüberschreitende Klagebefugnisse im verwaltungsgerichtlichen Verfahren)

Rees: Bundesrepublik Deutschland
Woehrling: Frankreich
Schmid: Schweiz

Grenzüberschreitende Umweltbelastungen – Probleme des Zivilrechts:
(Zivilrechtliche Schadenersatzund Unterlassungsklagen – Gerichtliche Zuständigkeit und Verfahrensfragen)

Kohler: Recht der Europäischen Gemeinschaften
Bischoff: Frankreich
Bucher: Schweiz

(Zivilrechtliche Schadenersatzund Unterlassungsklagen – Anwendbares Recht)

Lummert: Bundesrepublik Deutschland
Huet: Frankreich
Bucher: Schweiz

Verfahren der Konsultation und Zusammenarbeit:

Ercmann: Das Europäische Rahmenübereinkommen über die grenzüberschreitende Zusammenarbeit zwischen Gebietskörperschaften
Heil/Meyer: Die „Commission tripartite"
Wagner/Dague: Umweltschutz in der Saar-Lor-Lux-Zusammenarbeit
Scheuer: Europäische Gemeinschaft
Beyerlin: Umweltschutz und lokale grenzüberschreitende Zusammenarbeit – rechtliche Grundlagen

6. Jahrestagung 1982:

Sendler: Wer gefährdet wen? Eigentum und Bestandsschutz den Umweltschutz – oder umgekehrt?
Ronellenfitsch: Aktuelle Probleme des Rechtsschutzes bei der Planung von Flughäfen
Lummert: Brauchen wir die Umweltverträglichkeitsprüfung?

7. Jahrestagung 1983:

Rudolphi/Czychowski/Hansmann: Primat des Strafrechts im Umweltschutz?
Oftterdinger: Umweltschutz durchPrivatrecht
Bohne/Westheide/Rohde/Autexierf: „Informales" Staatshandeln als Instrument des Umweltschutzes – Alternativen zu Rechtsnormen, Vertrag, Verwaltungsakt und anderen rechtlich geregelten Handlungsformen?

8. Jahrestagung 1984:

Kloepfer: Rechtsschutz im Umweltschutz
Storm: Bodenschutzrecht
Holtmeier: Rechtsprobleme des grenzüberschreitenden Transports gefährlicher Abfälle

9. Jahrestagung 1985:

Ossenbühl: Vorsorge als Rechtsprinzip im Gesundheits-, Arbeits- und Umweltschutz
Breuer: Schutz von Betriebsund Geschäftsgeheimnissen im Umweltrecht
Lang/Kupfer: Luftreinhaltung in Europa – Völkerrechtliche und Gemeinschaftsrechtliche Aspekte

10. Jahrestagung 1986:

Schmidt-Aßmann: Umweltschutz zwischen Staat und Selbstverwaltung
Salzwedel/Gündling: Risiko im Umweltrecht – Zuständigkeiten, Verfahren und Maßstäbe der Bewertung
Zuleeg: Vorbehaltene Kompetenzen der Mitgliedstaaten der Europäischen Gemeinschaft auf dem Gebiet des Umweltschutzes

Sondertagung 1986:
Die neuen Smog-Verordnungen

Hansmann: Die Entstehungsgeschichte der neuen Smog-Verordnungen und Erfahrungen aus der bisherigen Vollzugspraxis
Jarass: Maßnahmen zur Smog-Bekämpfung – Verwaltungsrechtliche Probleme
Ehmann: Leistungsstörungen infolge Smogalarms im Zivilund Arbeitsrecht
Jacobs: Zur Amtshaftung der Länder bei rechtswidrigem SmogAlarm: sonstige Entschädigungsansprüche

11. Jahrestagung 1987:

Hoppe: Die Umweltverträglichkeitsprüfung im Planfeststellungs- und Anlagengenehmigungsverfahren – Zur Anwendung der Artikel 3 und 8 der EG-Richtlinie im deutschen Recht
Ruchay: Zum Vorsorgekonzept im Gewässerschutz – Wasserrechtliche Begrenzung der Stofffrachten aus kommunalen, industriellen und landwirtschaftlichen Verursachungsbereichen

Sautter: Zielorientierter Vollzug der Wassergesetze – Wasserbehördliche Kontrolle der Abwassereinleitungen sowie Vorkehrungen gegen Betriebsstörungen und Unfälle

12. Jahrestagung 1988:

Rehbinder: Fortentwicklung des Umwelthaftungsrechts in der Bundesrepublik Deutschland
Rest: Fortentwicklung des Umwelthaftungsrechts in der Bundesrepublik Deutschland, völkerrechtlicher Aspekt
Kutscheidt: Rechtsprobleme bei der Bewertung von Geräuschimmissionen

13. Jahrestagung 1989:

Pernice/Schröder/Berendes/Rehbinder: Auswirkungen des Europäischen Binnenmarkts 1992 auf das Umweltrecht
Breuer: Anlagensicherheit und Störfälle – Vergleichende Risikobewertung im Atom- und Immissionsschutzrecht

14. Jahrestagung 1990:

Wahl: Risikobewertung der Exekutive und richterliche Kontrolldichte – Auswirkungen auf das Verwaltungs- und das gerichtliche Verfahren
Pietzcker: Zur Entwicklung des öffentlich-rechtlichen Entschädigungsrechts: insbes. am Beispiel der Entschädigung von Beschränkungen der landwirtschaftlichen Produktion

15. Jahrestagung 1991:

Birn: Rechtliche Instrumente zur Steuerung der Abfall- und Reststoffströme
Erichsen: Das Recht auf freien Zugang zu Informationen über die Umwelt – Gemeinschaftsrechtliche Vorgaben und nationales Recht

16. Jahrestagung 1992:

Franßen: Krebsrisiko und Luftverunreinigung – Risikoermittlung und rechtliche Bewertung
Everling: Durchführung und Umsetzung des Europäischen Gemeinschaftsrechts im Bereich des Umweltschutzes unter Berücksichtigung der Rechtsprechung des EuGH

17. Jahrestagung 1993:

Feldhaus: Umweltschutz durch Betriebsorganisation und Auditing
Brown: Eco Management & Audit and Industrial Pollution Control: a UK Perspective
Carlsen: Biotopschutz im deutschen und europäischen Recht
Gündling: Biotopschutz im internationalen Recht

18. Jahrestagung 1994:

Steinberg: Zulassung von Industrieanlagen im deutschen und europäischen Recht – Stand und Perspektiven unter Berücksichtigung der Umweltverträglichkeitsprüfung und der künftigen IVU-Richtlinie
Berkemann/Krohn: Flächenwirksamer Umweltschutz und Eigentum

19. Jahrestagung 1995:

Murswiek: Staatsziel Umweltschutz (Art. 20a GG) – Bedeutung für Rechtsetzung und Rechtsanwendung
Koch: Vereinfachung des materiellen Umweltrechts – Möglichkeiten und Risiken

Sondertagung 1996:
Kreislaufwirtschafts- und Abfallgesetz – was ändert sich?

Kunig: Der neue Abfallbegriff und seine Auswirkungen
Petersen: Grundsätze und Grundpflichten des Kreislaufwirtschafts- und Abfallgesetzes

Rebentisch: Verhältnis zwischen Immissionsschutzrecht und Abfallrecht
Schink: Öffentliche und private Entsorgung
Wolf: Kartellrechtliche Probleme der Entsorgungswirtschaft
Versteyl: Die Verpackungsverordnung – Erfahrungen und Fortentwicklung
Beckmann: Privatwirtschaftlich organisierte Entsorgung am Beispiel von Altautos und Elektrogeräten

20. Jahrestagung 1996:

Rehbinder: Festlegung von Umweltzielen
Schwab: Die Umweltverträglichkeitsprüfung in der behördlichen Praxis
Hien: Die Umweltverträglichkeitsprüfung in der gerichtlichen Praxis

21. Jahrestagung 1997:

Di Fabio/Haigh: Integratives Umweltrecht – Bestand, Ziele, Möglichkeiten
Schmidt: Neuregelung des Verhältnisses zwischen Baurecht und Naturschutz
Louis: Neuregelung des Verhältnisses zwischen Baurecht und Naturschutz unter Berücksichtigung der Neuregelung des BauROG

22. Jahrestagung 1998:

Scheuing: Instrumente zur Durchführung des Europäischen Umweltrechts
Woehrling: Rechtsschutz im Umweltrecht in Frankreich
Hollo: Rechtsschutz im Umweltrecht der skandinavischen Staaten unter besonderer Berücksichtigung des finnischen Umweltrechts
Winter/Schoch: Individualrechtsschutz im deutschen Umweltrecht unter dem Einfluss des Gemeinschaftsrechts

Jannasch: Einwirkungen des Gemeinschaftsrechts auf den vorläufigen Rechtsschutz
Epiney: Gemeinschaftsrecht und Verbandsklage

Sondertagung 1999:
Die Vorhabenzulassung nach der UVP-Änderungsund der IVU-Richtlinie

Wasielewski: Stand der Umsetzung der UVP-Änderungsund der IVU-Richtlinie
Staupe: Anwendung der UVP-Änderungsrichtlinie nach Ablauf der Umsetzungsfrist
Wahl: Materiell-integrative Anforderungen an die Vorhabenzulassung – Anwendung und Umsetzung der IVU-Richtlinie
Schmidt-Preuß: Integrative Anforderungen an das Verfahren der Vorhabenzulassung – Anwendung und Umsetzung der IVU-Richtlinie
Kutscheidt: Konsequenzen für ein Umweltgesetzbuch

23. Jahrestagung 1999:

Hilf: Freiheit des Welthandels contra Umweltschutz?
Röben: Welthandel und Umweltschutz – Aktuelle Probleme und Diskussionsstand
Koch: Probleme des Lärmschutzes

Jahrestagung 2000:

Lübbe-Wolff: Instrumente des Umweltrechts – Leistungsfähigkeit und Leistungsgrenzen
Schendel: Selbstverpflichtungen der Industrie als Steuerungsinstrument im Umweltschutz
Gellermann: Das FFH-Regime und die sich daraus ergebenden Umsetzungsverpflichtungen
Halama: Die FFH-Richtlinie – unmittelbare Auswirkungen auf das Planungsrecht

25. Jahrestagung 2001:

Schellnhuber: Nachhaltige Entwicklung – Umweltpolitische Prioritäten aus naturwissenschaftlicher Sicht
Michaelis: Nachhalige Entwicklung aus ökonomischer Sicht
Rehbinder: Das deutsche Umweltrecht auf dem Weg zur Nachhaltigkeit
Kloepfer: Die europäische Herausforderung – Spannungslagen zwischen deutschem und europäischem Umweltrecht
Trittin: Perspektiven der Umweltpolitik – Wir müssen die Globalisierung der Wirtschaft mit internationalem Umweltrecht flankieren
Töpfer: Umwelt im 21. Jahrhundert – Hcrausforderung für die Industrieländer

26. Jahrestagung 2002:

Jarass: Luftqualitätsrichtlinien der EU und die Novelle des Immissionsschutzrechts
Hansmann: Die neue TA Luft
Knopp: Umsetzung der Wasserrichtlinie – Neue Verwaltungsstrukturen und Planungsinstrumente im Gewässerschutzrecht

Sondertagung 2003 (GfU Band 32):
Aktuelle Entwicklungen des europäischen und deutschen Abfallrechts

Petersen: Neue Strukturen im Abfallrecht – Folgerungen aus der EuGH Judikatur
Reese: Die Gewerbabfallverordnung
Versteyl: Aktuelle Entwicklungen des europäischen und deutschen Abfallrechts
Hendler: Die Verpackungsverordnung als Instrument indirekter Steuerung
Theben: Abfallverbrennungsrichtlinie und 17. BImSchV
Krämer: Überlegungen zu Ressourceneffizienz und Recycling

Jahrestagung 2003 (GfU-Band 33):

von Danwitz: Aarhus-Konvention – Umweltinformation, Öffentlichkeitsbeteiligung, Zugang zu den Gerichten
Ramsauer: Umweltprobleme in der Flughafenplanung – Verfahrensrechtliche Fragen
Storost: Umweltprobleme bei der Zulassung von Flughäfen – Materielle Schutzstandards (Immissionsund Naturschutz)

Sondertagung 2004 (GfU-Band 34):
Rechtsprobleme des CO_2-Emissionshandels

Zapfel: Die Umsetzung der Emissionshandels-Richtlinie (2003/87/EG) – Rechtsprobleme des CO_2-Emissionshandels
Schafhausen: Die Normierung des CO_2-Emissionshandels in Deutschland (TEHG und ZuG 2007)
Steinkemper: Emissionshandel und Anlagengenehmigung nach dem BImSchG
Rebentisch: Chancen und Risiken des Emissionshandelssystems aus der Perspektive der betroffenen Anlagenbetreiber
Burgi: Grundprobleme des deutschen Emissionshandelssystems: Zuteilungskonzept und Rechtsschutz
Koenig/Pfromm: Europarechtliche Aspekte des Emissionshandelsrechts – Die EG-beihilfenrechtliche Perspektive

28. Jahrestagung 2004 (GfU-Band 35):

Böhm: Risikoregulierung und Risikokommunikation als interdisziplinäres Problem
Rupprich: Wann wird ein Krebsrisiko als Gefahr bewertet?
von Holleben: Risikoregulierung und Risikokommunikation Chemikalienrecht (REACH)
Schink: Umweltprüfung für Pläne und Programme – Gemeinschaftsrechtliche Vorgaben und Fachplanung
Uechtritz: Umweltprüfung für Pläne und Programme – Raumordnung und Bauleitplanung

Sondertagung 2005 (GfU-Band 36):
Umweltschutz im Energierecht

Rodi: Neuere Entwicklung im umweltrelevanten Energierecht
Büdenbender: Umweltschutz in der Novelle des Energiewirtschaftsgesetzes
Leprich: Potenziale und Ausbauhindernisse bei der Nutzung erneuerbarer Energien in Strom und Wärmemarkt
Klinski: Rechtliche Ansätze zur Förderung erneuerbarer Energien im Wärmemarkt
Hennicke/Thomas: Chancen für den Klimaschutz durch verbesserte Energieeffizienz
Pielow: Rechtliche Ansätze für verbesserte Energieeffizienz beim Endverbraucher

29. Jahrestagung 2005 (GfU-Band 37):

Scherzberg: Der private Gutachter im Umweltschutz – Bestandsaufnahme und Entwicklung im deutschen und europäischen Recht
Falkenberg: Luftreinhalteplanung in NRW und Beispiele für PM10 und NO_2
Sparwasser: Luftqualitätsplanung zur Einhaltung der EU-Grenzwerte – Vollzugsdefizite und ihre Rechtsfolgen
Warning: Instrumente im transnationalen Umweltschutz am Beispiel der internationalen Chemikalienregulierung
Bovet: Handelbare Flächenausweisungsrechte als Instrument zur Reduzierung des Flächenverbrauchs

30. Jahrestagung 2006 (GfU-Band 38):

Schulze-Fielitz: Umweltschutz im Föderalismus – Europa, Bund und Länder
Ziekow: Neue Entwicklung des Rechtsschutzes im Umweltrecht, insbesondere das Umwelt-Rechtsbehelfsgesetz
Ewer: Ausgewählte Rechtsanwendungsfragen des Entwurfs für ein Umwelt-Rechtsbehelfsgesetzes

Bosecke: Schutz der marinen Biodiversität im Lichte von Defiziten des Fischereimanagements und Fehlinterpretationen der EGKompetenzen
Dilling: Transnational Private Governance – Produktverantwortung für Stoffrisiken in der arbeitsteiligen Wertschöpfungskette

31. Jahrestagung 2007 (GfU-Band 39)

Sellner: Auf dem Weg zum Umweltgesetzbuch
Lütkes: Artenschutz in Genehmigung und Planfeststellung
Philipp: Artenschutz in Genehmigung und Planfeststellung
Albrecht: Umweltqualitätsziele im Gewässerschutzrecht
Müller: Klimawandel als Herausforderung der Rechtsordnung

32. Jahrestagung 2008 (GfU-Band 40)

Schneider: Umweltschutz im Vergaberecht
Petersen: Die neue Abfallrahmenrichtlinie – Auswirkungen auf das Kreislaufwirtschaftsund Abfallgesetz
Reese: Konzeptionelle Herausforderungen und Lösungsbeiträge der novellierten EG-Abfallrahmenrichtlinie
Lottermoser: Umweltschutz im Vergaberecht
Beckmann: Entwicklungen im Kreislaufwirtschaftsrecht
Debus: Funktionen der Öffentlichkeitsbeteiligung am Beispiel des Erörterungstermins
Coder: Umweltforschung im Konflikt mit Umweltrecht: Bestandsaufnahme und Bewertung am Beispiel der Geothermie

33. Jahrestagung 2009 (GfU-Band 41)

Ruffert: Verantwortung und Haftung für Umweltschäden
Paetow: Lärmschutz in der aktuellen höchstrichterlichen Rechtsprechung
Engel: Aktuelle Rechtsfragen der Lärmaktionsplanung
Ewer: Verantwortung und Haftung für Umweltschäden
Koch: Aktuelle Fragen des Lärmschutzes

Kern: Umweltrisiken von Arzneimitteln und deren rechtliche Regulierung
Kramer: Rechtsaspekte der Kabelanbindung von Offshore-Windenergieanlagen

34. Jahrestagung 2010 (GfU-Band 42)

Koch: Klimaschutzrecht – Ziele, Instrumente und Strukturen eines neuen Rechtsgebiets
Orth: Umweltschutz in der Raumplanung – Praxisbericht aus der Perspektive des Planers
Rojahn: Umweltschutz in der raumordnerischen Standortplanung von Infrastrukturvorhaben
Schlacke: Klimaschutzrecht (Diskussionszusammenfassung)
Mayen: Umweltschutz in Raumordnung und Landesplanung (Diskussionszusammenfassung)
Ingerowski: Die REACh-Verordnung: Wirksames Mittel für einen verbesserten Schutz von Umwelt und Gesundheit vor chemischen Risiken?
Mohr: Die Bewertung von Geruch im Immissionsschutzrecht

35. Jahrestagung 2011 (GfU-Band 43)

Köck: Störfallrecht
Appel: Staat und Bürger im Umweltverwaltungsverfahren
Renn: Partizipation bei öffentlichen Planungen – Möglichkeiten, Grenzen, Reformbedarf
Böhm: Störfallrecht (Diskussionszusammenfassung)
Guckelberger: Staat und Bürger im Umweltverwaltungsverfahren (Diskussionszusammenfassung)
Schmeichel: Nachhaltigkeitskriterien der Erneuerbare-Energien-Richtlinie unter besonderer Berücksichtigung von Importen aus Drittländern
Brockhoff: Naturschutzrechtliche Eingriffsregelung in bergrechtlichen Zulassungsverfahren

36. Jahrestagung 2012 (GfU-Band 44)

Voßkuhle: Umweltschutz und Grundgesetz
Jarass: Das neue Recht der Industrieanlagen – Zur Umsetzung der Industrieemissions-Richtlinie
Friedrich: Immissionsschutzrechtlicher Vollzug und Überwachung nach der Umsetzung der Richtlinie über Industriemissionen
Seibert: „Umsetzung der IE-Richtlinie" (Diskussionszusammenfassung)
Klingele: Umweltqualitätsplanung – Zur Integration der gemeinschaftsrechtlichen Luftreinhalte- und Wasserbewirtschaftungsplanung in das nationale Umweltrecht –
Rolfsen: Öffentliche Hochwasservorsorge vor dem Hintergrund von tatsächlichen und rechtlichen Grundvorgaben – Erscheinungsformen einer rasanten Rechtsentwicklung –

37. Jahrestagung 2014 (GfU-Band 45)

Kokott und Sobotta: Rechtsschutz im Umweltrecht – Weichenstellungen in der Rechtsprechung des Gerichtshofs der Europäischen Union
Gärditz: Verwaltungsgerichtlicher Rechtsschutz im Umweltrecht
Epiney und Reitemeyer: Verwaltungsgerichtlicher Rechtsschutz im Umweltrecht – Vorgaben der Aarhus-Konvention und des EURechts und Rechtsvergleich –
Faßbender: Aktuelle Entwicklungen der wasserwirtschaftlichen Fachplanung
Raschke: Aktuelle Entwicklungen der wasserwirtschaftlichen Fachplanungen – Anspruch und Realität
Nolte: Verwaltungsgerichtlicher Rechtsschutz im Umweltrecht
Schink: Aktuelle Entwicklungen der wasserwirtschaftlichen Fachplanung
Müller: Der Rechtsrahmen für die Elektromobilität
von Bredow: Energieeffizienz und erneuerbare Energien am Beispiel Biomasse/Biogas

38. Jahrestagung 2015 (GfU-Band 46)

Wegener: Umweltinformationsfreiheit
Kment: Bundesfachplanung von Trassenkorridoren für Höchstspannungsleitungen – Grundlegende Regelungselemente des NABEG
Schlacke: Bundesfachplanung für Höchstspannungsleitungen: Der Schutz von Natur und Landschaft in der SUP und der fachplanerischen Abwägung
Matz: Die Bundesfachplanung aus der Perspektive der BNetzA. Praktische Herausforderungen aus rechtlicher Perspektive
Philipp: Umweltinformationsrechte (Diskussionszusammenfassung)
Durner: Bundesfachplanung von Trassenkorridoren für Höchstspannungsleitungen
Peters: Die Bürgerbeteiligung nach dem Energiewirtschafts- und Netzausbaubeschleunigungsgesetz – Paradigmenwechsel für die Öffentlichkeitsbeteiligung im Verwaltungsverfahren?
Erb: Untersuchungsumfang und Ermittlungstiefe in Umweltprüfungen

39. Jahrestagung 2015 (GfU-Band 47)

Lau: Ausgewählte praxisrelevante Rechtsprobleme des Habitatschutzes
Verbücheln: FFH-Gebiete in der Verwaltungspraxis, insbesondere Sicherung, Management und Monitoring
Kirschbaum: Technische Verfahren und Umweltprobleme des Fracking
Frenz: Rechtsfragen des Fracking
Schlacke: Aktuelle Fragen des FFH-Rechts (Diskussionszusammenfassung)
Böhm: Fracking (Diskussionszusammenfassung)
Gröhn: Flächenhafter Bodenschutz – Steuerungsmöglichkeiten zur Erreichung neuer Nachhaltigkeit
Kröger: Das EEG 2014 im Lichte der Europäisierung des Rechts der Erneuerbaren Energien

40. Jahrestagung 2016 (GfU-Band 48)

Hendricks: Grußwort auf der 40. wissenschaftlichen Fachtagung der Gesellschaft für Umweltrecht
Schink: Vier Jahrzehnte Immissionsschutzrecht
Reidt: Die Änderungsgenehmigung nach § 16 BImSchG
Bick/Wulfert: Der Artenschutz in der Vorhabenzulassung aus rechtlicher und naturschutzfachlicher Sicht
Krohn: Diskussionszusammenfassung: Immissionsschutzrecht
Nebelsieck: Diskussionszusammenfassung: Artenschutzrecht in der Vorhabenzulassung
Rennert: Übersicht über die Rechtsprechung des Bundesverwaltungsgerichts zum Umweltrecht
Ecker: GfU-Forum
Pleiner: Überplanung von Infrastruktur am Beispiel energiewirtschaftlicher Streckenplanungen
Ebben: Das Nagoya-Protokoll und seine Umsetzung in der EU und in Deutschland

41. Jahrestagung 2016 (GfU-Band 49)

Ewer: Grußwort
Krautzberger: Grußwort
Wasielewski: Das neue Störfallrecht zur Umsetzung der Seveso-III-RL
Brandt: Luftreinhalteplanung nd ihre Umsetzung
Hofmann: Lufreinhalteplanung und ihre Umsetzung
Messner: Klimaschutz als Modernisierungsund Friedensprojekt
Krohn: Diskussionszusammenfassung: Luftreinhalteplanung
Sandner: Diskussionszusammenfassung: Luftreinhalteplanung
Buchheister: Rechtsprechungsreport zum Umweltrecht
Ecker: GfU-Forum: Einführung

Gläß: Rechtsfragen des Anschlussund Benutzungszwangs in Zeiten von Klimawandel und Energiewende
Heß: Flugverfahren im luftrechtlichen Mehrebenensystem

42. Jahrestagung 2018 (GfU-Band 50)
Ewer: Grußwort
Rennert: Die Rechtsprechung des Bundesverwaltungsgerichts zum Umweltrecht
Spiecker genannt Döhrmann: Technische Regeln und Grenzwerte im Umweltrecht
Brahner: Die Industrieemissions-Richtlinie: Von der besten verfügbaren Technik (BVT) in Europa zu deutschen Grenzwerten
Durner: Das „Verschlechterungsverbot" und das „Verbesserungsgebot" im Wasserwirtschaftsrecht
Vietoris/Keil: Verschlechterungsverbot und Verbesserungsgebot in wasserrechtlichen Erlaubnisverfahren
Führ: Der Dieselskandal und das Recht – Ein Lehrstück zum technischen Sicherheitsrecht
Böhm: Diskussionszusammenfassung: Technische Regeln und Grenzwerte im Umweltrecht
Wendenburg: Diskussionszusammenfassung: Verschlechterungsverbot und Verbesserungsgebot
Ecker: GfU-Forum: Einführung
Wagner: Klimaschutz durch Raumordnung
Kindler: Zur Steuerungskraft der Raumordnungsplanung – Am Beispiel akzeptanzrelevanter Konflikte der Windenergieplanung

43. Jahrestagung 2019 (GfU-Band 51)

Ewer: Grußwort
Rennert: Die Rechtsprechung des Bundesverwaltungsgerichts zum Umweltrecht im Zeitraum 2018/2019
Külpmann: Das ergänzende Verfahren im Zulassungsrecht aus richterlicher Sicht
Saurer: Heilung von Verfahrensfehlern in umweltrechtlichen Zulassungsverfahren
Jessel: „Umweltwirkungen der Landwirtschaft – Förderung versus Ordnungsrecht"
Martínez: Landwirtschaft und Umweltschutz
Caffier: Digitalisierung im Bereich des Umweltrechts am Beispiel der Geodaten
Heß: Diskussionszusammenfassung: Heilung von Fehlern in umweltrechtlichen Zulassungsverfahren
Köck: Diskussionszusammenfassung: Landwirtschaft und Umweltschutz
Schlacke: GfU-Forum: Einführung
Weuthen: Die Kumulation stickstoffemittierender Projekte in der FFH-Verträglichkeitsprüfung
Fischer: Rechtsfragen der Finanzierung einer nachhaltigen Abwasserbeseitigung

44. Jahrestagung 2021 (GfU-Band 52)

Ewer: Grußwort
Korbmacher: Überblick über die Rechtsprechung des Bundesverwaltungsgerichts zum Umweltrecht
Schlacke: Klimaschutzrecht im Mehrebenensystem
Fellenberg: Rechtsschutz als Instrument des Klimaschutzes
Petersen: Die Produktverantwortung im Kreislaufwirtschaftsrecht
Kment: Diskussionszusammenfassung: Klimaschutz

Kopp-Assenmacher: Diskussionszusammenfassung: Produktverantwortung im Kreislaufwirtschaftsrecht
Schlacke: Laudatio Umweltpreis 2021 der Gesellschaft für Umweltrecht
Langstädtler: Effektiver Umweltrechtsschutz in Planungskaskaden
Weinrich: Die grundrechtlichen Umweltschutzpflichten unter besonderer Berücksichtigung des Klimabeschlusses des BVerfG

1. Digitale Sondertagung 2022 (GfU-Band 53)

Kracht und RR'in Maike Lorenz: Der Einfluss der G7 auf die Entwicklung des internationalen Umweltrechts oder: Ist das Recht oder kann das weg?
Proelß: Vom Verursacher- zum Nachhaltigkeitsprinzip: Wo steht das Umweltvölkergewohnheitsrecht?
Kreuter-Kirchhof: Umweltvölkervertragsrecht als Antwort auf globale Umweltprobleme?
Gärditz: Bedarf es eines Menschenrechts auf eine gesunde Umwelt?
Klinger: Ein Grundrecht auf Umweltschutz – Die anwaltliche Perspektive
Kromarek: Ein Menschenrecht auf Umwelt, ein Umweltpakt? – Die französische und internationale Perspektive

45. Jahrestagung 2022 (GfU-Band 54)

Ewer: Grundelemente einer nachhaltigen und unabhängigen Energieversorgung
Korbmacher: Überblick über die Rechtsprechung des Bundesverwaltungsgerichts zum Umweltrecht
Kment: Beschleunigung des Ausbaus von Windenergieanlagen an Land
Hendrischke: Bewältigung naturschutzrechtlicher Konflikte beim Ausbau erneuerbarer Energien
Ammermann und Bernotat: Planerische und naturschutzfachliche Ansätze zur Lösung umweltinterner Zielkonflikte

Lottermoser: Arbeitskreis A Diskussionszusammenfassung: Rechtliche Instrumente einer nachhaltigen und unabhängigen Energieversorgung
Paulus, Krohn und Drewing: Arbeitskreis B Diskussionszusammenfassung: Instrumente zur Lösung ökologischer Zielkonflikte
Wulff: Rechtsschutzverkürzung als Mittel der Verfahrensbeschleunigung? – Die Umsetzung der Energiewende im Spannungsfeld von Klimawandel und Umwelt(rechts)schutz
Hoffmann: Die Standardsetzung der Bund/Länder-Arbeitsgemeinschaften – informelle Gesetzeskonkretisierung?

Dokumentationen bis 2012 sind vergriffen. Die Veröffentlichungen ab 2013 können beim Erich Schmidt Verlag (Genthiner Str. 30 G, 10785 Berlin, www.ESV.info) oder im Buchhandel bezogen werden.

Programm

GfU
Gesellschaft für Umweltrecht e. V.
Berlin

Programm

Donnerstag, 9.11.2023

GfU-Forum

19.30 Uhr Begrüßung
Prof. Dr. *Sabine Schlacke*,
Stellv. Vorsitzende der GfU, Universität Greifswald

Vortrag 1: Die Doppelte Rechtskraft im verwaltungsrechtlichen Verfahren
Referentin: RA'in Dr. *Nicole Krellmann*, Berlin

Vortrag 2: Naturschutzrechtliche Konflikte bei genehmigten Vorhaben – wie weit reicht der Bestandsschutz?
Referent: RA *Christian Uffelmann*, Hamburg

Diskussion zu den Vorträgen
Moderation: Prof. Dr. *Sabine Schlacke*, Universität Greifswald

21.15 – 22.00 Uhr Sektempfang im Bundesverwaltungsgericht

Freitag, 10.11.2023

46. Umweltrechtliche Fachtagung

10.00 Uhr Begrüßung
Prof. Dr. *Wolfgang Ewer*, Vorsitzender der GfU, Kiel

10.15 Uhr Rechtsprechungsübersicht des Präsidenten des Bundesverwaltungsgerichts
Prof. Dr. *Andreas Korbmacher*, Leipzig

11.00 Uhr Kaffeepause

Programm

11.30 Uhr	**Thema A: Regulierung der Produktion und Verteilung von Wasserstoff**

Vortrag 1: Aktuelle politische Rahmenbedingungen für den Wasserstoffmarkthochlauf
Referent: AbtL *Christian Maaß*,
Bundesministerium für Wirtschaft und Klimaschutz, Berlin

Vortrag 2: Zulassung von Wasserstoffleitungen – die Sicht einer Planfeststellungsbehörde
Referentin: *Christiane Rövekamp*,
Bezirksregierung Münster

Vortrag 3: Beschleunigungsansätze im Zulassungsrecht für Elektrolyseure
Referent: Prof. Dr. *Thorsten Müller*,
Stiftung Umweltenergierecht, Würzburg

13.00 Uhr	**Mittagsimbiss im Bundesverwaltungsgericht**
14.15 Uhr	**Thema B: Lärmschutz – Stand und Perspektiven**

Vortrag 1: Lärm – Auswirkungen auf die Gesundheit
Referentin: Prof. Dr. *Claudia Hornberg*,
Universität Bielefeld

Vortrag 2: Bewertung gesundheitsrelevanter Lärmauswirkungen de lege lata und de lege ferenda
Referentin: RA'in Dr. *Franziska Heß*,
Leipzig

15.45 Uhr	**Kaffeepause**
16.00 Uhr	**Plenumsdiskussion zu den Vorträgen**

Moderation:

Thema A: MinDirig'in Dr. *Susan Krohn*,
Bundesministerium für Umwelt, Naturschutz, nukleare Sicherheit und Verbraucherschutz
Berlin

Thema B: RiBVerwG a. D. Prof. Dr. *Peter Wysk*,
Hamburg

18.00 Uhr	**Vorbereitungstreffen GfU-Forum 2024** (offen für alle Interessierten)
19.30 – 22.30 Uhr	**Empfang im Neuen Rathaus** Grußwort: Bürgermeister *Heiko Rosenthal*, Leipzig

Samstag, 11.11.2023

9.30 Uhr Gastvortrag: Umweltbezogene Sorgfaltspflichten
im deutschen und Europäischen Recht
Referent: Prof. Dr. *Markus Krajewski*,
Universität Erlangen-Nürnberg

10.15 Uhr **Kaffeepause**

10.30 Uhr **Fortsetzung der Plenumsdiskussion**

12.00 Uhr **Mitgliederversammlung der GfU**
(nach besonderer Einladung)